秘书语言与交际教程

主　编　徐　可
副主编　丁国强　俞正贻
　　　　陆季春

浙江大學出版社

内容简介

本教材从高职文秘专业学生实际和社会发展的需要出发，将“现代汉语”、“演讲与口才”与“社交礼仪”课程重组，融为一体，进行普通话语音的发音、正音及说话、辩论、演讲、语言交际能力的培养。全书共分七章，每章体例安排为：基本知识、应用技巧、交际实践三部分。教材编写本着“理论够用，重在实践”的原则，把学习语言的过程作为一个交际过程，力求在内容的编写上、技能训练的方式上，突出高职教学重在应用性的特色。

前 言

随着市场经济的发展，社会对秘书人才的需求骤然增加，对秘书专业人才的质量提出了新的更高的要求。根据高等职业教育的特点与社会需求，高职文秘专业以培养胜任机关、团体、企事业单位，尤其是涉外企事业单位的通用文书、秘书人才为目标。因此，秘书人员应当具有较高的理论水平和合理的知识能力结构。语言是信息的载体，是人类进行思维和交际的最重要的工具。作为一名秘书，要协助主管综合情况、调查研究、出谋划策、联系接待、办文办会、上传下达、商洽工作、文字录入、信息处理、组织协调等，除了必须具备良好的文化素质、道德素质、职业素质，还必须熟练运用祖国的语言文字，具备良好的语言知识能力和语言交际能力。

当前，高等职业院校文秘专业主要通过基础写作、应用写作、现代汉语、演讲与口才等课程的教学来培养学生的语言运用能力。传统的现代汉语课程，主要讲授普通话的语音、文字、词汇、语法、修辞等内容，帮助学生了解现代汉语学科的基本概念、基本理论和方法，掌握词汇和语法知识，要求学生掌握古今汉语的区别和联系，掌握现代汉语的句法结构，能够正确运用祖国的语言文字。演讲与口才课程着意培养和提高学生口语表达方面的综合能力。社交礼仪课程中的语言交际礼仪主要讲授语言交际礼仪常识，并进行一定的仪态练习。以上三门课程均与语言运用有关，但相互独立，课程之间缺乏联系。然而，语言的工具性决定了语言教育是一种技能教育，语言的交际性又决定了语言教育是一种素质教育。语言是交际的工具，决定了语言教育的根本目的是提高人的语言交际能力。本教材从高职文秘专业学生实际和社会发展的需要出发，将"现代汉语"与"演讲与口才"、"社交礼仪"课程重组、整合，熔"语言常识"、"普通话实践"、"语言交际"三项内容于一炉。教材编写本着"理论够用，重在实践"的原则，以加强高职文秘专业学生语言运用能力和语言交际能力的培养为目标，把学习语言的过程作为一个交际过程，在交际中学习语言，在交际中掌握语言，使学生在交际中不仅能规范地运用语言，而且能结合语境灵活地、得体地运用语言。为此，我们设计了一些情景供教学交际活动的开展，以加强语言技能训练和培养学生的交际能力，开拓语言运用的新视野。教学中，学生是教学交际活动的主体，担任主要角色，教师则结合具体语境教学，组织、促进交际活动开展。在内容的编写上、技能训练的方式上，本教材力求突出高职教学重在应用性的特色。

本书编写分工如下：

徐 可（湖州职业技术学院副教授）制定全书框架及各章节的安排，撰写第一章第一节，第二章第二节，第三章第二节，第五章第二节，并对全书进行统稿、修改和审定。

丁国强（湖州职业技术学院副教授）撰写第七章，并对全书进行统稿、修改。

俞正贻（湖州师范学院副教授）撰写第一章第二节，第二章第一节，第三章第一节，第四章第一节，第五章第一节。

陆季春（宁波大红鹰职业技术学院副教授）撰写第六章（不包括演讲语言艺术、论辩语言艺术）。

柳 茜（衢州职业技术学院高级讲师）撰写第六章演讲语言艺术、论辩语言艺术两部分内容。

左翠玲（浙江育英职业技术学院）撰写第四章第二节。

本书编著历时三年，几经酝酿。在此之前，有关教师已展开相关课题的研究工作，2002年“语言与交际课程整合”被湖州职业技术学院列为重点教改项目。编著人员在平时研究积累的基础上，参阅了大量相关资料，结合自己的心得经多次修改撰成此书。

湖州职业技术学院丁继安副院长在本书编著过程中给予了许多具体的指导，提供了许多建设性意见。本书编著中参考了相关书籍、资料。在此，我们一并表示衷心的感谢。书中不当之处，恳请关心我们的领导、专家指正。

编 者

2004年3月

目　录

第一章 绪 论

第一节 语言概述

一、语言是人类最重要的交际工具

什么是语言？语言就是人们说的话。自从有了人类社会，便有了语言。人们用语言进行交际，传播信息，交流情况，抒发情感，探讨问题，辩论是非。列宁说："语言是人类最重要的交际工具。"这一论断从人类历史角度对语言的功能作了本质的揭示。语言产生于人类交际的需要，存在和服务于人类的交际。语言的交际功能贯穿于语言产生、存在和发展的始终，深入到人类生活的各个领域，成为社会成员交往的最伟大的媒介，成为人类传达信息和交流信息的工具。

语言是人类区别于其他动物的本质特征之一。动物之间的交际最常用的是声音信号。如鸟类受惊时会发出高频啸声，动物求偶、喂雏也会发出各种声音。但恩格斯说："动物之间，甚至在高度发展的动物之间，彼此要传达的东西也很少，不用分音节的语言就可以互相传达出来。"(《马克思恩格斯选集》第三卷，人民出版社 1972 年版，第 511 页）而人类的语言是分音节的有声语言。

语言是信息的载体，是人与人之间进行思维和交际的最重要的工具。人们用以交际的工具很多，语言并非惟一。但是，只有语言才是最重要的交际工具，其他只能是辅助手段。如使用一些图画性符号作为交际信息：红十字是国际上救死扶伤组织的符号，包装箱上画一把雨伞是防止受潮的符号，等等。这些符号往往是在无数次重复交际过程中约定的，它们往往超越民族和国家范围，为社会习惯所公认。但是这些符号只能诉诸人们的视觉，交际受到极大的时空限制；符号往往只能表示单一的抽象的概念，表达的意义是极其狭窄的，只能辅助而绝不能取代语言的使用。而且，这些"符号"要以相应的民族语言来理解，否则，"符号"便失去意义。体态语也是如此。总之，人们要进行交际，便要运用语言（包括潜在语）。在通常情况下，在绝大多数场合，人们每日每时使用的交际工具总是语言。因此，语言的服务领域最为广阔，也只有语言才能最具体、最细腻、最深刻、最充分地表达人们的思想感情。

语言随着社会的出现而产生，也随着社会的发展而发展。新技术的出现为语言的发展提供了条件。印刷术使书面语言快速保存和传播；电话和录音机使口头语言传递到远方并保留下来；电视、传真、计算机等先进技术和设备使语言的应用和发展进入了一个新阶段；特别是信息高速公路的快速发展，各种新的语言现象通过因特网广泛而迅速地传播，为语言应用注入了新的活力。语言应用的范围随着时代发展不断扩大，语言的交际功能也相应提高，所起的作用也越来越重要。

二、秘书职业应具备良好的语言能力

语言能力是指接受、学习、认识、理解语言知识及运用语言进行交际时表现出来的能力。不少学者把语言能力分为语言知识能力和语言交际能力。语言知识能力是语言能力的基础部分，包括对语言理论的把握程度和对语言形式的感知程度，表现为对语言现象的理解和词语的占有量以及遣词造句、布局谋篇的能力。语言交际能力是指语言的艺术化运用，以达到最佳的交际效果的能力。现实生活中，语言交际能力是语言能力中最重要的，因为绝大多数人都用语言来进行交际。

现代科学技术的突飞猛进，使世界距离大大缩小，语言交际的功能大大提高。西方发达国家把“舌头、金钱、电脑”视为三宝，而“舌头”即人的语言，被放在三宝之首。在美国就有三百多所大学设有“说学系”，专门培养语言交际的人才。中国古代有“一言可以兴邦，一言也可以误国”之说，道出了语言能力的举足轻重。改革开放以来，我国各级部门也越来越意识到语言能力的重要性，1988 年 6 月中共中央组织部公布的《地方政府工作部门领导干部年度考核方案》中明确规定，语言表达能力是考核和评定干部的一项重要内容。语言能力实际上已成为一个人综合能力的体现。

随着市场经济的发展，社会对秘书人才的需求骤然增加，对秘书专业人才的质量也提出了新的更高的要求。根据高等职业教育的特点与社会需求，文秘专业以培养胜任机关、团体、企事业单位，尤其是涉外企事业单位的通用文书、秘书人才为目标。因此，秘书人员应当具有较高的理论水平和合理的知识能力结构。作为一名秘书，要协助主管综合情况、调查研究、出谋划策、联系接待、办文办会、上传下达、商洽工作、文字录入、信息处理、组织协调等，除了必须具备良好的文化素质、道德素质、职业素质，还必须熟练运用祖国的语言文字，具备良好的语言知识能力和语言交际能力。这其中既包括文书工作所必须具备的遣词造句、布局谋篇的书面语言运用能力，也包括在不同的社交场合艺术化运用语言的口语交际能力。一个秘书的语言交际能力如何，不仅关系到工作的成败，甚至还可能影响到一个单位的整体形象。因此，在这个充满竞争的时代，每一个有志青年都要努力提高自己的语言表达能力，借助语言这一工具交流思想、传递信息、表达感情，展现自己的良好社会形象，进而赢得人们的尊重和信任，如愿以偿地踏上自己的成功之路。

第二节 现代汉语

一、普通话和汉语方言

狭义的现代汉语指以北京语音为标准音、以北方话为基础方言、以典范的现代白话文著作为语法规范的普通话。“普通”是普遍、通用的意思。普通话是在宋、元、明、清以来白话文学的发展和“官话”、国语传播的基础上形成的。普通话的定名及其标准是在1955年召开的现代汉语规范化学术会议上确定的。普通话不等于北京话或北方话。

广义的现代汉语包括各种方言。方言，与“标准语”（或全民共同语）相对。我国人口众多，地域广阔，存在着汉民族共同语的各种地域变体，这就是“方言”。各方言之间总是“同中有异，异中有同”的。一般说来，方言间的最大“异”在语音，至于词汇、语法构造差异很小，是“大同小异”。我们可以这么说：方言和共同语是一个问题的两个方面，谁也离不开谁，只是到了某一阶段，众多方言中的某一方言处在政治、经济、文化的中心地位，以及在地域、人口上占了主体，逐渐成了“方言领袖”而已。普通话便是在北方方言基础上形成的。

根据汉语方言的不同特点，大致可分为八大方言区，见下简表：

我国八大方言区

方言区名称	人口约数（万人）	分布地域	方言代表
北方方言	64700	东北、华北、西北各省，川、滇、黔、鄂、苏、皖、湘	北京话
吴方言	7700	苏、浙、沪	上海话
粤方言	4700	广东、广西	广州话
湘方言	4600	湖南	长沙话
客家方言	3700	广东、广西、江西、福建	梅县话
闽南方言	2800	福建、台湾、广东	厦门话
闽北方言	1100	福建、台湾	福州话
赣方言	2200	江西、湖北	南昌话

※北方方言还有南京、汉口、济南、沈阳、成都、兰州、太原、滦县话等不同的情况。

※吴方言还有苏州、绍兴话等不同的情况。

※闽北、闽南方言有的归为一种“闽方言”。

既然我国方言如此之多之复杂，为什么南来北往的人们，总是“和平共处”，交际并未受到太大的影响？这就要归功于文字了。“书”不论你读成[shu]还是[su]，写下来总是一个大大的“书”字。正因为如此，尽管方言多多，但无论过去的书塾还是今天的学校，“子曰：学而时习之”等的语言教学从未中断过。从东汉时代开始，从山寨到海滨，从漠河到南沙，在中华大地上，一部《论语》可以处处通行。这说明，中国的文字有了超方言的作用。这正是中国方言的特色，也是方言和书面共同语共存了几千年的原因之一。

我国《宪法》规定：“国家推广全国通用的普通话。”事实已证明，语言的统一是市场统一和社会发展的前提条件。当然，我们提倡普通话，不是要消灭各地的方言。相反，方言中有些成分是丰富普通话的材料，而且在今天文盲尚未彻底扫除的情况下，做群众工作还真少不了“方言”呢。

二、口语和书面语

口语也叫“口头语”，与书面语相对。对文秘工作者来说，口语和书面语一样重要。口语简短、通俗、自然，注重语音的表达效果，其特点是：①发展、变化比较快，创新成分比较多；②比较粗糙，有不准确、不规范或多余的成分；③用于直接交际时，可借助语言环境和体态表情等辅助手段，简化、省略的情况比较多。书面语又叫“笔语”、“文字语”。它是在文字出现以后逐渐形成的，以口语为基础和源泉。书面语的产生，克服了口语转瞬即逝的缺点，扩大了交际空间，延长了交际时间，使文化科学遗产得以保护和传承下来。书面语的特点是：①变化和发展比较缓慢，相对来说，规范性较强而创新成分较少；②运用上可以有较长的加工过程，比较细密精确，长句、复句使用频率高；③用于间接交际时，对实际情景的依赖性较小，故简化和省略的现象较少。

三、现代汉语的形成与特点

（一）现代汉语的形成

现代汉语是相对古代汉语而言的。一般称五四以前的汉语为古代汉语，从五四一直到现在是现代汉语。它们都有自己相应的口语和书面语。

我国的共同的书面语很早就有了。《诗经》虽出现很早，但还不是真正的共同的书面语，尤其是“国风”，不过是当时15国的民歌的汇集。但在先秦时期确已有共同的书面语了，汉代扬雄的《方言》里便提到“通语”一词。通语就是在全国通行的语言。这种书面语是在当时秦晋地区（今陕西、山西一带）方言的基础上形成的，言、文一致。可是东汉以后，书面语的表述方式却变化不大，甚至成了一种表述传统。这种“传统”书面语便是后来的“文言文”，随着其不断发展，与口语渐渐脱节。唐代的“古文运动”，使文言文的地位更加巩固，一直延续到五四前后。

另一方面书面语的发展也受到口语的推动。早在唐代就出现了说唱体的文学样式——“变文”。“变文”，不论是散文还是韵文都较接近当时的口语。宋、金、元的诸宫调和杂剧扎根于民间文学，也比较接近于当时的口语实际。宋、元时代的话本，其底本则完全是以口头演讲故事为基础的口头文学，语言浅显。这种白话书面语，影响了明、清的小说创作，出现了《水浒》、《红楼梦》等“白话小说”。五四新文化运动开展起来以后，顺应语言发展的白话文运动以摧枯拉朽之势横扫天下，彻底打倒了文言文的统治地位。

汉语共同语的口语出现得比书面语要晚。但至迟到明朝中叶，一种后来被称为“官话”的口语形式在北方话基础上开始形成。“官话”是专指明、清时代通用于官场和公共社交场所的北方话，一般指北京话，与北方话相对的西南方言叫“西南官话”，在江淮一带的叫“下江官话”，不纯粹的官话叫“蓝青官话”。不论怎样的官话，它随着政治力量的推动和白话文学的影响而传播各地，影响力之大、范围之广，前所未有。可以说，“官话”已成为势不可挡的全国“通语”。那时候，朝廷方面也竭力推行官话，如雍正皇帝就曾训谕官吏必须掌握官话，还责令闽、广两省设立正音书院，专门教授官话。这种推动力量不可小视。

同时，全国性的“国语”运动，如一列火车，轰轰向前。早在清末，就把北京话作为一种标准语来推行了。1902 年吴汝纶就主张教学王照的官话合声字母(1900 年出版《官话合声字母》一书)，主张以北京话为标准国语。1909 年清朝提出改“官话”为“国语”，1911 年通过《统一国语办法案》。随着新文化运动的兴起，科学、民主运动的高涨，适应时代潮流的白话文终于代替了文言文。1913 年，教育部读音统一会议定了汉字的国定读音(后来称为“国音”)和拼切国音的字母“注音字母”(也称“国音字母”)。1918 年公布了“注音字母”39 个(24 个声母、3 个介母、12 个韵母)。五四以后，国语运动进入推行阶段。这个运动以“言文一致”和“国语统一”作为行动纲领而展开，为现代汉民族共同语或标准语的建立和推行作出了重大贡献。如此，两个“运动”互相推动，互相影响，促进了白话文和口语的健康发展。

1949 年以来，由于国家的真正统一，出于政治、经济、文化发展的需要，对汉民族共同语的要求更高了，要求规范的呼声日高。1955 年召开的全国现代汉语学术会议便是一个标志。会上正式提出“普通话”的说法，从而替代了“国语”的名称(语文课本的名称也由“国文”而“国语”而“语文”)。1958 年又正式立法，全国人大通过《汉语拼音方案》，“普通话”写入了《宪法》，使汉民族的共同语——书面语和口语得以真正的同步发展。从此，汉民族共同语走上了科学、健康的发展道路，方言隔阂进一步缩小，文盲数大大减少，青壮年、少年儿童说用普通话成为习惯，普通话成为教学语言。方言较复杂、文化相对偏低的地区，也开始用“双语”（指本地方言和普通话）交流，走南闯北已“畅通无阻”，这一切都得益于普通话的推广和普及。

（二）现代汉语的特点

汉语使用范围广、人员多，1973 年 12 月 18 日又被认定为联合国的六种工作语言之一（其他是英语、法语、俄语、西班牙语和阿拉伯语）。汉语跟其他语言相比有许多特点。

在语音上：汉语是音节语言。音节构造中必须带有至少一个元音，一个音节，元音前有辅音，元音后也有少数辅音尾；位于元音前后的辅音不存在复辅音，只允许有一个辅音。汉语音节按传统分为声母、韵母两部分，韵母又分韵头、韵腹、韵尾三项。每个音节都有一个“声调”，用音高来分辨高低升降，借以辨别字义，如：斋、宅、窄、债（zhai）和星、形、醒、性（xing）等都是由于阴平、阳平、上声、去声声调不同所形成不同字义的四个字音。

在词汇上：汉语没有严格的形态变化，没有“级”的变化，更没有“性”的变化，而是靠上下文、词序来理解词义。意合法成了主要构词法。汉语的一个音节写下来便是一个汉字。这些“字”常以语素、词的形式出现。进入现代汉语阶段以来，双音节成为词的主要形式，单音节语素成为组成词语的基本单位。汉语单音节语素组词能力特别强。三音节以上的词或短语往往紧缩为双音节词，如：“市府——市人民政府”、“环保——环境保护”、“宅电——住宅电话号码”、“打拐——打击拐卖妇女儿童犯罪活动”等。

在语法上：由于汉语缺少严格的形态变化，因此，词序、虚词成为构造句子的主要手段。如：“汉语研究”和“研究汉语”是偏正和动宾关系；“出逃”和“逃出”后要跟不同的宾语；“老头”是个词，“头老”是个短语；“这人很不守信用”和“这人不很守信用”是程度的区别。此外，由于汉语量词特别丰富，因此在词与词的搭配上显得特别重要。如：

Δ一粒葡萄　一颗葡萄　一串葡萄　一架葡萄　一棵葡萄

Δ一副药　一服药　一剂药　一味药　一丸药　一片药
一粒药　一袋药

由于量词不同，被修饰名词的内涵也不尽相同。虚词的不同运用，会造成不同的句法结构。如：“敌人被打败了”、“敌人打败了”、“我们打败了敌人”、“我们把敌人打败了”，由于“把”、“被”两个介词使句法结构改变了。“我和你都属老虎”和“我与你都不一样”是因为不同的虚词造成不同的结构。同样，在“走了个把钟头了，好吃力”中的两个“了”，由于位置不同，便成了两个不同的虚词，分别表示时态和语气。又如:“我的这本词典是刚从书店买来的。”其中的两个“的”字也是不同的两个虚词,也是从在句中位置上分辨出来的。

汉语是一个体系,它的语音、词汇和语法都有自己的结构规律。由这三部分组合成一个完整的“三口之家”,谁也离不开谁,共同为各族人民的生产、生活等领域服务。

四、交际环境中现代汉语的规范化

不容忽视的是,时代发展的冲击波使得现代交际语言发生了微妙的变化。网络上幽默的用语,荧屏上、报刊上新颖别致的栏目标题,都市街头五光十色的广告和商店名,让人眼花缭乱,目不暇接。这些鲜活的语言,成为现代社会的一面镜子,折射出时代的脉搏和生活的气息。但是语言交际,有丰富多彩,也有光怪陆离的现象,作为秘书,要在规范语言的前提下去感悟它、研究它、运用它,使它更好地为社会交际服务。在信息化时代的今天,语言规范主要从以下几方面进行:

(一)语音规范:以北京语音为标准音

在语言的各个部分中语音的体系最为严格。我们只能采用一个地点的方言而不是一个地区的方言作为共同语的语音形式,否则会“各敲各的锣”,混乱不堪。这个“点”就是北京音,因为北京话七八百年来早已取得“官话”、“国语”的地位。近百年来,话剧、电影、电视、广播都采用北京话的语音,在全国影响最大、给人们印象最深,而且北京话语音系统简明易学,悦耳动听。

如前所说,普通话还要继续完善,以北京音为标准音,不是把北京话中的土音也吸收进来,另外普通话中的异读现象也要继续审订,选出一个适合的、规范的读音来。又如儿化、轻声现象也有不少需要规范的地方。

(二)词汇规范:以北方话为基础方言

民族共同语一般总是在具有丰厚文学传统的方言基础上形成的。北方方言从唐宋开始直至现当代产生过卷帙浩瀚的白话文学作品,影响了无数作家,而且说北方话的人数比例大、地域广、频率高,对其他方言的影响大。因此作为普通话词汇的基础,舍此其谁?北方话词汇丰富又通用,正适合共同语需要。

但是,从使用的普遍性、有表义和表达的需要及意义明确的需要的词汇三原则看,北方话的某些方言词、土语词应筛去,同时要适当吸收其他方言中的一些生动、新鲜、明确而有生命力的词语和外来词,来丰富普通话词汇库。

(三)语法规范:以典范的现代白话文著作为语法规范

所谓语法规范,特别要注意与古代或近代汉语的语法相区别,与文白夹杂的现代文(半文半白的书面语)相区别,与有各种语病的书面语相区别。也就是说,典范的现代白话文著作是经过一些优秀作家加工的规范化的语言。在这些书面语中，剔除或避免了方言色彩太重的语法形式。现在选入中小学语文课本中的白话文应是规范的样式，便于学习和掌握。至于一些突破的用例，一般不能作为语法规范。而当前的一些广告用词、书报用语的语病屡见不鲜；一些作者匆匆竞相出书，洋洋数十万言却错误频频，有的已造成误导，这是对语言规范化的冲击，损失将不可估量。可以说，规范语法已到了刻不容缓的地步，例如："东方明珠塔是世界最高电视塔之一"、"请拨电话××进行报名"等病句，以及像"不问婚否，除非你娶她做太太或者嫁他做老公"和"名犬的世界、游人的天堂"(旅游地指路牌)这样莫名其妙的语句，令人啼笑皆非。

原国家语委主任许嘉璐先生曾说：出版物中语言文字的混乱"是中华民族文化素质的一角，是写者、编者和读者的水平下降的表现"。他还说："到了信息化时代，语言文字的规范和标准更加严密、严格，不但要人人遵守，更要求计算机处处不得有丝毫'越轨'。电子通讯、大众传媒、电子图书、多媒体、语音输入和输出、机器翻译、国际联网……都让任何人不得自行其是，必须严格遵守社会规则。所以要使十三亿人都懂得语言文字规范化、标准化的道理，言、行(写)'不逾矩'，否则，要闯一闯全国这个大市场，不会说普通话就像没了耳朵和嘴巴；不守规矩写出来的东西要进入'信息高速公路'，要用计算机处理，要走出国门，就更难了。因此可以说，越是现代化，就越要求语言文字符合规范和标准。"

许先生认为"最根本的是发展教育提高全民族的语文素质"，要"造成讲规范、讲标准的社会环境和气氛，让人们目力所见都是规范字、通顺文，耳力所及都是普通话、文雅语"(见《咬文嚼字》合订本卷一"序"，1996 年版)。所以我们说，现代汉语是一门公民必修课，它关系的面很多。写"规范字"、"通顺文"和说"普通话"、"文雅语"也应该是我们文秘专业学生的"必备"能力。

【思考和练习】

1. 什么是语言？为什么说语言是社会现象？
2. 说说现代汉语的特点。

第二章　语　音

第一节　交际适用语音知识

一、语音基础知识

人类语言是有声语言。“身体(体态)语言”、“舞蹈语言”等“语言”是借“语言是人类的交际工具”之义的借用叫法。学习语言必然涉及到“语音”这个术语。

讲语音就要先了解语音的基本术语。

语音的基本术语有：音节、音素、元音、辅音、声母、韵母和声调。

1.音节。音节是听觉上最容易分辨出来的语音单位，也可以说是最自然的语音单位，是语音结构的基本单位。例如：shēng mìng de jià zhí yòng gòng xiàn jì suàn(生命的价值用贡献计算)，我们一听就知道有10个“单位”，即10个音节。

2.音素。音节还可以再分析，其结果是音素。音素是语音的最小单位，依据音节里的发音动作来分析，一个动作构成一个音素。汉语音节由一个或最多四个音素组成，例如：“啊，天安门！”四个音节的组成分别是：

啊　ā　(一个音素)

天　tiān　(四个音素)

安　ān　(两个音素)

门　mén　(三个音素)

音素不同于字母。一个字母可能代表不止一个音素，如汉语拼音字母“e”代表[ɤ][ə][e][ɛ]四个不同音色的音素。音素分元音、辅音两大类。

3.元音和辅音。“Pǔ tōng huà”(普通话)是三个音节，有p、u、t、o、ng、h、a 7个音素；其中“u、o、a”是一类，“p、t、ng、h”又是一类，前者是元音，后者是辅音。这两者的区别在于：发元音，气流振动声带，在口腔里不受发音器官的任何阻碍而共鸣，只受口腔开合、舌头升降或嘴唇圆展的调节；发辅音，气流通过口腔或鼻腔时,要受到发音器官某些部位的阻碍。普通话语音共有10个元音,22个辅音。元音、辅音是音素的小类。

4. 声母。一个音节可以分成声母和韵母两个部分。声母是指音节开头的辅音,如huò(货)、jué(决)中的"h、j"是声母。普通话一共有21个辅音声母(22个辅音中只有ng不能作声母)。有一部分音节,开头没有辅音,则称为零声母音节(即声母等于零),如"e(鹅)"、"wu(吴)"等。

按照发音部位来分类,辅音有双唇音等7类;按照发音方法来分类,辅音可分为塞音等5类。这些声母在发音时,还有送气和不送气的区别。在发塞音和塞擦音时呼出的气流有强和弱的不同,呼出气流强的叫送气音,如"p、t、k、q、ch、c";呼出气流比较弱的音叫不送气音,如"b、d、g、j、zh、z"。发擦音、鼻音、边音时,如果气流不振动声带,称为清音;气流振动了声带,称浊音。前者如f、h、x、s、sh,后者如n、m、l、r。另外不作声母的辅音ng也是浊音。

普通话声母总表

发音部位 发音方法			双唇音	唇齿音	舌尖音			舌面音	舌根音
					前	中	后		
塞音	清音	不送气	b			d			g
		送气	p			t			k
塞擦音	清音	不送气			z		zh	j	
		送气			c		ch	q	
擦音	清			f	s		sh	x	h
	浊					r			
鼻音	浊		m			n			(ng)
边音	浊					l			

5. 韵母。韵母是音节里声母后面的部分,如"huò(货)、jué(决)"中的"uo、ue"。普通话一共有39个韵母。

(1)根据组成成分,普通话韵母可以分成单韵母、复韵母、鼻韵母三大类。

①单韵母　只有一个元音音素充当的韵母叫单韵母。普通话语音共有10个单韵母:ɑ、o、e、ê、i、u、ü、-i[ʅ]、-i[ʅ]、er。

②复韵母　由复合元音充当的韵母叫复韵母。复合元音是两个或两个以上的元音在一个音节内结合在一起构成的韵母,如dài(代)的韵母是ai,kuēi(亏)的韵母是uei,它们都是二合或三合复合元音。复合元音发音是一个"动程",在动程中,每个元音的响度也不相等,所以13个复韵母又可分成三个小类:

▲前响复韵母:ɑi、ei、ɑo、ou

▲后响复韵母:iɑ、ie、uɑ、uo、üe

▲中响复韵母：iao、iou、uai、uei

③鼻韵母　由元音和鼻辅音一起构成的韵母。普通话里的鼻辅音只有两个：舌尖鼻辅音（又叫前鼻音）n 和舌根鼻辅音（又叫后鼻音）ng。鼻韵母共有 16 个，根据鼻辅音的不同，可分为两小类：

▲舌尖鼻韵母：an、ian、uan、üan、en、in、uen（un）、ün

▲舌根鼻韵母：ang、iang、uang、eng、ing、ueng、ong、iong

（2）根据韵头，普通话韵母可分为开口呼、齐齿呼、合口呼、撮口呼四类，又叫“四呼”。

一个韵母有韵头、韵腹和韵尾三部分。一个韵母中开口度最大、听起来最响亮的元音叫“韵腹”，它前面的成分叫韵头，后面的叫韵尾。例：“uai”——a 是韵腹，u 是韵头，i 是韵尾。作韵头的，普通话里只有 i、u、ü 三个高元音，但当处在韵头位置时，发音轻而短，应很快向后面的韵腹过渡，如：uai（歪）、iou（优）、üan（渊）。由于这三个元音常处在声母和韵腹之间，故又称为“介音”。

普通话的 39 个韵母有的没有韵头，有的有韵头 i、u、ü。按没有韵头和用不同韵头的韵母分成的四个类别就叫“四呼”：

①开口呼：没有韵头而韵腹不是 i、u、ü 的韵母，共 16 个。

②齐齿呼：用 i 作韵头或韵腹的韵母，共 10 个。

③合口呼：用 u 作韵头或韵腹的韵母，共 9 个。

④撮口呼：用 ü 作韵头或韵腹的韵母，共 4 个。

下面是按音素、四呼分类的韵母表：

普通话韵母总表

四呼 / 韵母	开口呼	齐齿呼	合口呼	撮口呼
		i	u	ü
单韵母	a	ia	ua	
	o		uo	
	e			
	ê	ie		üe
	-i[ɿ]-i[ʅ]			
	er			
复韵母	ai		uai	
	ei		uei	
	ao	iao		
	ou	iou		

续表

韵母＼四呼		开口呼	齐齿呼	合口呼	撮口呼
鼻韵母		an	ian	uan	üan
		en	in	uen	ün
		ang	iang	uang	
		eng	ing	ueng	
		ong	iong		

6.声调。声调就是一个音节的声音的高低升降。由于一个汉字就是一个音节,所以声调又叫字调。普通话声调有四个,即阴平、阳平、上声、去声。

声调的种类叫调类。汉语各种方言都有声调,不同方言声调的调类并不完全相同。例如绍兴的"吴方言"有8个声调,苏州的"吴方言"有7个声调,而上海的"吴方言"才5个。杭嘉湖地区的声调一般都是8个。对照普通话的4个声调,各地方言的声调多得多了。这些不同的"调",其实际发音各不相同,平时听对方说方言,除了一些声韵母结构不同外,感觉很明显的是声调不同,但是与人的"嗓子高"、"嗓子低"无关。因为确定声调高低的是"相对音高",而不是"绝对音高"。男女老幼的音高不相同,也就是每个人的音高值不同。这种"值"叫"调值"。为了协调这种实际调值,一般采用"五度标示法",比如普通话阴平是55调值,桐乡等地读普通话阴平字调时常在44调值上,较普通话低。普通话声调四种调值从五度标示法上得知是:

阴平　55　阳平 35　上声 214　去声 51(如图)

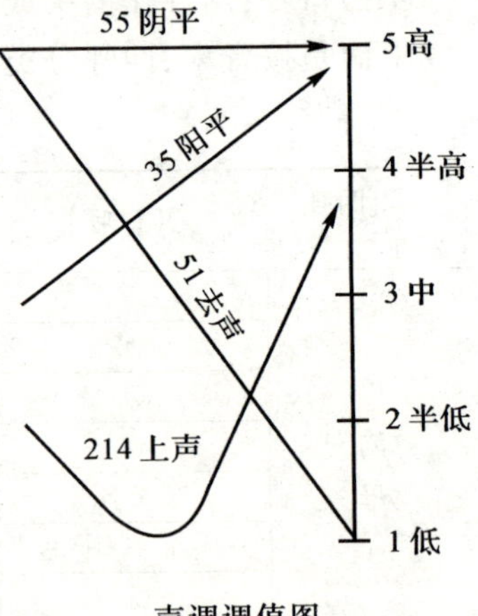

声调调值图

《汉语拼音方案》规定声调符号用"-"(阴平)、"ˊ"(阳平)、"ˇ"(上声)、"ˋ"(去声)标示,调号一律标在主要元音(韵腹)上。如:

谦虚(qiān xū)　　美妙(měi miào)

社会(shè huì)　　继续(jì xù)

有一首口诀,便于标调:a 母出现别放过,没有 a 母找 e、o,i、u 并列标在后,调在 i 上把头抹,单个母音头上画,轻声不标就空着。

附:《汉语拼音方案》

汉 语 拼 音 方 案

(一)字母表

字母:	Aɑ	Bb	Cc	Dd	Ee	Ff	Gg
名称:	ㄚ	ㄅㄝ	ㄘㄝ	ㄉㄝ	ㄜ	ㄝㄈ	ㄍㄝ
	Hh	Ii	Jj	Kk	Ll	Mm	Nn
	ㄏㄚ	ㄧ	ㄐㄧㄝ	ㄎㄝ	ㄝㄌ	ㄝㄇ	ㄋㄝ
	Oo	Pp	Qq	Rr	Ss	Tt	
	ㄛ	ㄆㄝ	ㄑㄧㄡ	ㄚㄦ	ㄝㄙ	ㄊㄝ	
	Uu	Vv	Ww	Xx	Yy	Zz	
	ㄨ	ㄪㄝ	ㄨㄚ	ㄒㄧ	ㄧㄚ	ㄗㄝ	

V 只用来拼写外来语、少数民族语言和方言。

字母的手写体依照拉丁字母的一般书写习惯。

(二)声母表

b	p	m	f	d	t	n	l
ㄅ玻	ㄆ坡	ㄇ摸	ㄈ佛	ㄉ得	ㄊ特	ㄋ讷	ㄌ勒
g	k	h		j	q	x	
ㄍ哥	ㄎ科	ㄏ喝		ㄐ基	ㄑ欺	ㄒ希	
zh	ch	sh	r	z	c	s	
ㄓ知	ㄔ蚩	ㄕ诗	ㄖ日	ㄗ资	ㄘ雌	ㄙ思	

在给汉字注音的时候,为了使拼式简短,zh ch sh 可以省作 ẑ ĉ ŝ。

(三)韵母表

	i 丨 衣	u ㄨ 乌	ü ㄩ 迂
a ㄚ 啊	ia 丨ㄚ 呀	ua ㄨㄚ 蛙	
o ㄛ 喔		uo ㄨㄛ 窝	
e ㄜ 鹅	ie 丨ㄝ 耶		üe ㄩㄝ 约
ai ㄞ 哀		uai ㄨㄞ 歪	
ei ㄟ 欸		uei ㄨㄟ 威	
ao ㄠ 熬	iao 丨ㄠ 腰		
ou ㄡ 欧	iou 丨ㄡ 忧		
an ㄢ 安	ian 丨ㄢ 烟	uan ㄨㄢ 弯	üan ㄩㄢ 冤
en ㄣ 恩	in 丨ㄣ 因	uen ㄨㄣ 温	ün ㄩㄣ 晕
ang ㄤ 昂	iang 丨ㄤ 央	uang ㄨㄤ 汪	
eng ㄥ 亨的韵母	ing 丨ㄥ 英	ueng ㄨㄥ 翁	
ong (ㄨㄥ)轰的韵母	iong ㄩㄥ 雍		

(1)“知、蚩、诗、日、资、雌、思”等七个音节的韵母用 i，即：知、蚩、诗、日、资、雌、思等字拼作 zhi，chi，shi，ri，zi，ci，si。

(2)韵母儿写成 er，用作韵尾的时候写成 r。例如：“儿童”拼作 ertong，“花儿”拼作 huar。

(3)韵母ㄝ单用的时候写成 ê。

(4)i 行的韵母，前面没有声母的时候，写成 yi(衣)，ya(呀)，ye(耶)，yao(腰)，you(忧)，yan(烟)，yin(因)，yang(央)，ying(英)，yong(雍)。

u 行的韵母，前面没有声母的时候，写成 wu(乌)，wa(蛙)，wo(窝)，wai

(歪),wei(威),wan(弯),wen(温),wang(汪),weng(翁)。

ü行的韵母,前面没有声母的时候,写成yu(迂),yue(约),yuan(冤),yun(晕);ü上两点省略。

ü行的韵母跟声母j,q,x拼的时候,写成ju(居),qu(区),xu(虚),ü上两点也省略;但是跟声母n,l拼的时候,仍然写成nü(女),lü(吕)。

(5)iou,uei,uen前面加声母的时候,写成iu,ui,un。例如niu(牛),gui(归),lun(论)。

(6)在给汉字注音的时候,为了使拼式简短,ng可以省作ŋ。

(四)声调符号

阴平	阳平	上声	去声
ˉ	ˊ	ˇ	ˋ

声调符号标在音节的主要母音上,轻声不标。例如:

妈 mā	麻 má	马 mǎ	骂 mà	吗 ma
(阴平)	(阳平)	(上声)	(去声)	(轻声)

(五)隔音符号

a,o,e开头的音节连接在其他音节后面的时候,如果音节的界限发生混淆,用隔音符号(')隔开,例如:pi'ao(皮袄)。

二、语音规范

(一)声母及其辨正

普通话的声母在发音时,并不像国际音标上所说的严格。在学习发音时,要多听多分析说得好的普通话。另外,零声母音节的"零声母",严格地说是不纯的,即在实际发音时有一点摩擦音;念r时,不要太强调r的摩擦程度,尤其是和其他元音相拼时,摩擦更轻微了。

1. zh、ch、sh和z、c、s的分辨

"乱草"和"乱吵"、"收场"和"收藏"、"诗人"和"私人"、"春装"和"村庄"中的"草"和"吵"、"场"和"藏"、"诗"和"私"、"春"和"村"等字音,在吴语区的人说来都是同音的,声母一律念成z,c,s。普通话则分得很清楚。因此学好普通话声母,辨别清楚舌尖前后音分外重要。发舌尖后音时,舌尖翘起,顶着硬颚的前部发音,位置在齿龈与硬颚相接处。发z、c、s时,舌尖向前平伸,抵住或接近上门齿背。从发音时的情况看,我们会觉得:发zh、ch、sh时,口微开,上下齿稍稍离开;发z、c、s

时,上下门齿闭住,上门齿顶住下门齿背,不能有缝隙。例如:

z 声母:姿 子 自 字　　zh 声母:只 值 纸 志

c 声母:猜 才 彩 菜　　ch 声母:春 唇 喘 串

s 声母:森 俗 笋 宋　　sh 声母:烧 勺 手 税

除了掌握舌尖前后音的发音方法,还可:

(1)利用汉字偏旁类推。由于汉字大部分是形声字,形声字一般都是一部分表义,一部分表音,因此凡表音部分相同的几个字,一般声母相同或相近(少数例外)。例如“朱”声母是 zh,那么以“朱”表音的一些字,它们的声母也是 zh,如“珠、蛛、株、诛”等便是。“祖”声母是 z,那么以“且”表音的字可以读“zu”,如“诅、组、阻、租”等便是。

(2)从音节结构上分析。如 ua、uai、uang 三个韵母不与 z、c、s 相拼,但可以与 zh、ch、sh 相拼,如抓、刷、耍、衰、帅、甩、壮、庄、窗、床、闯、双、爽、创等字。

(3)利用对照字表来记忆舌尖前后音字。如:

zh:摘 争 照 / z:灾 增 造

ch:初 插 春 / c:粗 擦 村

sh:书 山 赏 / s:苏 三 嗓

(4)利用“记少不记多”的方法。例如在 cou 和 chou 两个音节中,常用字中读舌尖前音的只有一个“凑”字,而舌尖后音字倒有 12 个(抽、仇、畴、绸、稠、酬、愁、筹、丑、惆、踌、臭)。c 和 ch 相比,一般说,读 c 声母的字少得多,多数字读舌尖后声母 ch。

2. r 和 l 的分辨

“老人”和“饶人”,“不乐”和“不热”,一些方言区的人读成同音字。普通话里读成 lǎo rén 和 ráo rén,bú lè 和 bú rè。余如“出入”和“出路”、“乳汁”和“卤汁”、“兔绒”和“兔笼”等常常念不准“入、乳、绒”,问题出在“r”上。

要发准 r,首先是:把舌尖翘起顶着硬颚前端形成窄缝,发音开始,声带颤动,会感觉到一点儿摩擦音,r 音也就发准了。也可以这么发:用发 sh 来转化,即发完 sh,让舌尖停住不动,同时让声带颤动也就发出了 r 音。这是个由 sh→r 的过程。其次,要认识 l 和 r 是不同发音部位和不同发音方法的两个浊声母。“l”从舌头两边发出声来,“r”从舌尖和硬颚处摩擦而发出声来,如:

兰——然　懒——染　龙——荣　浪——让

卵——软　论——润　极乐——极热　路口——入口

以“r”为声母的常用字不多,现列表如下:

声母 r 的字	声母 l 的字
an 然燃染	兰篮览懒烂

ang 嚷瓤壤攘让	啷狼朗浪
ao 饶扰绕	捞劳牢老烙涝
e 惹热	乐肋了(吃～)
en 人仁任(姓)忍刃认任(～务)纫韧	
eng 扔仍	棱(～角)冷
i 日	
ong 荣绒容熔融茸蓉溶榕冗	龙聋隆垄弄(～堂)
ou 柔揉蹂肉	搂(～抱)陋漏露(～头)
u 如儒蠕乳辱入褥	炉芦路六(～安)
uan 软	峦卵乱
ui 蕊锐瑞	
un 润闰	轮仑沦论
uo 若弱	罗裸洛落骆络

3.f 和 h 的分辨

f 和 h 都是擦音,但阻碍部位不同。吴语区人讲方言时,大多能区分这两个声母,但如海宁等地把“伙”和“夫”的声母都读成了“f”,“百货”、“百夫”同音。相反,温州一带把“花生”、“发生”读成近似“f”声母,“工会”、“工费”读成近似“h”声母。余如念“开发·开花”、“开方·开荒”、“分期·婚期”、“废话·会话”时都有“h”、“f”相混的情况,一定要注意区分。

4.送气、不送气音的分辨

“皮子”和“鼻子”不能读成同音字,因为“皮”、“鼻”的声母不同(p—b)。这是声母的送气与不送气的不同。吴语中,有的字音,有时因不明白送气、不送气的情况,往往读错了声母,如“排(队)”、“时(代)”、“图(书)”、“陪(伴)”、“田(地)”、“台(灯)”、“淘(米)”、“团(体)”等字音的声母都读成了不送气音。分析一下,便知道,讲吴方言的人,常常把浊声母字念成不送气音。送气音容易发,关键是要弄清楚哪些字音要读成送气音。如“疲、头、括、亢、财、存、强、旋、徒、浅、恃、蚕”等。

(二)韵母及其辨正

方言区的人学习普通话韵母,就要明白自己方言的韵母情况,然后和普通话韵母相对照,找出对应关系,改正不符合普通话韵母的方言韵母。对照吴语方言,下边几点值得注意。

一是单韵母改复韵母。

普通话复韵母有 13 个,但吴方言中湖州话有 9 个复韵母,安吉话、嘉善话有 7 个复韵母,海盐话有 11 个复韵母。例如“开”,普通话读 kāi,杭嘉湖地区的人多数读成了[k'ɛ],“挂”普通话读 guà,杭嘉湖地区的人多数读成[ko],等等。下面的一些字普通话怎么读?

(青)菜	(西)瓜	(上)楼	村(庄)	妹妹
(青)翠	(大)街	败坏	(印)刷	(宝)贝
再(婚)	北美	口才	(套)手	彩带
胚(牙)	配(合)	勾(勒)	买卖	内债

不仅如此,普通话鼻韵母,吴语区方言也往往脱落"n",如 ban(班)吴方言读[pɛ]。原因在于:念 a 元音时,往往不到位,开口度过小,仅在"e"位上即收住,加上发 e 或 n 时,口形本来就不到位,于是"合二为一",发出了近似[ɛ]的元音来。因此只要加大开口度,把握"an"的动程,不难学会如 an、ian 的韵母。例如:判(pàn)、但(dàn)、兰(lán)、看(kàn)、三(sān)、安(ān)、茧(jiǎn)、贤(xián)、烟(yān)、欠(qiàn)等字音,拼读时要特别留心口形变化。

二是分清 i 和 ü。

"比翼"和"比喻"、"有气"和"有趣"、"大姨"和"大鱼",这三组词语的后一个词在普通话里是不同音,可是吴语方言区却有不少人读成了同音。原因是在海宁、桐乡、德清、湖州等地的韵母中没有 ü 元音。要把 i 改成 ü 非易事,只有发准了 ü 元音,然后找出规律,改读 i 为 ü。办法是:先发 i,把声音拖长,这时舌头位置不动,再把嘴唇拢起向外凸,此时 i 的声音便向 ü 过渡,要"一气呵成"。这种"i 元音圆唇化"发 ü 元音的效果十分明显。比较下列汉字读音:

旗——渠	移——鱼	凄——区
喜——许	力——律	计——句

区域	序曲	聚居	女婿	吕剧
圆圈	语句	雪鱼	愉悦	血源

找准了规律才能真正读准带 ü 的字音。比如,普通话里,声母舌尖中音 n、l 和舌面音 j、q、x 能跟 ü 及其鼻韵母 üan、ün 相拼合,如 nü(女)、lü(虑)、jü(举)、qü(趣)、xü(虚)、jüan(捐)、qüan(犬)、xüan(选)、jün(均)、qün(群)、xün(寻)等便是。

三是防止脱漏韵头"u"。

著名作家茅盾的名字家喻户晓,可就是这么个"盾"字,吴方言区也有特别读音:"den"。这与普通话的"dun"不一样。又如:

单(凭)——端(平)	滥(用)——乱(用)
疮(口)——窗(口)	(面)谈——(面)团

在吴方言中,一些地方把 uei、uai、uen、uang 等韵母和舌尖辅音 d、t、n、l,舌尖前辅音 z、c、s,舌尖后辅音 zh、ch、sh 等声母相拼时,往往丢掉"u"韵头,变成了 ei、ai、en、ang 等韵母,如:春 chuēn→cen,团 tuán→tan,庄 zhuāng→zang,虽

suēi→sei，串 chuàn→can，双 shuāng→sang 等，这是脱漏了“u”韵头的结果。但是舌根音 g、k、h 却可以和 u 及其音节相拼音，如“夸、淮、灰、欢、款”等字音都带“u”韵头。要想不把“堆、谁、专、川、村、孙、创”字读成“低、齐、灾、猜、琛、身、昌”字音，只有掌握普通话拼合规律，认真读准这些带 u 韵头的汉字。例如下列成语中带“u”的字：

天花乱坠　　囫囵吞枣　　尺短寸长　　断章取义
独断专行　　顺水推舟　　鬼鬼祟祟　　损人利己

四是把握带前、后鼻音的韵母。

这是较难把握的两组韵母：in 和 ing、en 和 eng。杭嘉湖一带，甚至全吴语区的人，对这两组所谓长鼻音、短鼻音较难把握。主要是没有 n、ng 的语感（和把握 z、c、s、zh、ch、sh 的困难一样大）。尽管一些杭嘉湖地区的人单发 n 与 ng 时并不难，而且方言中就有：湖州人、嘉兴人“我”是“ng”，两地的区别仅在调值的不同。湖州人还能发“n”，作人称代词“你”。所以不在于发音的难易，在于：①要有带长、短鼻音的语感；②要掌握利用汉字偏旁组合情况跟 n、ng 的关系。

en 和 eng、in 和 ing 的发音区别是明显的，方言区的人，要学习并掌握这两组有关的汉字读音可以：①记少不记多（前鼻韵母的字，在常用字中约占 40%）；②利用声旁类推；③利用声韵配合规律；④在自己方言韵母与普通话韵母中找出对应关系来学习。

（三）声调及其辨正

几个方言声调的比较

声调	平湖话	桐乡话	长兴话	嘉善话
阴平	53 天张	44 低梯	44 方胸	53 沙专
阳平	31 同云	22 皮潮	13 因房	31 蛇船
阴上	※55 古好	53 宝老	53 比本	55※ 赦展
阳上		42 被造	42 引米	
阴去	44 正信	334 帝到	334 汉见	35 晒战
阳去	113 动口	113 盗漏	213 旧健	13 射善
阴入	5 吉国	5 百黑	15 发曲	5 索折
阳入	2 木俗	2 白合	12 浊局	3 俗舌

※平湖、嘉善话上声不分阴阳。

纠正的办法是：读高平调时，要念高到顶点（55），如读“开、商、夫、汤”等阴平字时，口腔宜开得大些。上声字，方言声调像普通话的去声调，只是未到底线“1”，如“使、古、米、老”，改读普通话上声调，起点要降低到“2”，当再降到“1”时，就提升到“4”，使之成为“214”的模式，便发准了上声调值。至于去声调，要设法变“三位数”（如长兴的 334、213）为“两位数”，而且起点也要改，改成“奔流直下”之势：

“↘51”，这样，改掉方言去声调读准普通话去声调也是不难的。难的是入声调，在吴方言中存在已几千年，与普通话声调“格格不入”，平时，时不时会露出入声的马脚。怎么办呢？一是了解古入声字在普通话中的“入派三声”的道理，二是按照对照表练习，逐步掌握古入声字转换为普通话有关声调的本领。

三、普通话的音变现象

我们说话时，语音呈线性排列，形成一串串的语流。在语流中，由于语音单位的影响，某些音素或音节会发生读音变化。这些变化叫做“音变”，如变调、轻声、儿化等。

(一)变调

1.上声的变调

上声字单说时调值为214(降升)。进入语流后，它的调值有时保留前半段，读成半上“21”；有时保留后半段升的部分，念成如阳平(35)；有时则不变。

普通话上声变调规律

变化条件		变化结果	词例
上声字	＋阴平字	前字念成半上(21)	古(稀) 首(都)
	＋阳平字	同上	马(蹄) 厂(房)
	＋去声字	同上	晚(报) 党(派)
	＋由阴、阳、去变来的轻声字	同上	老(实) 好(处)
	＋部分上声变来的轻声字	同上	姥(姥) 谷(雨)
	＋上声字	前念成阳平(35)	海(岛) 首(长)
	上声字处于词尾或句尾	完整地念上声调(214)	马(虎) (出)口

※后边接由上声变来的轻声字，前字有两种读音，目前未见规律，需强记。

如果是三个上声字相连，前两个上声字变如阳平(35)，最后一个不变：

纪老虎　　小组长　　小铁管
好总理　　老首长　　总统府
展览馆　　苦水井　　软懒散

2.去声的变调

去声在非去声前一律不变。两个去声一起时，前一个字读得短些，即由全降(51)变为半降(53)，如：

木炭　电话　化验　扩大　正确　瘦肉
对外　见面　照相　报废　胜利　闭幕

3.“一”、“不”的变调

比较复杂，列表说明。

普通话"一"、"不"变调规律

	本调	单念或处于句末	处于去声字前	处于非去声字前	在重叠词中	夹在词语中间
"一"语例	阴平(55)	念本调(55)"万一"	念如阳平(35)"一向"	念如去声(51)"一言""一尺"	念轻声"看一看"	
"不"语例	去声(51)	念本调(51)"我不"	念如阳平(35)"不对"	念本调(51)"不多""不少""不成"	念轻声"要不要"	念轻声"差不多""挡不住"

4.重叠形容词的变调

AA式形容词,后一个念阴平,如好好(儿)、慢慢(儿)、快快(儿)、红红(儿)。

AABB式形容词,第二字变轻声,三、四字变阴平。如:清清楚楚、干干净净、整整齐齐、大大方方。读得慢时也可以不变。

ABB式形容词,后二字变阴平。如:亮堂堂、明晃晃、沉甸甸。读得慢时也可以不变。

(二)轻声

普通话中,有些音节会在词或句中失去原来的调值,念得又轻又短,如:"桌子"的"子","美丽的花"中的"的",这种读得又短又轻的读音叫做"轻声"。有人叫它"第五声(调)",是不对的。它只是一个音变现象。

一般是:阴平、阳平字后的轻声音节音高为"3"(中调),如:"他的、东西、谁的、炉子。上声字后的轻声音节音高为"4"(半高调),如:我的、剪子。去声字后的轻声音高为"1"(低调),如:去了、句子。

轻声音节以双音节为最多,而且和词汇、语法有一些关系,如:

①语气词,如:可以吗、行啦;

②助词,如:伟大的事业、飞得高、工作着、走了;

③名词中的一些后缀,如:木头、房子(注意孔子、电子、原子中的"子";船头、窝头、光头、中的"头");

④方位词,如:外边、家里、地上;

⑤趋向动词,如:起来、进去、掉下来;

⑥单音节动词重叠后,如:走走、试试;

⑦量词"个"和作宾语的人称代词,如:三个学生、叫你呢、淋个痛快;

⑧叠音名词的后一个音节读轻声，如：妹妹、星星、头头等，但形容词、副词、量词重叠不读轻声。

在口语中，日常生活用词是双音节词时，后一音节也读轻声，如：太阳、教训、姑父、行李等。

轻声的作用：①分辨词义；②辨析词性；③区别词和短语。

(三)“啊”的变读

“啊”作为语气词，在前一个音节韵母的影响下要发生音变，如表。

“啊”的变读规律

前一音节韵母的最后一个音素	“啊”的发音	汉字写法	语例
a o e ê I u	ya	呀	我～/你～
u(ao iao)	wa	哇	苦～/好～
n	na	哪	看～/拼～
ng	nga	啊※	等～/讲～
—i	r-ea	啊※	是～/识～
—i	[za]	啊※	字～/撕～

※nga，r-ea，[za]没有相应汉字，仍用“啊”表示。

(四)儿化

普通话里有两个“儿”(er)字，一是有具体意义的，如：“婴儿、幼儿、儿童”中的“儿”，自成音节；另一个，如：“花儿、盆儿、鱼儿”中的“儿”，是一个没有具体意义的后缀，在语音上不能自成音节。自成音节的“er”字数量很少，国家语委公布的2500个常用字里只有“儿、而、耳、二”4个字，次常用字1000个中只有“尔、饵、贰”等3个字。但在普通话里，“er”常附在名词后边，连着说出来，“er”的发音只是跟在前面音节后边末尾做一个小的卷舌动作，把韵母变成了卷舌韵母，读音也因此发生了变化，这种“儿化韵”便叫“儿化”。“儿化”是音变的一种现象。在拼写音节时只在末一个音节后边加一个“r”来表示。如“花儿”写成“huar”，“一点儿”写成“yi dianr”。这种作后缀的“儿”字是惟一不能独立成音节的汉字，它只有表示前面音节应该加上卷舌的作用。

通常，儿化不单纯被看成一种语言现象，而是具有表示一定的修辞或语法功能的作用，比如：①表示感情和亲切温和的语气时，便说“这小辫儿扎得真好看”，而不是说“小辫子”；叫别人“慢慢儿走”，而不说“慢慢走”。②有时形容细小、轻微性质或形状时用儿化韵，如：木棍儿、图钉儿、细丝儿、一会儿、一件小事儿等。由此引申，也可以表达轻蔑、鄙视的感情和语气，如：小偷儿、小流氓儿等。③可以借以区别意义，如：头(脑袋)→头儿(领导，首领)，信(一封信)→信儿(消息，信息)，半天(时间长)→半天儿(一个上午或一个下午)等。④可以转换词性，如：盖→盖儿(动—名),尖→尖儿(形—名),破烂→破烂儿(形—名),画→画儿(动—名)。

"儿化"的一些规律:

①韵母中最后一个元音是 a、o、e、ê、u 的,在发这个元音时加一个"r"的卷舌动作,如:那儿(nà→nàr),水珠儿(shuǐ zhū→zhūr),台阶儿(tái jié→jiér),小狗儿(xiǎo gǒu→gǒur)。

②韵尾是 i 或 n,丢掉韵尾,在发韵腹音同时加卷舌动作,如:"小孩儿(xiǎo hái→hár),拐弯儿(guǎi wān→wār)。

③韵母是 i、ü,在 i、ü 后面加上一个"r",如:小鸡儿(xiǎo jī→jīr),金鱼儿(jīn yú→yúr)。

④韵母是 -i[ʅ]、-i[ʅ]的,丢掉这个韵母,改成"er",如瓜子儿(guā zǐr→zěr),树枝儿(shu zhi→zher)。

⑤韵母是后鼻韵母的,丢掉韵尾,韵腹鼻化卷舌,如:蛋黄儿(dàn huáng→huár),信封儿(xìng fēng→fēr)。

四、语调

语调不是声调,声调区别意义,语调表达句子的意思、情感。语调又叫"句调",它指句子里声音的高低变化和快慢轻重。例如陈述句多用下降调,疑问句多用上升调等。语调内容比较复杂,一般仅指停顿、重音、升降三个方面。

(一)停顿

停顿就是句子内部、句子之间声音上的间歇。在说话时,由于气息长短或者心理情感需要停顿,在书面上可以用逗号、顿号、句号和分号来表示。停顿可分为结构停顿和心理停顿。

1.结构停顿又叫语法停顿。顿号等点号就是书面语的停顿标志。此外,主语谓语间,述语宾语间,修饰语、中心语间也有一些小停顿。例如:

△ 多么想在豆棚下生活,想了几十年,终于实现了。(农妇:《瓜棚豆友》)

△ 门外是一条小街,很清静,但只要走十分钟,就可到热闹之地,可谓人和、地利、天时三者都好,我和老妻满意地住着,从不想乔迁。(顾执中:《庭院乐》1988)

点号的停顿长短可以这样标示:"、<,<;<。"

有时由于停顿不同,意义也改变了。如:

△ 咬死了/猎人的//狗

△ 咬死了//猎人的/狗

2.心理停顿又叫强调停顿。它不限于书面上的点号停顿。诗歌的停顿,很大部分是心理停顿,散文中有韵的也是这样。一般的文学作品也有强调停顿的地方。例如：

△ 中华民族是一个勤劳/勇敢的/民族。

△ 我每每坐在这崭新/却/陌生的/大书桌前，就觉得过去的一切/像那不能再生的书桌一样，烟消/云散，虚无/飘渺，再也无从抓住似的……（冯骥才：《书桌》）

（二）重音

重音是语句中增加强度而发出来的音，又叫“重读”。在普通话里，重音表现在一句话里的词语上的叫语句重音，或叫语法重音。如：

①谓语重读。如：“天气真好。月光下，山川都像是浮起来了。”（方令孺：《忆江南》）

②宾语常常重读。如：“滇绿色如生青豆，滇红色似‘中国红’葡萄酒，茶味都很厚。”（汪曾祺：《寻常茶话》）

③修饰成分，定语、状语、补语常常重读。如：

黄岩橘的皮麻麻扎扎的蛮结实，不像塘栖的那么光溜那么松软，吃在嘴里酸浸浸更加不像蜜糖了。（俞平伯：《打橘子》）

强调重音是另一种重音，又叫逻辑重音。这是为了突出句中需要着重表达的地方而特别加重某个词语的读音的方法。强调重音没有固定的法则，随说话人的表达要求而变化，它既可以和语法重音重合，也可落在通常不重读的音节上。如：

在座的至多只有三四个熟人，那一半生客，还要主人介绍或自己去请教尊姓大名，或交换名片，把应有的初见面的应酬的话讷讷的说完之后，便默默的相对无言了。（郑振铎：《宴之趣》）

作者的题目是“趣”，而此“宴”，却十分乏味，用重读表示无可奈何的动作。这种随人随情景而产生的强调重读也是十分必要的。

（三）升降

高低升降既可在声调上表现出来，也可在语调上表现出来，前者在每个音节上，后者在句子中。句子上的升调、降调最能表达出说话人的态度和感情。

1. 升调。句尾升起的调子，一般用在还没有完全说完的句子上，让对方注意下面还有话要说。此外，表示疑问、反问、惊异、命令、号召或激动时等也用升调，用“↗”表示。例如：

①到哪儿↗？

②到了日月潭↗，每一个毛孔都舒畅起来了。毛孔可以泄汗，泄汗就可以使汗化气，汗化气即减少热度，所以这是一副天然冷气机↗。（林语堂：《论鸟语》）

③“我真不懂，你怎么不能变得温柔点↗。”

“我也真不懂，你怎么不能变得温和点↗。”

“好了，……你缺乏柔，我缺乏和，综合的说，我们的空气一直少了柔和这玩意儿。”

“需要改造吗 ↗？”

“你看呢 ↗？”

“随便 ↗。”　　　　（《斗嘴》）

2. 降调。句尾降低的调子，一般用在话已说完的句子上。通常在表示请求、感叹、自信、肯定等语气或心情较沉重时，多用降调，用“↘”表示。例如：

①“SARS”一定能制服↘。

②“不要贪睡了，看你睡出虫来了↘。”

③咳！不如趁着眼睛还清朗，鬓发尚未成霜，多读一读“人生”这本书吧↘。

除了升调、降调，在表达中还可有“曲调”、“平调”。曲调是先升后降或先降后升的语调，大都在讽刺、反语、幽默中使用；平调则多用在叙述性的句子里，尤其是表示冷淡、庄严、肃穆或迟疑的情态时。同是一句话，用什么语调，其意义的深浅也不相同。

五、普通话水平测试应试技巧

普通话测试是一个过程，也是对自己普通话水平的考核。作为大学生，学习普通话理应不成问题，但对于来自偏远地区，来自仍以方言交际为主的地区的人来说，仍有相当大的难度，尤其是平翘舌的掌握，鼻韵尾长短的区别，复韵母的把握，以及撮口韵的学习，要多花点工夫。工夫不负有心人，只要多练“口”功，不怕失败，一定能说（念）得一口比较准确的普通话，一定能顺利通过测试。

（一）普通话水平测试的性质和目的

掌握和使用一定水平的普通话，是进行现代化建设的各行各业人员必备的职业素质。普通话水平测试是应试人的母语标准语水平测试，不是外语测试；普通话水平测试不是普通话系统知识的考试，也不是口才评估，是语言运用能力的测试，是应试人运用普通话所达到的标准程度的检测和评定。普通话水平测试的目的是以我们所期望的语音、词汇、语法规范为参照标准，通过测试评定应试人普通话口语水平接近这一标准的程度，即评定其所达到的水平等级，为逐步实现持证上岗服务。因此，普通话水平测试实际上是一种资格证书考试。

（二）普通话水平测试的内容及评分标准

测试内容包括以下四个部分：

1. 单音节字词 100 个（轻声、儿化除外）

普通话水平测试试卷第一题是读单音节字词 100 个。样题如下：

吵北爱词岸半加读埠菜/　灯脆动兵春洗鱼下炸质/　热自破蛇我鞋坐助杂足

思沙许芽抓跃嘴咬税头/ 搜天完味右腿小暂元战/ 尊专香庄厅翁兄争损其
弱略内猫所驴苗流门老/ 您乱穷金矿容亲胖泉评/ 青让群君枪空瓜风会耕
黑根口火接快二分富记

（选自《普通话水平测试大纲》样卷Ⅰ型题）

目的:考查应试人普通话声母、韵母和声调的发音。

评分:该项成绩共计10分,占总分的10%。读错一个字的声母、韵母或声调扣0.1分。读音有缺陷的字扣0.05分。一个字允许读两遍,即应试人第一次读音有口误时可以改读,按第二次读音评判。声调读音成系统缺陷的,按类扣分,一类扣0.5分。

限时:3分钟。超时3～4分钟扣0.5分,4分钟以上扣0.8分。

这100个单字的编选要求出自两个方面的考虑:一是单字的使用频率;二是语音的覆盖面。根据使用频率,《普通话水平测试大纲》将约24000个词语(多为双音节)分列为"表一"和"表二",这两个词表规定了词语的规范读音,也规定了测试题"题1"(读单音节字词100个)和"题2"(读双音节词语50个)的测试范围。"表一"列出常用词语8450条,Ⅰ型卷的题1和题2全部在此范围之内。其中题1测试的用字范围不会超出3500个常用字(参见《浙江人学普通话测试训练手册》)。Ⅱ型卷的题1、题2的70%在此范围。"表二"列出一般常用词语154956条,Ⅱ型卷的题1、题2的30%在此范围之内。

这项测试的目的是考查应试人普通话声母、韵母和声调的发音水平。因此,普通话22个声母、39个韵母、4个声调在这100个单音节中出现的频次是全面的、均衡的。《大纲》要求在100个音节里,每个声母的出现一般不少于3次,方言里缺少的或易混淆的声母酌量增加1～2次;每个韵母的出现一般不少于2次,方言里缺少的或易混淆的韵母酌量增加1～2次。声母和韵母相同的要隔开排列,不使相邻的音节出现双声或叠韵的情况。该项测试共计10分,每个字0.1分。

对浙江的应试者来说,读准普通话的单音节字词,主要须克服三大难点。第一,学会发翘舌音,辨认、区分平翘舌音字。第二,分清前后鼻音。第三,克服方言入声的影响,读准普通话的四声。

2. 双音节词语50个

普通话水平测试试卷第二题是读双音节词语50个。样题如下:

皮肤 报纸 少儿 玻璃 罪恶/哀悼 烹调 名字 通商 大学
木匠 的确 年头儿 旅游 萝卜/天真 光荣 灵魂 功夫 开会
选举 家伙 小孩儿 敏捷 所以/教师 权限 率领 人质 群众

内脏　响应　完整　英雄　阐述/乘客　处理　玩意儿　愉快　政策
音乐　委员　有用　云彩　写作/参照　纤维　一会儿　挖掘　金鱼儿

（选自《普通话水平测试大纲》样卷Ⅰ型卷）

目的：除考查应试人声母、韵母和声调的发音外还要考查上声的变调、儿化和轻声的读音。

评分：此项成绩共计 20 分，占总分的 20%。读错一个音节的声母、韵母和声调扣 0.2 分。读音有缺陷的字扣 0.1 分。声调读音有缺陷的，按类扣分，一类扣 1 分。

限时：3 分钟。超时 3～4 分钟扣 1 分，4 分钟以上扣 1.6 分。

以上 50 个双音节词语的编选，除在使用频率和声韵调的要求上与第一项相同外，还增加了语流音变的测试内容。如上面样题中就含有轻声音节 6 个，儿化韵 5 个，上声接上声音节 3 对，上声接非上声音节 8 对。

3. 朗读的测试

从《普通话培训测试指南》（浙江大学出版社，2002 年版）第三章附录的朗读材料（1—40 号）中抽选，应试人根据抽签确定朗读篇目。

目的：考查应试人用普通话朗读书面材料的水平，重点考查语音、音变（上声、"一"、"不"）、语调（语气）等项目。

评分：此项成绩共计 30 分，占总分的 30%。对每篇材料的前 400 字（不包括标点）作累积计算，每次语音错误扣 0.1 分，漏字、加字、改字以错误计算，不同程度地存在方言语调一次性扣分（问题突出，扣 3 分；比较明显，扣 2 分；略有反映，扣 1.5 分）。停顿、断句不当每次扣 1 分；语速过快或过慢一次性扣 2 分。

与读单音节字词和读双音节词语相比，朗读部分考查的是在动态的语流中所体现出来的驾驭语音的综合能力。不仅仅求音准，更重要的是求语感，包括变调、轻声、轻读、儿化、语调、语气、语速等方面。

朗读时，一个个词语就像一颗颗珍珠呈线性排列，组成一条条话语链（句子），它们彼此串联，相互依存，组成一串串更长的话语链（段落以至篇章）。在话语链中，每个词语都不是孤立地存在着，而是与其他词语唇齿相依，音节与音节之间自然会发生一些变化。这种变化有时相当明显，如"一"、"不"的变调、轻声、儿化韵等；有时是很微妙的变化，如轻重音格式、轻读等。如何去把握需要凭借敏锐的语感。

4. 说话的测试

从《普通话水平测试指南》第四章附录的 50 则说话题目中抽选，应试人根据抽签确定话题。说话时间不少于 3 分钟。

目的：考查应试人在没有文字凭借的情况下说普通话的能力和所达到的规

范程度，以单向说话为主。必要时辅以主试人和应试人的双向对话。

评分：此项成绩共计 40 分，占总分的 40%，其中：

(1)语音面貌 30 分，占总分的 30%。评分档次为：

一档　30 分语音标准；

二档　27～29.5 分　语音失误 10 次以下，有方音但不明显；

三档　24～26 分　语音失误 10 次以下，但方音比较明显；或语音失误大致在 10～15 次之间，但方音不明显；

四档　21～23 分　语音失误在 10～15 次之间，方音比较明显；

五档　18～20 分　语音失误超过 15 次(15～30 次)，方音明显；

六档　15～17 分　语音失误多(30 次以上)，方音重。

语音面貌被确定为二档(或二档以下)，即使总积分在 90 分以上，也不能入一级甲等；语音面貌被确定为五档的，即使总积分在 87 分以上，也不能入二级甲等。

(2)词汇语法规范程度 5 分，占总分的 5%。评分档次为：

一档　5 分　词汇语法合乎规范；

二档　4 分　词汇语法偶有(1～2 次)不符合规范的情况；

三档　3 分　词汇语法屡有(3 次以上)不符合规范的情况。

(3)自然流畅程度 5 分，占总分的 5%。评分档次为：

一档　5 分　自然流畅；

二档　4 分　基本流畅，口语化较差，有类似背稿子的现象；

三档　3 分　语速不当，话语不连贯；说话时间不足，必须主试人用双向谈话加以弥补。

说话时要求用口头语言来表达，力求自然、朴素、口语化，反映出应试人在日常交际中的语言习惯和语音面貌。这与朗读有很大的不同，朗读有文字凭借，应试者不必过于注意文字的组织，内容的表达，只需把注意力集中在字音和语调上；而说话是在没有文字凭借的情况下，就某一话题各人说与之相关的内容。如同我们平时的交谈和说话一样，是为了起到交际的作用，并且在说的过程中伴随着思维过程，边想边说，想说话的内容，想结构的安排，想如何用词遣句，想字词的正确发音。因此，说话包含了语言、思维、心理、生理、物理等一系列活动，说话能力是一种综合能力。

说话项要求应试人语言自然流畅，语音标准，词汇语法规范，内容贴切，条理清楚，是最能够真实地反映出应试者普通话整体水平的题项。

应试者在考前大都拟好书面讲稿，并将之背熟。但在考试时切忌背诵，也不能用书面色彩强烈的语言，如“炊烟袅袅升起”、“树木翁蓊郁郁”等，应使用生动亲切的口语词，多用一些单句、短句、儿化、轻声，要有口语色彩。

《普通话水平测试大纲》中已规定了即兴说话的话题，测试时，由应试人抽签得两个内容反差很大的题目，选择其中一个即兴说话。确定题目之后，应围绕话题，组织材料，突出话题的中心，切忌漫无边际东拉西扯，文不对题，或只是“戴个帽子”。

应试者在实际考试中往往会因为心情紧张或准备不充分，出现话语不连贯、语无伦次、停顿时间过长或讲不下去的情况，这些现象都会给测试者带来损失，在自然流畅度中被酌情扣分。因此，应试者一方面应充分准备说话题目，先说什么，后说什么，如何遣词造句，如何衔接，如何结尾，做到心中有数。另一方面，应培养良好的心理素质，迅速调整呼吸，稳定情绪，放松精神，理清思路，从而顺利完成说话测试。

【思考和练习】

1. 什么是音节？什么是音素？两者的关系怎样？
2. 元音和辅音，声母和韵母，它们之间的关系怎样？
3. 请给下面的一首诗补上恰当的汉字。

无　题

故国经 nián 别(　　)，
求学 zǒu 他邦(　　)。
驱 chú 鞑 lǔ zéi(　　)(　　)(　　)，
还我 hǎo biān 疆(　　)(　　)。

(何香凝 1910 年)

4. 把培根名言中的缺字补出来。

读书使人充(　　　　)shí，
谈话使人敏(　　　　)jié，
讨论使人机(　　　　)zhì，
笔记使人准(　　　　)què，
读史使人明(　　　　)zhì，
读(　　　　) shǐ 使人灵秀，
数学使人周(　　　　)mì，
科学使人深(　　　　)kè，
伦理使人庄(　　　　)yán，
修辞使人善辩。

5. 哪个读音对？请查字典。

①(地)壳(ké/qiào) ②(秦)桧(huì/guì)
③ 裸(露)(luǒ/huǒ) ④庇(护)(bì/pì)
⑤(发)酵(xiào/jiào) ⑥血(淋淋)(xiě/xuè)
⑦塑(料)(suò/sù) ⑧抹(布)(mǒ/mā)

6. 你姓什么？一些姓的读法与常见读音不一样，如"华"作姓读 Huà；"燕"作姓读 Yān。试给下列作姓的文字注上准确的音节("姓"的首个字母要大写)。

字	姓氏读音	常见读音
柏		bǎi
过		guò
秘		mì
六		liù
万		wàn

(其余的姓如：啜 chuài，会 kuài，繁 pó，女 rǔ，腊 xī，还 huán，蛾 yǐ，员 yùn 等)

7. 请把下列词语中"——"后的汉字写出相应的音节来。

人　生

最大的苦恼——无知与空虚(　　　　)
最大的聪明——认识自我(　　　　)
最大的愚蠢——欺骗自己(　　　　)
最大的耻辱——出卖灵魂(　　　　)

8. 下列各组字中都包括两类声母，请区别排列，并把每个字的声母写出来。

[示例]　帛：b—

① 数　初　率　拆　包　申　恩　师
② 将　字　腔　乡　孙　寸　寻　京
③ 康　姜　刚　墙　混　熊　群　巡
④ 恼　农　凉　留　世　虑　宁　涅
⑤ 罚　欢　昏　河　佛　淮　帆　火

9. 请写出下列各字的韵母。

[示例]　面：—ian，菌：—ün

该　担　刀　收　任　生　深　争　本
德　特　克　更　歌　粗　略　饿　妥
兑　锐　锦　全　预　免　朱　色　绛
课　礼　动　泛　真　直　且　迁

10. 请把下面的音节联写成汉字。

① bēi gōng shé yíng

② shēng qíng bìng mào

③ duō móu shàn duàn

④ jīn yù liáng yán

11. 韵尾分辨很重要，江浙一带的人往往把握不住该带"n"还是带"ng"。请把下边带点的字填上适当的韵尾(—n，—ng，—en，—eng)。

[示例] (带)领：—ng

横(行) 很(行)/(木)盆 (木)棚

金(鱼) 鲸(鱼)/(放)映 (放)音

因(为) 应(用)/(金)铃 (金)鳞

12. 指出下列成语各字的声调。

①心明眼亮 ②胸怀广阔 ③大好河山

④碧草如茵 ⑤尺有所短 ⑥犯上作乱

⑦见利忘义 ⑧失之偏颇 ⑨老有所养

13. 写出下列每条成语最后一个字的音节并标上声调。

①精神百倍( ) ②诸如此类( )

③雕虫小技( ) ④膏粱子弟( )

⑤乱七八糟( ) ⑥呜呼哀哉( )

⑦桑中之约( ) ⑧超群绝伦( )

14. 许多蕴藏在人民群众中的话，含义十分深刻，读起来很有韵味，且易记；有的已成了自己的座右铭。请把下边的几句话用拼音写出来。

△ 平凡的尽管平凡，平凡中有一份温馨。

△ 不要总那么悲伤，请微笑面对世界。

△ 人可以不是卓越的，但不可以是平庸的。

△ 财富不是朋友，而朋友却是财富。

△ 嫉妒是一把利刀，藏在心中会刺疼自己，露出身体会伤害别人。

△ 教师是桥梁、春蚕，是人梯、蜜蜂，是智慧之母。

15. 请把下列各词语后的"啊"作音变处理。

[示例]我啊——yā(写作"呀")

①真大啊( ) ②快走啊( )

③亲人啊（ ） ④他饿啊（ ）

⑤好险啊（ ） ⑥好苦啊（ ）

⑦喝啊（ ） ⑧好孩子啊（ ）

16. 下列音节的拼写是错误的，改正以后请说说改正的理由。

(1)飞 fī (2)抓 zā (3)决 jué

(4)梦 mòng (5)骄 jāo (6)处 cì

(7)腾 tén (8)杯 bī (9)小 siáo

(10)建 jiài (11)括 guò (12)证 zèng

17. 礼貌用语很重要，用错了别人会笑话你，同样的，读错了音也让人笑话。试把下列礼貌语注上准确的拼音。

请教 包涵 恭喜 赐教

高见 光临 失陪 留步

奉还 失礼 高寿 指教

劳驾 打扰 贵姓 拜托

18. “莫邪、干将”为古代宝剑名，你能读出“邪”的音吗？还有如“天台”的“台”，“工尺谱”的“尺”该怎么念，请写出来。

19. 语调和声调有什么不同？

20. 说普通话是当今时代的要求。既然是“话”，就要“说”。托尔斯泰说，“语言应该是活生生的”，所以讲话除了内容好以外，还要注意语调，要朗读得好。试把下面的语句(段)按语调要求朗读，要求念好每一句(段)。

①一个孩子的纯正的心，就是那些在热恋中的人们也难比啊！

②我提着这灵巧的小橘灯，慢慢地在黑暗潮湿的山路上走着。

③我忽然爬起来，迷迷糊糊地往外就走。

④夕阳把草原映得更加光辉灿烂。

⑤有时候 对我来说
总觉得 除此之外
再无他物 再无他言
可以高于一切 可以代表一切
一切属于我的世界

今日好宁静
将一份慰藉和昨夜的惊喜
寄与你分享
在我掩埋了所有的孤独后

不是一种摊派
不是一种布施

小小的明信片啊　请你
将我的诚挚和善意凝聚
成四个方块字
玉——洁——冰——清

（《明信片》）

⑥20 世纪 80 年代初，我到一家商店购物，几个青年售货员围上来问我："你这衣服哪里买的？"又动手翻看我的衣领。我说："是外国朋友送我的。""怪不得这里市场上买不到。这才是正宗的 T 恤衫。"我生气地说："他送给我的，我的爱人还健在，怎么用它当做抚恤死者家属的礼物呢？"

如今与 80 年代初期大不相同了。"洋泾浜"充斥于市，并以此为荣，犹如当年以写繁体字为荣，在书写中也屡见不鲜。例如 T 恤衫、因特网、中巴、的士、巴士、脱口秀、酷、迷你裙、派对等，一旦"洋泾浜"在文字领域泛滥成灾，后果堪忧（"洋泾浜"在口语中，可百无禁忌），宜予警惕。

（《洋泾浜"趣谈"》）

第二节　语音与交际

一、语音在交际中的运用

（一）语音的感情色彩

语言的节奏，就是一般所说的"音律"，是交替出现的有规律的语音现象。高尔基说过："语言的真正美，是由于言辞的准确明朗和音响的动听而产生出来的。"因此，在内容与形式统一，形式为内容服务的原则下，讲求语言的音韵协调是必要的。例如广告语言声音的协调就体现在节奏明快、平仄相间、韵脚和谐、叠音自然等方面。公关广告语言如果音节对称，音律优美，就会产生美的旋律。而这种语言艺术的旋律，又可以转化成为人们心理的节奏，使广告受众的思维随着节奏流转，引起共鸣。受音律节奏的感染，人们在无意识中接受了公关广告所传达的信息，响应了它所发出的号召，从而产生良好的广告效应。例如：

"刻刻催人资警省，声声劝尔惜光阴。"（某钟表店广告）

"白里透红，与众不同。"（护肤品）

这两则广告充分运用语言的押韵、平仄，念起来顺口，听起来悦耳，便于牢记。

从声音、语气方面来说，说话抑扬顿挫、高低起伏，能给人美的享受，但这并非适合所有的语境，交际中的婉言就需要有与它相适应的音量、语调、语气、节奏和速度等声音形式，这样才能表现出稳重、亲切和诚恳的情态。如果高声说话或语速太快，就会显得与委婉含蓄的格调不协调。如果音调平板，拖沓无力，则显得漫不经心，也会使人反感。

因此，说话时要根据语境的不同调整音量、音质、音色。语音频率过高，感觉尖声刺耳，频率过低，使人沉闷欲睡。例如，演讲时语音时而舒缓徐慢，时而高亢激奋，时而停顿间歇，时而一泻千里，就会牵动听众的思绪，叩击人们的心弦。

（二）语音节律的表达效果

语音的节奏和韵律是音节在语流中排列组合体现出的一种均衡、和谐的美。节律的运用是提高语言质量、增强语言美感的重要手段。语句中轻重、缓急、抑扬、顿挫的交替出现，有规律的反复，可以使语言产生和谐均衡的韵律感，表达出不同的思想感情。

1. 语音的重与轻

语音的重与轻是由音强、音长决定的。一般来说，重音显得刚强有力，常用来表达坚定、果断、豪迈的思想感情；轻音显得轻柔细腻，则用来表达欣慰、体贴、亲切的情感。

重音是达成语言表现力的主要因素之一，语言的清晰度和说话人的感情色彩，常常依靠重音的运用来实现。语句里的语词读音有轻有重，这样才能使听者抓住语意的重点，了解语句的中心意思。在交际中，有时为了突出句中需要着重表达的地方而特别加重某个词语的读音。同样一句话，由于说话目的不同，着重点不同，重音的位置也就随着改变。如：

△ 我知道你会唱歌。（我知道，别人不知道）

△ 我知道你会唱歌。（你不要瞒我了）

△ 我知道你会唱歌。（别人会不会我不知道）

△ 我知道你会唱歌。（你会不会跳舞我不知道）

以上四种不同重读，强调的方面不一样，意义也就有不同的变化。因此，说话时要把握重音与思想感情、语意的内在联系，认真分析，反复推敲，从而决定语句重音的位置，否则在复杂的语句中就容易把重音位置摆错，影响表情达意的明确性。

同样是重音词，若用重读和轻读两种方法来念，在表达效果上往往会有不同的色彩和含义。例如“你给我站住”中的“站住”一词，若用重音，表达的是威吓和命令；而用轻音，除了有重读的表达意思外，则又多了一层不容改变的内在的坚定性。

2.停顿和连接

在交流中要让听者听懂说话人的言语内容，就必须给听者听懂的时间，这个时间就是停顿。停顿是语言之间的空隙和间歇。连贯而不停顿，表示这是一个完整的语言表达单位。停顿要服从生理的需要，更要服从语意表达的需要和抒发情感的需要。例如，有一次，一位领导人主持记者招待会，有外国记者问："中国有没有妓女？"回答："有！"然后停了下来。此时全场哗然。几秒钟后，那位领导人接着说："在中国的过去。"少顷，掌声大作。这一恰到好处的停顿，使后续的话语产生了惊人的效果。

我们平时说话时，语流中声音的停顿和连接常常和思想感情的发展变化有密切的关系。无论是停顿或连接，都不是任意的。当我们为了突出某种强烈的感情时，恰当的停顿会渲染这种感情；当我们边思索边说话时，为了表现思索、判断，也要在那些需要思索、判断的词句上运用停顿。例如：

△ 然后他呆在那儿，头靠着墙，话也不说，只向我们做了一个手势，"散学了，/你们走吧！"

这里表达了主人公沉重、复杂的思想感情。

△ 依我看/你还是/还是不去为好吧，对，还是别去了。

这里就包含着一个思索、判断、反应的过程。停顿时，每个词组前边的那个音节拖长些，以表现思索、判断的心理过程。

在整个语流中，说话者不仅要注意适时停顿，还要运用不同速度使停顿恰到好处。

说话时，有时为区分语意而停顿。停顿位置不同，语意会有不同的变化。例如，抗战期间，日寇将天津南开大学炸得一塌糊涂。当时不少人感叹："南开成了难开。"南开大学校长张伯苓听了说："难开？那要加一个标点：'难，开！'"这里张校长用一个停顿性的标点，表达了知难而进，遇挫折意更坚的精神。

3.语气与语调

语气是具体思想感情支配下的语句的声音形式。由于所要表达的思想感情的运动状态不同和各个语句的本质、语境不同，每一语句必然呈现出具体的感情色彩，并且表现为千差万别的声音形式。语气的感情色彩，是指语句包含的是非和爱憎等。支持、反对、赞扬、批判、亲切、严肃等态度，热爱、憎恨、悲痛、喜悦、热情、冷淡等感情，可以通过语气展现出来。在交际中我们要根据一定的语言目的，一定的语言背景，一定的语言环境，一定的语言对象等，使语气色彩尽可能地贴切。

除了丰富的感情色彩之外，语气还有分量上的变化。例如，同样是喜悦，有时是极为喜悦，有时则只是比较喜悦；同样是愤怒，有的地方是十分愤怒，有的地方则是稍有怒意等等。要根据语意和语境，在语气中显示出是非、爱憎的不同程度的区别，把握好分寸和火候。

语调是整句话高低升降的变化。一般来说，平调平直舒缓，适用于叙述、说明中表示思索、冷淡、沉重、迟疑等感情；升调由平而高，常用于疑问、反诘、呼唤、警告、号召或激动时；降调由高到低，末字低而短，大多表示感叹、坚决、自信、请求或心情较沉重时的感情；曲调是先升后降或先降后升，常用来表达特殊的感情，如讽刺、反语、夸张、幽默、双关等。同是一句话，用什么语调，其意义深浅各不相同。例如：

△他这件事做得对↘。（平调）

△他这件事做得对↘。（感叹）

△他这件事做得对↘。（只有这件事做对）

△他这件事做得对↗？（一般问句）

△他这件事做得对↘？（出乎意料）

△他这件事做得对↘？（表示疑问）

△他这件事做得对↗↘？（快速曲调，非一般怀疑）

△他这件事做得对↘↗？（曲调，慢速，迟疑）

又如：

△“你看（↗）！那座山多么高哇！”（惊讶的神气，表示让对方向远处看）

△“你看（↘）把书弄坏了吧！”（不太满意的情绪，表示让对方向近处看）

△“你看（↘↗）？你不是说不看吗？”（怀疑的神情，表示怀疑对方到底想不想看）

语调除了表达语意之外，对于表达说话人的思想感情和内心活动，也起着决定性的作用。如果我们能运用得恰到好处，说出的话就一定能感情真实，语意深刻，感染力强，给人留下深刻的印象。

（三）语音的韵律美

汉语是有声调的语言，声调本身高低曲直，长短缓急，节奏分明。汉语四个声调中，一般把阴平、阳平称为平声，上声、去声称为仄声。平声长而扬，仄声短而抑。平仄安排得当，声调平衡交替，形成有规律的变化，声音就显得错落有致，节奏分明，可以使语言具有抑扬顿挫的音乐美。把韵母或韵尾相同或相近的字放在某些句子的末尾，叫做押韵。声音美同押韵有密切关系。押韵不但使语言具有旋律美、和谐美，悦耳动听，而且有助于抒发感情，便于传诵。押韵是语言追求音乐性的最高表现。中国的诗歌，无论是古代的还是现代的，都注意押韵的自然、平仄的协调；有些散文为了有力地渲染某种气氛，抒发强烈的感情，也采取押韵的方式；歌曲、快板、民谣等运用押韵，使富于音乐性的语言，更好地抒发人物内心情感，渲染某种气氛；汉语中很多成语、俗语都具有平仄变化的音乐美；甚至在公关语言中，也充分利用汉语语音的特点，适当注意平仄变化，音节安排恰当，可以收到波澜起伏、抑扬顿挫的表达效果。例如流行于手机族之间的春节拜年短信：

"新年里你要精神放松，快乐在胸。一切忧虑不在你心中，来年运程一通百通。"

"新年到，鸿运照，烦恼的事儿往边靠，年年有此时，岁岁有今朝。祝你一年更比一年好！"

"新年到，向您问个好！办事处处顺，生活步步高，彩票期期中，好运天天交。"

这些充满爱心和祝福的短信充分运用押韵、平仄的方法，取得了良好的韵律效果，得以广泛流传。

语音的韵律美运用在演讲、论辩等场合时，遇到几句话连说，尤其要注意利用每句句尾词语的平仄变化和押韵的自然，使语言产生抑扬起伏、回环往复的韵律美，从而有效地表达思绪感情。

双声指两个字的声母相同，叠韵指两个字的韵母或主要元音和韵尾相同。双声如"琉璃、仿佛、辗转、伶俐、澎湃"等。叠韵如"骆驼、霹雳、彷徨、咆哮、灿烂"等。双声、叠韵词语因为有相同的语音成分再现，连续地作用于人们的听觉，给人以回环往复之感，这是汉语传统的语音修辞手段。

叠音又称叠字，指相同字（音节）的重叠。叠音是汉语语音修辞的重要手段。凭借音节的重叠，既可造成同音相和的音乐美，又可增强描绘效果。现代汉语中的叠音可以是相同语素或音节的重叠，如：

星星　　娃娃　　巍巍　　炯炯
祖祖辈辈　　形形色色　　口口声声
热乎乎　　湿乎乎　　油乎乎　　圆乎乎
一溜溜　　光溜溜　　灰溜溜　　酸溜溜

也可以是词的重叠，例如：

人人　　天天　　看看　　问问
风风雨雨　　日日夜夜　　说说笑笑　　平平安安
考虑考虑　　商量商量　　研究研究　　碧绿碧绿

相同音节的重叠带有音乐性，语言交际中，如果注意运用叠音词语，语音就会显得和谐悦耳，流畅动听，产生一种强烈的音乐美。例如，一些公益广告注意用押韵、叠音，读起来和谐悦耳，琅琅上口：

来匆匆，去轻松，用后水冲冲。（卫生间）

风萧萧(电扇),光悄悄(电灯),走时请关掉。(教室)

社区是我家,卫生靠大家。

这几则公益广告运用了叠音、押韵等手法,音节匀称、整齐而有节奏感,给人留下了深刻印象。

汉语是富于音乐性的语言,在表达中的停顿、重音、语气、语调等,都有它们各自的特性,但是在具体的语言交际实践中,它们又是相互渗透、相互协调的整体,只要任何一个方面有偏失就立即影响到其他部分的有效表达。因此,我们要把停顿、重音、语气、语调非常合理地、巧妙地、天衣无缝地融为一体,使语言在变化丰富的节奏流动中,发挥其最佳的表情达意的效果。

二、实训

【实训目的】

1. 掌握汉语拼音韵母"四呼"的规律,并运用于语言交际实践。

2. 在不同的社交场合和语言环境,能运用不同的语言节奏表达出不同的说话内容,产生不同的声音效果。

【实训一】

【材料】

现代汉语韵母"四呼"中,"开口呼"韵母发音响亮通畅。关注我们的周围,无论是人名,还是商品名甚至是电视栏目名,大多带有发音响亮的开口呼。从语音的层面讲,命名也是一门学问。北京广播学院的学生对凤凰、阳光、五星、星空卫视栏目名称进行调查,发现电视栏目命名在语音方面有以下规律。

1. 尾字带 a 的开口呼韵母共 48 个,占 46.2%。如:智者王中王(wang)、爱情梦工场(chang)、魔星高照(zhao)、食神争霸(ba)等等。带 a 的开口呼琅琅上口,响亮通畅,放在尾字上,令人回味无穷。

2. 尾字声调:阴平清脆,音乐感强,所占比例较大;去声坚定有力,所占比例最大。(具体见表)

电视栏目名的尾字声调

尾字声调类型	栏目数量(个)	所占比例(%)	举　　例
阴平	23	22.1	全家乐翻天
阴平	20	19.2	媒体大拼盘
上声	16	15.4	两极之旅
去声	42	40.4	人生在线

3. 音节:奇数偶数名称几乎各占一半,既有稳定感又有动感。(具体见表)

电视栏目名的音节

音节数(个)	栏目数量(个)	所占比例(%)	举　例
2	2	1.9	(酒鬼)说吧
3	11	10.6	人物志
4	46	44.2	纵横中国
5	32	30.8	铿锵三人行
6	8	7.7	凤凰午间特快
7	4	3.8	我和香港这五年
8	1	0.96	中华青年影像大展

注：选自邢欣主编：《都市语言研究新视角》，第 273—274 页。

【训练】

1. 请选取两个班级为调查对象，在语音层面上对同学的名字进行统计分析。

2. 请选取近期(两期)报纸上的标题(注明出处及报纸日期)，在语音层面上进行统计分析。

3. 商品品牌声音运用效果调查分析(韵母、声调、双声、叠韵、平仄、叠音等)。

4. 电视栏目名称声音运用效果调查分析。

【实训二】

【材料】

下面几种不同的社交场合和语言环境适用不同的语言节奏：

1. 宣布重要决定及激动人心的事或鼓动性强的演讲场合

可运用高亢的语言节奏。高亢的语言节奏声音偏高，起伏较大，语气昂扬，多采用升调，能产生威武雄壮的效果。

2. 叙述悲剧色彩的事件或慰问、怀念等场合

适用低沉的语言节奏。低沉的语言节奏语流偏慢，语气压抑，多采用降调，产生低缓、沉闷、声音偏暗的效果。

3. 发表议论或某些语重心长的劝说，抒发感情等场合

可以选用凝重的语言节奏。这种语言节奏声音适中，语流适当，既不高亢，也不显低沉，重点词语清晰沉稳，次要词语不滑不促。听来一字千钧，句句着力，而且深意省人，蕴味尽出。

4. 日常性的对话或一般性的辩论

可用轻快型或舒缓型节奏，这是一种轻快、舒展的表达方式。声音不高也不低，语流从容，既不急促，也不大起大伏，听来不着力，而多扬少抑。

5. 汇报重要情况、申辩或澄清重要事实等场合

适用紧张型语言节奏。这种语言节奏声音不一定很高，但语流较快，语句不延长停顿，往往显示迫切、紧急的心情。

以上几种不同的社交场合和语言环境分别适用不同的语言节奏，这几种语言节奏又互相渗透，有主有辅。运用时只有适当把握，才能显示出技巧的内在力量。

【训练】

1. 根据不同社交场合的语言要求，演示不同的语音节律。

(1)公司销售部门取得了较好的业绩，用舒缓的语言节奏向领导汇报情况。

(2)企业决策会议上，你的方案遭到质疑，用凝重的语言节奏力陈你的观点。

(3)同学家遭不幸，用低沉的语言节奏安慰同事。

(4)企业产品获得驰名品牌，用高亢的语言节奏传达这个喜讯。

(5)发现企业商业机密被窃，用紧张型语言节奏向领导报告情况。

2. 小品录音对白：演示不同语音节律的表达效果。

第三章 汉 字

第一节 交际适用汉字知识

一、汉字的字体及其演变

字体是文字符号的体式或样式。这是由于书写工具和承载材料不同等原因造成的。各种体式在不同历史时期，或相互更迭或几式共存。汉字和其他文字一样，也经历了不同的样式。

字体的演变一般是缓慢、渐进的，不是一下子新旧字体一退一进，而是在并存中逐渐替代的，而且旧的字体也并不因此消失，在一定场合仍旧在使用。例如，篆刻常用篆体字，书法家仍用隶体、狂草书写等等，当然，这已不仅仅是用文字交流信息，而且是作为一种书法艺术运用了。下面我们简述七种字体样式。

(一)甲骨文

现在见到的最早的汉字是刻在乌龟壳上的，也有刻在牛胛骨上的，人们习惯叫它们“甲骨文字”。它们主要用于占卜。

这些商代晚期汉字字体的代表——甲骨文字到 1899 年(清光绪二十五年)才被人们发现于河南安阳县小屯村，到 1903 年后才为世人所知并成为研究资料。甲骨文字主要是公元前 1300 年到公元前 1065 年，即商朝第 20 代王盘庚迁殷后，直到商末的殷纣王这一时期的文字，中间共历十二王、270 多年。此后，发掘出来的甲骨非常多，从中整理出甲骨文不重复的单字有 4672 个，其中已考证的有 1723 个。甲骨文结构复杂，构成很有规律性，已能满足当时记录语言的需要。从造字法角度看，形声字已经出现，说明这种文字已经比较完备，比较成熟了。甲骨文的主要特点是图画特征比较明显，但有的与现代汉字基本相同，从形体上可以认出相当于现代汉字的某一个字。甲骨文由于用铜刻刀刻在坚硬的龟壳兽骨上，所以有笔画细而长、平直、方折而末端露锋芒的特点。

甲骨文字不仅是我们研究古文字的最重要的资料，而且是研究商代社会历史的宝贵文物资料。

(二)金文(钟鼎文)

青铜是铜和锡的合金,古代叫“金”。刻于其上的文字就叫金文。金文因为是在钟和鼎上刻铸的文字,所以又叫钟鼎文。其实在壶、樽、盘以及戈、戟、剑等兵器上也常刻上文字。文字内容多为记功记事。这是研究古文字、研究西周社会的最重要的历史文物。目前已发现的周代有铭文的铜器有三四千件。据统计,总共收集到不重复的钟鼎文字有3200个,已能确认的有2000字。

金文绝大部分是用模子铸的,形体丰满粗壮、屈曲圆转、布局均匀、字形长方;从字数看少于甲骨文,字形仍不定型,有的比甲骨文字简化;形声字数量逐步占优势,如衣部、宀部、食部、广部的字共71个,其中14字与甲骨文相同,新增加57字中有46个是形声字,与甲骨文一样,字形方向不明,有的偏旁可通用,如口、甘通用,走、彳、辵通用。但金文的图画性已减弱。

从不断出土的钟鼎文材料看,它出现在商代中期,金文的下限在秦灭六国,即秦用小篆统一中国文字之前,其间经历了1200多年。

(三)篆书

篆书有大篆、小篆之分。大篆萌芽于西周晚期,是秦国早期使用的文字,本名籀文。大篆字体跟金文相近,但略有改变。秦始皇兼并六国后,采纳李斯奏请,“罢其不与秦文合者”,采取“书同文,车同轨”的政策。“书同文”——就是使文字规范化,标准化,拿出文字样本,让全体辨认、学写。文字的统一,适应了社会发展需要,对于多民族国家的统一巩固、民族文化的发展起了极其重要的作用。

秦朝制订标准字体时,以秦国文字为基础加以简化、改造,称为“小篆”或“秦篆”。秦代小篆流传下来的资料有秦山刻石、琅玡刻石等。小篆在字形上更加统一,更加匀称整齐,更加优美。

“小篆”的“篆”是钟带,即钟、鼎腰部的条状花纹,笔法如带子,线条粗细一致,圆转均匀。小篆字形统一,异体字大大减少。甲骨文、金文中的许多异体字在小篆里没有了。小篆结构定型,改变了甲骨文、金文中的上下左右无定、偏旁写法不一的现象。小篆图画性减弱,符号性开始增强,字体呈竖长方形,行款整齐。汉字的形式从此开始定型。这是我国汉字走向规范的一个里程碑。

小篆直到汉代,仍是标准字体,皇帝玉玺、货币、虎符等都用小篆字体。

(四)隶书

秦朝的标准字体是小篆。它虽然笔画均匀,圆转整齐,形式美观,但书写终究不方便。当时,秦始皇统一天下不久,政务纷繁,监狱多事,许多下级官吏和一般百姓,一是没有工夫细细地描,二是书法水平各有高低。所以,实际上只有庄严的文字才用小篆书写,平常写的则较不规范,或者潦草,或者任意简写。开始只是笔势的改变，变圆转为方折，把圆转均匀变为平直有棱角，连笔变成断笔。这就是从小篆走向隶书的开始，叫它为秦隶或古隶（与演变到后来而且差别很大的汉隶相区别），它是秦至西汉前期的字体。由于这种书写只求迅速，省工夫，一般士大夫看不起，称之“隶书”即是不登大雅之堂的徒隶写的文字之意。但这种书写体式立即显示了它的生命力，有逐步取代小篆成为汉字书写的发展趋势。古隶经过演变，成了今隶（汉隶），通行于西汉中叶到晋初，有它自己独特的特点和风格。

如果说秦隶只是小篆的简化写法，那么汉隶已具有了“字形扁方，笔画粗肥，笔尾有波势和挑法——一波三折，蚕头燕尾和以多棱角”的鲜明特点。这种“隶变”（从篆体到隶书的演变）使汉字变得面目全非，使象形字不象形，会意字、形声字的偏旁变得难认，古代汉字的图画意味全没有了，变成了一种线条符号。这种变化，成了古今文字的分水岭：隶书以前是古文字，以后是今文字。隶书的出现，结束了几千年来的古文字，形成了近两千年来今文字的格局，奠定了楷书的基础，这是汉字形体演变过程中的一次大飞跃。

（五）楷书

楷书是正体书法的意思，又叫“正书”、“真书”。楷书萌芽于西汉，成熟于东汉末年，魏晋以后开始广泛流行，直到现在，楷书（楷体）仍然是当今广泛使用的标准字体，已有 1700 多年历史了。

楷书是从隶书演变来的，是隶书中点、横、竖、撇、捺、钩等笔画的进一步发展。楷书的结构与隶书基本相同，所以也有把楷书叫“今隶”的，可见隶、楷关系的密切。书圣王羲之的楷书表明，隶书的挑法被钩撇代替，波势被平稳的笔画代替；隶书方正，楷书方正中有变化；隶书字形向外摊开，楷书向里集中；隶书呈现扁平形，楷书则是正方形，怪不得国人把汉字说成“方块字”了。今天所说的“宋体”，即就“楷书”而言的。“宋体”是宋代雕版印书通用的印刷字体。自宋经元、明各代，印刷字形体略有变化（笔画变为横细竖粗），有所谓元体、明体的，但今天仍叫“宋体”或“老宋体”。如今“老宋体”、“仿宋体”、“正楷体”成为印刷的常用体式。

（六）草书

“草”是草创、草稿的意思。最初的草书是隶书草写形成的一种新书写样式。草书形成于汉代，特点是独立不连写。草书又有章草、今草之分。

一说“章草”的“章”是条理、法则的意思，一说章草是秦末汉初用于奏章的一种字体。但这种草体无疑是隶书的快写，其特点是：仍带波磔（zhé），尚有隶意，而字与字之间笔画不连属。到了魏晋时楷书形成，受其影响，草书去掉隶书意味，点画都用楷书笔画，但上下字之间笔画可以相连。这种用楷书笔法写成的“草书”叫“今草”。今草的特点是一字内点画相连，一气呵成；同时上下字牵连不断，不像章草字字分开，书写速度更快捷。所以，草书的产生使汉字演变又产生一个大转折：

从笔画到写法作了最大的简化。今天使用的简化字中，一些就是采用“草书楷化”而来的，如“车、学、为”等。到了唐代，兴起了以张旭、怀素等人的书法为代表的所谓“狂草”。这是在今草基础上任意增减笔画，恣意连写的字体。这种汉字“草”到让人难认的地步，逐步失去交际作用，而成为一种书法艺术。

（七）行书

行书是介于草书和楷书之间的一种字体样式。它是在楷书基础上适当加入草书的特点而形成的，是楷书的简易写法。大约在东汉末年已经流行。行书又分楷行、草行两种，即偏于楷书或草书的两种书写体。在魏晋，行书只用于写书信，但由于行书兼有楷书、草书的优点，字形清晰易识，书写效率高，普遍为人所采用，其实用价值渐趋明显。如今，写信，记账，起草稿，抄文件，作记录，写日记，总

汉字字形演变表

印刷体	甲骨文	金文	小篆	隶书	楷书	草书	行书
虎					虎		
象					象		
鹿					鹿		
鸟					鳥鸟		
鼎					鼎		
鬲					鬲		
壶					壺壶		
尊					尊		
受					受		
兴					興兴		

之,凡仍旧用笔写字的人,行书是书写时首选的字体。

汉字形体演变的过程是汉字形体逐步规范化、稳定化的过程。小篆使每个字的笔画数固定下来,使偏旁的书写形式和分布位置固定下来;隶书构成了新的笔形系统,字形渐成扁方形;楷书诞生后,汉字的字体字形就稳定下来了。"横、直、撇、点、捺、挑、钩、折"成了汉字书写的基本笔画,笔形得到了进一步规范,各个字的笔画数和笔顺也固定起来。而行书的出现,则给汉字书写提供了更加快捷的方法。总之,随着汉字楷书的出现,"方块字"便成了到今天仍然是最重要的书写形式。

二、汉字结构

(一)独体字,合体字

独体字指汉字中囫囵一个字的结构形式,其字形无法分析,如"文"、"上"、"象"、"本"等字。合体字是由两个或更多的独体字合成一个字,如"休"、"林"、"炮"、"江"等字。独体字和合体字的区别非常明显:从结构成分看,独体字本身是一个整体,而合体字可以分析出两个或更多的独体字来。从部位系统看,独体字只能是单一部位的,如"火"、"刃";而合体字则是可能是左右部位的,如:"村"、"怕",上下部位的,如"章"、"尘",内外部位的,如"固"、"甸"、"闯"。从结构方式看,独体字包括象形字、指事字,合体字包括会意字、形声字。

(二)偏旁,部首

偏旁。合体字既然是独体字的组合,就可切分成若干部分,过去称合体字的左方为"偏",右方为"旁",现在则把合体字的左右、上下、内外任何一方统称为"偏旁",如"湖"的"氵"和"胡","岗"的"山"和"冈","固"的"囗"和"古","章"的"立"和"早","甸"的"勹"和"田"等,都是由偏和旁组成的合体字。掌握合体字的偏旁能为掌握更多的汉字提供帮助,因为汉字有几万字,而偏旁却有限。利用偏旁相同可成趣,如"梧桐枝横杨柳树,汾河激浪泗洲滩"就是利用"木"和"氵"旁的绝好对联。

部首。这是词典或字典中的一个术语。传统的字书把汉字按意义类别分成若干个"部",把每个部的首字作为这个部的标目,称为部首。部首是作为词典检索的一种方法来使用的。部首首创者是东汉的许慎。他把《说文解字》收录的9353个汉字分为540个部首。此后到明朝的梅膺祚的《字彙》到清朝的《康熙字典》到民国的《中华大字典》所列部首214部,后来的《辞源》、《辞海》等书都以部首为查字(词)的基本方法。如:"石"部有"砥、确、砰、矿、硫"等。

偏旁和部首要区别清楚。①偏旁可分为形旁和声旁,而部首绝大部分是表示意义类别的。②凡是部首基本上都是偏旁,偏旁不一定是部首;部首只表义类,偏旁除表义类外，更多的还有表音成分，所以偏旁的数量比部首多。③偏旁中的形旁表示该字的意义类别，声旁表示该字的读音，会意字由形旁和形旁构成，形声字由形旁和声旁构成。

（三）笔画

笔画是汉字书写的最小单位，是构成字形的各种形状的点和线。书写时从起笔到落笔为“一笔”。每一种笔画具有的具体形状如汉字的点（丶）、横（一）、直（丨）、撇（丿）、捺（㇏）等叫笔形，也是字形结构的最小单位。收笔画最多的字典是《康熙字典》、《中华大字典》。

笔画分为单笔画和复笔画，前者如上面提到的点、横、直、撇、捺五种基本单笔形。由单笔画相连构成复笔画，构成挑（㇀）、钩（亅）、折（㇕）三种笔画，加上前边五种笔画共八种基本笔形（可称“永字八法”）。由此又有许多变化了的复笔画，或者叫变体，便形成了至少 30 种笔形。

汉字由笔画构成，但何者为先何者为后，即书写汉字的顺序叫笔顺。按照笔顺规则写字，可以提高书写效率，有助于写好字，对秘书工作尤为重要。书写规则一般为：

先上后下　　如：多主皇崭
先左后右　　如：时休怵绞
先横后竖　　如：十圭干期
先外后内　　如：同匀包阁
先内后外　　如：函凶辽进
先里头后封口　　如：日国回圆
先中间后两边　　如：少水办永

（四）部件

合体字的结构单位叫部件，部件大于笔画而小于合体字。例如：“休”可以切分为“亻”和“木”两个部件，“固”可以分解为“囗”和“古”两个部件。有的部件还可以往下分解为更小的部件，例如刚才的“固”其中的“古”还可往下分为“十”和“口”两个部件。“想”可分为“相”和“心”，“相”还可分为“木”和“目”两个部件，可见汉字部件结构是有层次的。汉字切分要分层次，即一级部件、二级部件乃至三、四级部件。但在具体切分时要坚持一条原则，即切分下来的“部件”要能作为这字的其他构成部分。

切分汉字的部件意义很大。一是便于教学称说，利于认记。二是有利于中文信息处理。在电子技术日益发达的今天，汉字的计算机处理已普遍应用，用部件分析汉字，可以“以少寓多”地处理汉字，把常用汉字用 600 来个部件统括。如《辞海》（1979 年版）所收汉字 11834 个包含的部件是 648 个，可以迅速准确地用其进行编码。

(五)汉字结构分析

最基本的是上下、左右、内外结构,并由此可以形成多种变体,如:

①上下结构:　思界皆岳　　上中下:　壹菱尊羹

②左右结构:　相减喉淖　　左中右:　粥街衔树

③包围结构:

两面包围:左上包围　庙届康靡　　三面包围:上包围　同风向周

右上包围　句氛氢司　　下包围　凶函画幽

左下包围　进旭迁处　　左包围　巨匡匹区

四面包围　国困图因

有一些字,如:"品、晶、秉、爽、乘"等如何组合?从造字法看是会意字,从汉字部件结构看,品、晶可视为上下结构,而"秉"等三个字,有的认为是"穿插结构",我们当特例处理。据统计,在《新华字典》7254个单字中,第一级切分结果,左右结构为4655字,占64%左右;上下结构有1395字,占19%左右;包围结构946字,占13%左右;其余258字为独体字,约占4%,就是说"特例字"很少。

三、汉字的造字法

汉字造字法,以东汉许慎《说文解字》中的"六书"为本,即象形、指事、会意、形声、转注、假借。现分说象形、指事、会意、形声四项。

(一)象形

象形是指用描绘实物的方法造字,用线条大体把客观事物的形状描摹出来。如:

(二)指事

指事字由刻画的抽象符号组成,即在独体字上加附加符号,或者用图像表示抽象的概念。如:

(亦) (至) (刃) (本) (末) (旦) (立) (面)

(回) 一(一) ☰(四) |(十) +(甲) (乙) 八(八) (九)

(丑) (子) □(方) ○(圆) (上) (下)

(叕)表示"缀联"

(三)会意

会意是指由几个象形字组合成具有新义的字。如:

(休) (友) (戍) (宿)

(众) (步) (突) (盥)

(初) (炎) (益)

休,人靠在树上,表示休息。

众,三人形组合,聚集在一起,表示众多。

初,左边是衣,右边是刀,表示裁剪。裁剪为"做衣之初",表示开始。

友,两只右手紧靠一起,表示朋友,友好。

步,两只脚趾,一前一后,一左一右,表示行走。

炎,上下两把火,表示火盛,火旺。

戍,人扛着武器,表示守卫。

突,犬从穴中冲出,表示急速外冲。

益,下面是皿,上面是水,表示溢出。

宿,表示房屋,里面右边是一条席子,左面是仰面躺的人,表示"就宿"。

盥,两只手在左右两侧,中间是水,下边是盛水器皿,表示在皿中互洗。《说文》:"澡手。"

(四)形声

形声字是一个偏旁表示意义,一个偏旁表示声音,合起来构成一个既表意义又表读音的字,所以叫"形声字"。如"江",从氵(水),工声,氵表示江字的意义与水有关,工表示江字的读音(如今"江"字是 jiāng,古代却是"g"声母,现在宁波、舟山一带方言仍读"gōng")。就单个形声字说,表意成分叫形旁或"意符",表音成分叫声旁或"音符"。如"缸"字,形旁是"缶"(古代腹大口小的瓦器),声旁是"工"。"溃"字,形旁是"氵",声旁是"贵",表示(堤坝)冲破。

四、汉字规范化

要正确地使用汉字,必须遵守汉字使用规则,就是规范使用汉字。汉字规范包括形体标准、书写和运用规范。

文字是记录语言的符号系统,语言要规范,文字当然也要规范。1986 年 6 月 24 日《国务院批转国家语言文字工作委员会〈关于废止第二批汉字简化方案草案和纠正社会用字混乱现象的请示〉的通知》中说:"当前社会上滥用繁体字,乱造简化字,随便写错别字,这种用字混乱现象,应引起高度重视。"目前,"混乱现象"虽大有改观,但广告用语、标语口号、商店广告乃至论文书写、总结报告、电视作品等滥用繁体字,继续使用"二简"字现象屡禁不止,对 1986 年 10 月 10 日公布的《关于重新发表〈简化字总表〉的说明》执行情况也打折扣。例如:"氿、反"(酒、饭)、"艽(韭)菜"、"旦(蛋)炒饭"、"报纸另(零)售"、"彐(雪)菜面"、"匆油并(葱油饼)"、"豆付(腐)"、"仃车點(停车点)"、"體(体)育场"等更是随处可见。机关事业单位内乃至公告布告中也不乏错别字,令人惊诧。

汉字简化是汉字发展的必然趋势。追溯到先秦时代,已有 67 个简化字,如"布(佈)、声(聲)";三国、两晋、南北朝时有 98 个简化字,如"笔(筆)、爱(愛)";宋、辽、金、元时,有 80 个简化字,如"边(邊)、标(標)";明、清时有 53 个简化字,如"罢(罷)、表(錶)";到民国时,有 57 个简化字,如"袄(襖)、坝(壩)"等。五四以后,先进知识分子钱玄同等便提出议案,主张把过去只通行于平民社会的简体字正式应用于一切规范的书面上。现在国家公布的《简化字总表》正是顺应了汉字运用趋势。《总表》共 2235 字,总笔数为 23045 笔,平均每字为 10.3 笔,这比原来繁体字的平均每字 16.1 笔减少了 5.8 笔。此外,1955 年 12 月国家公布的《第一批异体字整理表》又精简了 1053 个异体字。

【思考和练习】

1. 为什么汉字在本质上是表意文字?
2. 文字和语言的关系怎样?

3. 什么是笔画？什么是笔形？掌握笔画和笔形有什么意义？

4. 偏旁和部首不同，但有一定联系，说说它们之间的联系。

5. 什么是部件？部件有哪几种基本格式？举例说明。

6. 笔顺早已学过，但要真的掌握也非易事，试写出下列各字的笔顺来。

承　乘　进　匆　囫　捷　母

灵　公　成　凡　显　发　沙

写　眉　届　炼　凶　读　仍

7. 汉字字体主要有哪几种？它们各自通行于哪个朝代？

8. 为什么隶书的出现对奠定今天汉字形体起了决定性作用？

9. 文字的统一和社会关系怎样？

10. 文字规范和以文字为艺术这二者有什么区别？

11. 为什么楷书至今仍是使用汉字的规范字体？

12. 说明下列形声字的结构。

［示例］　期：左声右形

松　雏　茅　基　园　闻　救

空　姿　衷　恐　简　理　墓

13. 形声字为什么有巨大的生命力？

14. 试说出下列各字的造字法。

切　云　九　驭　首　命

元　泗　引　安　北　安

15. 用下列字作声符（声旁），加上形旁，各组成三个不同的形声字，并说说这些形旁在表明字义上有什么作用？

及　吉　丁　奇　兆　令

工　丸　台　代　方　我

16. 为什么“简”、“焰”、“肓”不能写成“蕳”、“锬”、“盲”？

第二节　汉字与交际

一、汉字字体与交际

（一）楷书

楷书结字方法系统而有规律，字形优美而匀称，是作为标准文字使用的书体。楷书主要分为四大类：欧体、颜体、柳体和赵体。欧体刚健婀娜，清丽险劲，成为工艺品商店的艺术追求对象;颜体端庄雄伟,大气饱满,营造了一种“充实、茂密、生机勃勃”的气氛,备受餐饮业主的青睐。

(二)宋体

如今“老宋体”、“仿宋体”、“正楷体”成为印刷的常用体式。“仿宋体”比“老宋体”秀丽,不分粗细,顿笔讲究,常用于一般文章的引文、序言和图片说明。另有一种“黑体”,又叫方头体、粗体,表示着重用,文章标题常用黑体字,但很少用于全文的印刷。印刷用字按字体大小编号为:一号、二号、三号、四号、小四号、五号、小五号和六号等几种。在写作应用文尤其是公文时,字体的选用以及字号大小的选择都有一定的讲究,作为一名秘书要掌握好字体使用常识。

印刷体制作方便快捷,成本低,又易认易辨,一目了然。作为印刷体的宋体规整、严谨、易认,书写时无粗细变化,在现代已被广泛应用于社会生活各个领域。但“规整、严谨”既造就了宋体的实用价值,又使得它“刻板而缺少变化”,富有艺术气息的地方就很少见到宋体的踪影。据调查,宋体虽然和隶书一起位于商店名称字体应用的榜首,但茶庄、艺术品商店和中药店的店名一般不用宋体,因其很难体现此类商店古朴、秀雅的风格,很难表现中国“国药”及茶文化的文化内涵。

(三)隶书

隶书结字端庄严谨,温纯典雅,古朴雅拙。清代杨守敬评隶书为“闲云野鹤,飘飘欲仙”。隶书宽泛的艺术特色使它被商家广泛采用。据调查,隶书是各类店名字体中使用频率最高的。其中,茶庄的店名有75%都使用隶书,从而使隶书古朴深邃的历史文化内涵和茶文化的博大精深、源远流长得到完美的融合。

(四)行书

如果把楷书比作“立”,行书则可比作“走”。行书兼有楷书和草书的优点,字形清晰易识,书写效率较高。较之楷书节奏感增强,字形由静态变为动态,如“行云流水”、“飞鸿舞鹤”。因此应用范围不断扩大,现在人们写信、记账、起草稿、作记录等一般都用行书。据街头店名字体调查,行书在各类店名中均被采用,在体育用品店名中使用频率最高,这也许跟行书舒展奔放、朝气蓬勃的风格有关。

(五)草书

草书字形大小悬殊,笔势萦绕翻飞,线条连绵不断,结字奇姿异态,变化层出不穷。但由于不易辨认,它的商业使用价值较小。据调查,街头店名书写未见使用草书字体的。

由此可见,在交际环境中,运用不同的汉字字体可以表达出不同的文化内涵。

二、实训

【实训目的】

关注交际环境中文字规范和字体使用情况，了解汉字字体的文化内涵，逐渐培养规范使用语言文字的意识。

【实训一】

【材料】

南开大学中文系1996级学生调查了食品街、古文化街、南马路五金一条街等街道，收集了上述街区全部店名、广告、招牌、匾额及部分商品名称共一千余条，完成调查报告。从调查的情况看，涉及到文字的有以下几方面：

（一）繁简混用现象

繁简混用指繁体字和简化字混合使用。这种混用分为以下几种情况。

1. 简化字中夹杂繁体字

在同一个招牌、店名、广告或匾额中，大部分是简化字，其中夹杂几个繁体字，如“中国太平洋保險公司”。在调查中，这一类现象所占比例较大。出现这种现象既有人们心理认同的原因，也有外来因素的影响。从招牌广告等用语的特点来看，一是力求美观，引发人们的消费欲望；二是追求古色古香，保持中国特有的文化传统。而这些用语中含有一些繁体字，恰好可以反映这种追求。此外，我国港台地区或韩国、日本开设的有些商店或商品的名称原本就是繁体字，因此书写时也是简中加繁。

2. 在同一个字里偏旁部件繁简混用

由于人们识别繁体字的程度不同，书写时出现了同一个字中半简半繁的写法，如“綫”，一半用繁体，一半用简体。这种混用在所调查的街区中也很常见。半繁半简字的出现给汉语规范用字带来了新的研究课题。

3. 同一店名用两种字体

在调查中，也发现有不少的商店名称用繁体和简体两种字体书写，如“劝业场”大招牌用繁体手书，小招牌则是简体印刷体字。这种情况的出现，一方面由于书法手写体习惯用繁体字，另一方面由于老字号倾向于保留传统的招牌，以体现其悠久的历史，保持民俗文化。

（二）错别字现象

错别字在繁华街区规模较大的店名和广告招牌、商品名称中出现频率很低，但在临时性招牌和手写的小店名称中所占比例却很高。

1. 繁体字写错的较多

繁体字使用频率越来越低，人们对繁体字的写法也越来越陌生，因此用错的较多。在调查所收集到的材料里，繁体字的出错频率远远高于简体字。

2．简化字中的错别字

简化字用错的情况分为三种：一是笔画用错；二是写别字，即同音字用错；三是由于国家公布的最后一批简化字流行一段时间后又收回，造成这部分字的错用，如“仃”。

（选自邢欣主编：《都市语言研究新视角》，第97－99页）

【训练】

据2003年11月20日《文汇报》载，上海有40％～50％的商家使用语言文字不规范。一些大型商厦的牌匾、市政工程的名称牌使用繁体字，各类户外、印刷品广告存在使用繁体字、单独使用外国语言文字的现象。请对学校所在地的商店店名、市政工程的名称牌书写规范情况进行调查，统计简、繁字体的运用现象等，并进行分析。

【实训二】

【材料】

北京广播学院应用语言专业的学生对北京王府井大街的商店店名、招牌的字体进行了调查分析，统计了每一种字体的应用频率以及每一类店名使用的字体数在各类店名使用的字体总数中所占的比例。其中宋体和仿宋体占27.7％，位居第一；隶书占25.1％，居第二；行楷以16.9％排名第三位；其他字体所占比例为行书8.2％，圆体6.7％，艺术字5.2％，正楷5.1％；草书使用率为零。其中茶庄店名75％使用隶书，通讯类商店店名60％使用宋体，药材商店店名60％使用行楷。可见在交际环境中，汉字字体本身蕴含着丰富的文化信息。

【训练】

请以小组为单位，对学校所在地商店店名、商品招牌汉字字体运用情况进行调查、统计，分析字体艺术风格与商家定位的内在联系。

第四章　词　语

第一节　交际适用词语知识

词是语言中音义结合的、能够独立运用的结构单位。词由语素构成。语音是词的外在表现，意义是词的内容，包括词汇意义和语法意义。词是成句的材料，掌握了较多的词，那么在组词成句对，对词就有了较大的选择余地，可以组成恰当的句子，达到让人满意的表达效果。这正是文秘工作者必备的基本技能之一。

一、词义的变化

(一)词义变化是指词的形式不变而意义发生了变化

其主要表现为：词义改变、新生义和旧义消失等。词义变化的原因有外部和内部两方面。外部原因是社会生活变化、客观事物发展、层出不穷的新发现等。如对“电”古今的认识不一样，古义中“电”含有神秘的成分。又如“革命”这个词，在古代“汤武革命”(《易经》)中，革是改革，命是天命。“革命”就是改革天命。今天的“产业革命”、“民主革命”、“革命运动”等的“革命”都不是古代的“革命”词义了。内部原因是表达的需要，语言内部的词义调整。如“金”古义指一切金属，“乌金”是指煤。后来有了“金属”一词，“金”便专指“黄金”了。“目”变成“眼睛”的“眼”，儿化后“眼儿”，不仅仍有“目”的意义又有了“针眼儿大小的事”中的比喻义了。“角”本指牛角，但今天“角角落落打扫干净”中的“角”，不再是“牛角”的专用语素了。可见，不论外因内因，词义总是紧紧地随着时代、形势、事物的发展变化而变化，以适应交际需要。词义的变化与人类思维发展也有关系，人的思维发展总是从具体到抽象，词义也是从具体到抽象、概括。

(二)词义的变化类型

1.词义扩大。词义扩大是指词的意义范围由小变大，往往是表示个别的意义变化为表示一般的意义，如“雌”、“雄”原指鸟类的阴阳性，现在指一切生物的阴阳性了，甚至产生了“雌老虎”这样的贬义词。“粉”原指米粉，现在泛指一切细末如粉的东西，如滑石粉、香粉、粉（碎）。“妇”原为“士之妻”，今指已婚女子、未婚老年女子。“容纳”指能宽容人才，现在指在固定的空间或范围接受人或事物。如容纳1200名病人的小汤山医院、市民广场可容纳三万人同时活动。

2.词义缩小。词义缩小指原来的词义范围较大，后来变得比以前窄小了，往往是由表示一般的意义变化为表示个别的意义。如“坟”原指高大的土堆，后来专指坟墓；“丈人”原指一般年长的人，现在专指妻子的父亲（或称岳丈）；“脚”指人和动物的行走器官，现在指人或动物的腿的下端。这是从整体变化为部分。“学者”指求学的人，现在专指有一定造诣的人，如“专家学者”；“结婚”原可用在国与国（如古代乌孙与汉结婚）、男女结成夫妇，现在只指后者了；“报复”原可报答恩和怨，后只指“报怨”了；“生育”由动物、植物的生长养育缩小为人的生育儿女。这是范围的缩小。

3.词义转移。凡是词义由甲转为乙，范围性质都有了变化就叫词义转移。“闻”古代指用耳听，今天是用鼻子嗅。“时髦”古代指当代的英才，现在指“时尚”。“牺牲”古代指做祭品的牛羊，今天指为公而死或者放弃某种应得的利益。“主人公”原义是主人，后来指文学作品中的中心人物。“热烈”原义是比喻权势极盛，今转为情绪兴奋激动的表现。“秀才”原义是才能优秀，后来成了明清时代生员的通称。

以上是词义变化的一般情形。其实，一个词的词义演变并非只限上述某一项，如“珠”：①珠子。由蚌壳内所生的珍珠扩大而来。②比喻优美的事物（如《礼·乐记》：“累累乎端如贯珠”，比喻歌声之打动人心），是词义的转移。“充实”，由增加引申到充足饱满，词义扩大，并由动词转为形容词；又由充足饱满转到使充实加强，是由形容词向动词转移（使动用法，如“充实基层”）。所以词义的演变是曲折的，要把握词义，一定要细心辨析，认清造字方法，了解变化过程，注意贬褒变化。总之，学习词语要下工夫，非一朝一夕之事。了解词义的扩大、缩小和转移的常识，有助于我们选准确的词、用合适的词来表达所要表达的意义内容。

二、词的固定义、临时义、修辞义

词义一般是固定的，体现在词书的义项里，但词义要发生变化，这个“固定义”便让给另一个新义，如“天”最早是“至高无上”（《说文》）的意思，沿用日久，今天则是“日月星辰罗列的广大空间”之意，这是固定义的更换，由迷信封建释义到科学定义。又如“洋”，曾有释为“大海”的（文天祥：“零丁洋上叹零丁”），现则为“地球表面被水覆盖的广大部分”，如太平洋；而自中国19世纪门户打开、外国货涌入中国后，“洋”便用来指称外国事物：洋货、洋纱、洋油（煤油）、洋火（火柴），于是又增加了固定义项，近来引申为标志现代化的“洋”与“土”（本国、本地）的“土洋结合”新成语出现了。固定义不是一成不变的。

临时义指在运用某一词时，撇开该词的原有词义，在一定语境里使其有特定的意义。如“脸”、“地”、“桌子”、“房间”这些事物名称，有时用作“一脸无奈”、“一地污水”、“两桌子麻将”、“三房间书”等，这里的几个名词当做数量词了。又如“文明”在“文明得可以”中，把名词或形容词当做动词用，仅仅保留了“文明”原词形，却用了“文明”的反义。这种临时用法，在交际中特别有用。

修辞义指词义中有修辞作用的部分。例如“苦涩”，共有 2 个义项，其②说：“形容内心痛苦”，如“苦涩的表情”，这是修辞义。再如“牛皮”，共 3 个义项，其③说：“说大话叫吹牛皮。”“牛皮”为什么一“吹”便是“说大话”？原来它是从②项引申来的：“②比喻柔韧或坚韧：～～糖|～～纸。”牛皮因坚韧，一时吹不破。“吹牛皮”者，说大话也。这也是修辞义。这种修辞义是词书上的意义，与修辞学中的修辞方式不同。

上述临时义、修辞义都离不开该词的固定义。临时义、修辞义不是胡编乱造的，它们的基础是该词的词义，其间必定有一定的联系。

三、同义词、反义词、同音词

(一)同义词

1. 同义词的含义

同义词是指读音不同而意义相同或相近的一组词。意义完全相同的叫等义词，相近的叫近义词。

(1)等义词。等义词并不多，大多是事物的名称。如“父亲——爸爸”、“玉米——包谷”、“脚踏车——自行车”。等义词虽然不多，但形成原因不少：

①普通话词与方言词共存

猴子——猢狲　爸爸——大大(安吉方言)　什么——啥(上海方言)

浴室——汰浴间、浑堂　厉害——结棍　完结——完哩、完出(平湖方言)

②旧词、新词共存

医生——郎中　语法——文法　大路——大道　打烊——上排门板

③术语、口语共存

水银——汞　喇叭——唢呐　石灰——氧化钙　痨病——肺结核

④音译词、意译词共存

扩音器——麦克风(microphone)　泵——帮浦(pump)

维生素——维他命(vitamin)　电动机——马达(motor)

(2)近义词。在语言里，近义词特别多，大多是表示性质状态和动作变化的词，以形容词、动词为多。它的特点是主要意义相同，但并不完全相等。例如：“勇敢”与“英勇”。“勇敢”只是有勇气有胆量而已，而“英勇”除了“勇敢”意义外，还有“英雄气概”的意思。“推广”与“推进”，都有推动意义，但“推广”是范围向四方扩展，“推进”是推动事物向前进。

近义词因为意义并不完全相等，所以使用时一般不能互相代替。“性格”、“性质”，可以说“他的性格开朗”，不能说“性质开朗”；可以说“工作性质不同”，不能说“工作性格不同”。

近义词必须两个词意义相近，不相近的两个词即使在用法上能够互相代替，也不能算近义词，如：“世界”与“地方”能互相代替，可以说“这么大的姑娘满世界乱跑，大家很有意见”，也可以说“这个大姑娘满地方乱跑”，但它们不是同义词。因为这两个词意义不相近。“世界”在这里不过用了临时义罢了。因此，意义的共同性是确定近义词的主要标准，这一点非常重要，不能忽视。

2. 同义词的作用

汉语同义词非常丰富，是汉语高度发展的一种表现。同义词在表达中的作用不可小视：

①可以使语言丰富多彩，富灵活性。例如：

△到会的有艺术大师，语言巨匠。

△我之一方是比较地确实的，敌之一方很不确实，但也有朕兆可寻，有端倪可察，有前后现象可供思索。

“大师”、“巨匠”位置互换也不妨，显得灵活；“朕兆”、“端倪”都是兆头、预兆，用得雅而得体；“寻”、“察”在这里临时同义。

②可以使语言更具有精确性，使思想表达得更严密，感情更真切。例如：

△行动须灵活，指挥要果断，遇非相关事尽量避免纠缠。

△批评要防止武断，切忌批评庸俗化，说话要有证据。

“果断”是褒义词，“武断”是贬义词。

一位记者写到某运动员击败对手时，一连用了“战胜、击退、淘汰、打胜、挫败、轻取、打败”等 7 个意义相近的词语，充分表达了作者与运动员一样享受着战胜对方的喜悦心情，感情真挚，给读者予极大的鼓舞。

（二）反义词

1. 反义词的含义

一般说反义词就是意义相反的一组词。但意义相反又有两种表现：一是矛盾关系，如：真——假、动——静、男——女、白天——晚上、这——那；二是处于反对关系的两个极端，如：大（中）小、上（中）下、开始（中间）结束、黑（蓝、红、黄）白、优（良、中）差、胜利（和局或对峙）失败、黑暗（暗淡或不黑不亮）光明等一组反义词，其中间尚有“第三者”。这种反对关系反义词，有时可连用表示变化、状况、时空的全部，如上下(上下一条心)、大小(大小平安)、左右(左右逢源，成为左右的得力助手)、古今(古今中外，毫无例外)等。反对关系反义词有时由于词具有不同的社会内容而不同，如"左(中)右"，分别代表政治上的左派、右派、中间派(又叫骑墙派)；黑、白，分别代表(社会)黑暗和光明。这些反义词常表现在同一层面上，如"古今"指时间，"头尾"指过程，"黑白"指颜色，"红白"指喜事、丧事等。

2. 语言反义词和言语反义词

语言反义词指脱离上下文皆可成立的反义词，它们表示的是普遍的对立的意义范畴，如反义词词典所列。言语反义词指在一定的上下文里、一定条件下的反义关系，即构成了临时义的一组反义词。例如：

△不作风前的杨柳，要作岩上的青松。

△妥协还是抗战？腐败还是进步？

"杨柳"、"青松"本不是反义词，但这里是指懦弱的人和坚强的人，成了一组反义词。"妥协"的反义词是"斗争"，这里却和"抗战"临时构成反义关系；"进步"的反义词是"退步"，这里却与"腐败"构成了反义关系。这样的临时反义，在表达上更尖锐，效果更好。但这种反义词不能同语言的反义词等同看待，应用时要细心。

3. 反义词的作用

①表示不同事物现象的对应。如：

△虚心使人进步，骄傲使人退步。

△欢歌将代替悲叹，笑脸将代替哭脸，富裕将代替贫穷，康健将代替疾苦，智慧将代替愚昧，友爱将代替仇杀，生之快乐将代替死之悲哀，明媚的花园将代替凄凉的荒地。

这几组反义词使不同的现象鲜明深刻，增强了表达效果，尤其是一些精警含蓄的反义语句。

②表述概括，使语言精练。如：

△他从早到晚爱挑剔，总是左也不是，右也不是。

△列宁说过，一个人的缺点往往是优点的继续，毫无缺陷的优点是不存在的。

③作为语素构成成语。如：

左右逢源　进退自如　大惊小怪　阳奉阴违　说长道短

东张西望　畏首畏尾　神出鬼没　啼笑皆非　华而不实

成语也有反义关系，如：

爱财如命	拔刀相助	不可救药	涓涓之水	急不可耐
挥金如土	袖手旁观	药到病除	星星之火	慢条斯理

反义词也不都是一对一的，如："销——购、产、供"，"俭朴、朴素、节俭、俭省——奢侈、奢华、豪华"。

（三）同音词

1. 同音词的类别

同音词指声、韵、调相同而意义完全不同的一些词，或叫同音异义词，如："天、添"、"仙、掀"、"栾、銮"、"会话、绘画"、"形式、形势"等。同音词有的同形有的异形。由于语言的声音有限，词义的分化产生了众多的同音词。

同音词可分成两类：

①同形的，如：

别(bié)：插挂（别在胸前）。
不要（别闹）。

叫(jiào)：人或动物发音器官发出较大的声音。
使、命令（叫穷村变富村）。

黑人(hēi rén)：黑色人种。
没有户口的人。

客(kè)：客人，如"请客"。
量词，如一客馄饨。

②异形的，如：

战事、战士　　事物、事务　　冷汗、冷焊

经心、精心　　条理、调理　　家境、佳境

按、岸、暗　　家、加、夹　　填、田、甜

失、师、诗、湿、狮、尸、施、虱　　觉、决、绝

2. 同音词的作用

同音词一多，容易造成消极作用，易犯同音混淆的毛病，如"期中/期终"、"娇气/骄气"、"油票/邮票"，如果不加一定的说明便要费不少口舌。在方言中也不乏这种情况：吴方言中"黄、王"，"吴、胡、何"，"李、吕"不分。于是"草头黄"、"三划王"、"口天吴"、"古月胡"、"人可何"等"说明"出现了。方言同音，只要把每个音节念准就可以了。至于普遍话中存在的同音现象，可以：①变单音节为双音节，如"优"、"忧"改成"优良"、"忧愁"。②改换个别语素，如"期终"改为"期末"，"遇见"改为"遇到"或"碰见"。③用同义词代替，如用"食用油"代替"食油"，用"出口处"代替"出口"（区别"货物出口"）等。

同音词的积极作用是：利用音义联系的偶然性，造成语言的风趣幽默，如"对着窗户吹喇叭，鸣声在外"（"鸣"、"名"同音）、"高山打鼓远闻声，三姐唱歌久闻

名。二十七钱摆三注，九文九文又九文”（“九文”、“久闻”同音）。利用同音，古已有之，如王金珠的《子夜夏歌》：

垂帘倦烦热，卷幌乘清阴；
风吹合欢帐，直动相思琴（“琴”“情”同音）。

四、词汇

词汇可分基本词汇和一般词汇。

基本词汇是词汇中的主要东西，基本部分。其特点是：全民性、稳固性和能产性。根词是基本词汇的核心，如山、水、人、电、手、心等，既是基本词汇又是根词。所谓“根词”，指的是词汇中最原始、最单纯、最基本的词。

一般词汇是基本词汇以外的词汇的总和。它丰富多彩、数量大、变化多，包括新造词、古语词、方言词、外来词、专业词等。随着经济的发展，时代的进步，以及越来越频繁的国际交流，时尚词语也层出不穷。如有些新译外来词、字母符号缩略词、新派生词等的派生与运用大大充实了人们的词汇库，其中有的表达十分生动、活泼、形象而贴切。

以下着重对一般词汇作些简单阐述。

（一）新造词

随着生产和社会生活的发展，科学技术的进步，语言中不断产生新词。新词一般都要利用原有语素，按照原有的构词方式来创造。新词出现后要经过一段时间的运用，为社会所接受，才能在语言中扎下根来。各个历史时期都会出现一批新词。例如：

苏区　白区　红军　互助组　大生产　供给制（国内战争时期）
三反　五反　公社　白旗　红领巾　上山下乡　知青
下放　红专　大跃进　三面红旗　公私合营（解放后）
人气　景气度　打工（仔、妹）　下海　卫视　小蜜（秘）　乡企
无抗奶　切入　心语　双赢　动迁　智商　老爸　休闲　网民
护工　美容　双规（20 世纪 80 年代后）

“吧”是一个音译外来词，是英文 bar 的音译，指西餐馆或西式旅馆中卖酒的地方。而在中国，近些年来在一些大都市一下子冒出了许多词尾带“吧”字的休闲场所名词，如酒吧、网吧、书吧、陶吧、说吧、剪吧、氧吧等。

这里要认识到：①新词是相对的。②新词词义有的是“旧瓶装新酒”，如“冷门”原指“赌博时很少有人下注的一门”，如今比喻为“很少人注意的工作事业、专业等”。③要防止生造词。新词是为适应社会的需要而创造的，但不能随意编造。例如：解免（职务）、盼等（了一天）、（为）离乳（婴儿研制食品）等都是不允许的，另

一些如“三品(危险品、易燃品、易爆品)”等随便缩节的词语也是不允许的。新词生命力的长短要由全社会成员来决定。

(二)古语词

古语词分两类:一是历史词语。这是反映或指称历史上的事物和现象的词,如作为遗迹文物存在的事物现象的名称,也包括历史上出现过的神话传说中的事物名称。如:

古器物名称:圭(上尖下方玉器)、鼐、阙

古典章制度名称:门阀、科举、九宾、膑

古官职名:宰相、太尉、司马、亭长

古人名:契(商始祖)、共工(上古部族领袖)

古地名:郗(周时国名、今山东邹县)、下菰城(战国春申君黄歇受封都邑,在今浙江湖州南郊)

二是文言词语。它所表示的事物现象和观念,现实中还存在,只不过已用现代汉语的词语来称呼了。如:

疲——疲劳　　忤——违背　　囹圄——监狱

俱——都、同　　尚——还　　纵然——即使

文言词语的作用:

①用于贺电、唁电、重要声明等文件中,表示庄重、严肃的感情态度。如:

“凡此十端,皆救国之大计,抗日之要图。当此敌人谋我愈急,汪逆极端猖獗之时,心所谓危,不敢不告。倘蒙采纳施行,抗战幸甚,中华民族解放事业幸甚,迫切陈词,愿闻明教。”(毛泽东:《向国民党的十点要求》)

②有些政论杂文,恰到好处地运用一些文言词语,可表示愤激。如:

“大好河山,沦于敌手,你们不急,你们不忙,而却急于进攻边区,忙于打倒共产党,可痛也夫!可耻也夫!”

③在文艺作品里,有时同白话穿插,也有简洁、诙谐幽默的效果。但不可滥用。考试中用文言作文,不宜提倡。

(三)方言词

方言词语是丰富民族共同语的源泉,吸收方言中的优良成分可以充实共同语。如“搞、聊、垮、尴尬、龌龊、二流子”等就是方言词成了“普通话的一员”。但要注意:①普通话里没有的,生活中又用得着的可以吸收,如“出洋相”(滑稽而难看)、“蹩脚”(不好)。②方言区里特有的事物,又没有其他词代替的可吸收,如:虾篓(捕虾工具)、罾(捕鱼工具)等。③有些具体生动的,普通话里虽有类似的词,但比较抽象的,可以吸收,如:咬耳朵(耳语)、揩油(从中占便宜)、夹生饭(事情没办好)等等。但吸收方言词的口子不能大开。

(四)外来词

我国改革开放二十多年来,外来词输入速度惊人。其实外来词的输入由来已久。从汉代开始,汉语中就有了匈奴和西域的借词,如骆驼、琵琶(匈奴借词),石榴、琉璃(西域借词)。佛教传入后,佛、菩萨、忏悔、浮屠(塔)等词也跟着来了。近代随着西方科学技术的引进,也吸收了一大批外来词(从日语、英语中借用的最多)。随着电脑的普及应用,互联网的发展,与电脑网络有关的新译外来词与日俱增,诸如因特尔、黑客、伊妹儿等均来自对 inter、hacker、E-mail 的音译。外来词不包括意译词。外来词借用方式有:

①音译。如:桑拿(sauna)、扑克(poker)、欧姆(ohm)、萨其玛(满语 sacima)、伦巴(rumba)、赛璐璐(假象牙 celluloid)、休克(法语 shock)、听(tin 罐头或计量单位)、伊妹儿(E-mail)、酷(cool)等。

②音译加义类,如:酒吧(bar)、白脱油(butter)、卡片(card)、乔其纱(georgette)、萨克斯管(saxophone)、桑巴舞(samba)、T 恤衫(T-shirt)、脱口秀(talkshow)、法兰绒(flannel)、嘉年华(carnival)、迷你裙(miniskirt)等。

③音译兼意译,如:绷带(bandage)、可口可乐(Coca-cola)、俱乐部(club)、黑漆板凳(husband)、利血平(reserpine)、晒斑(sunburn)等。

④移植。主要是从日语借来。由于中文、日文在汉字使用上有相通之处,我国移植的日本语词甚多,而且广泛用于日常生活之中。它们词形同义不同。由于这个原因,此类词往往不计入“外来词”,一般学习者也从不理会它的来源。如:作品、座谈、组织、总理、阶级、讲座、低能儿、独裁、高潮、化学、素质、素材、速记、漫笔、国际、公债、高利贷、否定、贷方、衬衣、背景、理念、理智、领海等。

汉语吸收别的语言的词语,音译词起相当的作用,但在历史的发展过程中,意译词逐渐占了优势。

此外,字母符号词在日常交际中较为常见。如公司(Co)、编辑(Ed)、电话(Tel)、千克(kg)、联合国(UN)、中央电视台(CCTV)等,都可借用英语中的缩写字母代替。这类字母词在交际中有的不经注释也能为人们所理解。对此,应用语言学界还有不同的看法,有待时间考验。

(五)专门用语

专门用语包括行业语和术语。

行业语是社会中某一职业特用的词语,它表示某行业的特殊事物现象,如:

商业:采购、亏损、盈利、税率、超市

农业:嫁接、耕种、茬口、保墒、轮作

交通:准点、提速、调度、超载、空港

戏曲:旦、生、净、水袖、脸谱、化妆、西皮

军事：阵地、佯攻、击毙、空降、突袭

医务：透视、CT、病毒、疗效、脑死亡

术语是各门科学所常用的一些特别用语，如：

语言学：音素、语素、元音、词缀、句法

数学：微分、积分、直角、拓扑、函数

物理学：折射、电压、比重、辐射、声纳

宗教：神道、衣钵、化身、圣地、阴曹

修辞学：辞格、比喻、拟人、对偶、委婉

术语近来常被用在普通交际中，如价值、亮相、近视、红眼病、直观等，此时这些术语词又添了一个义项，即普通义。如“价值”当用作“实现自我价值”时，便有了工作意义的作用；“我们俩有了点小摩擦”，此时的“摩擦”有了彼此因一些小矛盾引起的思想冲突的意义。

总的说，术语在学术研究中应用，要求准确，行业语在职业活动中应用，要求相对于术语要低一些，但也不能乱来。

五、文明用语

(一)谦称、自称与敬称

古人在对话中常用谦称代替第一人称代词，以表示谦逊和礼貌。通常是称自己的名，自称低贱的身份，自称卑贱不德的词语。如孔子自称“丘”，官吏自称“臣”、“仆”，皇帝自称“不穀”、“寡人”，妻子自称“妾”，臣与臣之间常用“愚”自称。敬称对方常用“陛下”、“大王”、“子”、“足下”、“君”、“夫子”、“大夫”等对方的爵位、职衔、身份等美德之词，称呼别人的“字”也是敬称，如称司马迁的字为“少卿”(谦称亦可称“字”)。

如今，这种繁文缛节已不流行，但谦、敬是中华民族的美德，谦恭有礼仍应有之。例如交往中之称谓便应遵守。举例如下表：

对人的谦称、敬称与自称

称呼对象	称　呼	自　称	他人称	对他人称
祖父(母)	祖父	孙(女)	令祖(父、母)	家祖(父、母)
父亲	父(严父)	儿(女)	令尊	家父(家严)
母亲	母(慈母)	儿(女)	令堂	家母(家慈)
兄、姐	兄、姐	弟(妹)	令兄(姐)	家兄(姐)
弟、妹	弟、妹	兄(姐)	令弟(妹)	家弟(妹)
父之兄(弟)	伯父(叔父)	侄(女)	令伯(叔)父	家伯(叔)父
姐之夫	姐丈	内弟(妹)	令姐丈	敝姐丈
老师	老师(夫子)	学生(受业)	令师	敝业师

续表

称呼对象	称　呼	自　称	他人称	对他人称
一般老者	仁丈老伯	晚生(晚辈)		
同学	××同学(学长)	学弟	令学友	敝学友
儿女	吾儿(女)	父(母)	令郎、令爱	小儿、小女
妻之父母	岳父、母	子婿	令岳父母	家岳父(母)
妻之兄弟	内兄(弟)	妹(姐)丈	令内兄(弟)	敝内兄(弟)
妻之舅	岳舅	甥婿	令岳舅	敝岳舅
朋友	××仁兄	弟	令仁兄(友)	敝仁兄(友)
女婿	贤婿	岳父(母)	令子婿	小婿
机关团体	机关团体名称	己名		
知名人氏	××先生(女士)	己名		
世交长辈	世伯(叔)	世侄	令世伯(叔)	敝世伯(叔)

(二)书信用语

如:

[祝颂问安语]

对尊长:敬祝安好/敬请淑安(对女长辈)

对平辈:此致敬礼/祝你成功/即候日祉

对晚辈:祝幸福/即问近安/祝进步

对知识界:并询文安/顺候著安/即颂编祺

对旅游界:敬请旅安/谨问游安/并颂旅祺

对商、军界:谨请勋祺/敬问戎安/并颂财安

贺婚:祝俪安/即颂俪祉/恭贺燕喜

贺年:敬贺岁祺/敬贺年禧/并颂春禧

唁丧问病:敬请礼安/即请痊安/祝早日康复

对全家:祝全家安好/恭请阖府康福

对领导:请复示/请指示/妥否请批复

[信末]

叩上、谨上、拜上、再拜(对长辈);谨启、手肃、敬上、谨复、敬启(对平辈);示、字、白、手(对晚辈);即贺、敬贺、同贺、序贺(庆贺)。

以上所列,有明显的文言味道,故使用时要注意交际对象,注意交际环境,选择使用,或另行选择。

六、熟语

熟语是词汇中一些有固定形式和完整意义的单位,是汉语词汇的组成部分。

熟语包括成语、谚语、俗语、歇后语等。

(一)成语

1.特点

成语是人们过去习用的定型的短语或短句,又叫“四字格”。它不是词,结构大于词;它不是一般的短语或短句,结构紧密,不能拆开,也不能随便换字、插字。我国成语量多质高,是世界诸语言中的奇葩。其特点是:①结构较稳固;②意义为一整体;③功能如单词。

2.来源

(1)古代文献:神话寓言故事的概括——夸父追日(《山海经·海外北经》)、滥竽充数(《韩非子》)。历史事件的概括——闻鸡起舞(《晋书·祖逖传》)。古书中名言警句摘录或节缩改写——一鼓作气(《左传·庄公十年》)、恶贯满盈(《尚书·泰誓》)等。

(2)群众口语,如:欢天喜地、满城风雨、漠不关心、无稽之谈、事半功倍等。

(3)宗教典籍或外国寓言,如:五体投地(《圆觉经》)、火中取栗(法国寓言)、聚沙成塔(《妙法莲华经·方便品》)、杀鸡取卵(古希腊)。

(4)当代的创造,如:改天换地、忆苦思甜、力争上游、古为今用、百花齐放。

3.运用

成语的特点是精练、形象、言简意赅,包含了许多修辞方式,有很强的表现力,能引起人们丰富的联想,因此被广泛地运用在书面语、口语中。

(1)需要文字概括(观点、纲目、标题)时,用了成语,事半功倍。如:

△民工触电　十万火急
医护抢救　转危为安(通讯)

△全县防汛工作会议要求
未雨绸缪防大汛(报题)

△冰冻三尺,岂是一日之寒所能为
——农业生产用电现状调查之二

(2)有时文字需要形象,但不能用语过多,这时最好用成语。如:

△虎踞龙盘今胜昔,天翻地覆慨而慷。

△一时农会会员漫山遍野,梭标短棍,一呼百应,土匪无处藏踪。

(3)有时根据需要,临时改换成语的一个成分,使它适合表达的需要。这种方法叫“成语活用”。如:

广开言路 ⟶ 广开才(财)路(抽换)
水落石出 ⟶ 水落自然石出(拆嵌)
森严壁垒 ⟶ 壁垒森严(易序)

其他如让成语临时“改义”，把“异想天开”的贬义用作褒义。

成语运用得当为口语（书面语）增色，反之可成笑话。因此要学好成语，先得了解成语的深刻含义，并且要多做练习，逐步做到善于运用成语。如今一些广告语词中不恰当地利用谐音随意改变成语含义和结构是不可取的，更不允许滥用或随意改换（如天长地酒、随心所浴、默默无蚊）。

（二）谚语和俗语

1. 谚语

多年流传，包含有深刻的社会斗争经验、生产斗争经验的简练形象的语句叫谚语。按照内容可分为：

农谚，如：

耕地像妇女梳头，浇水像炒菜倒油

三耕四耙五锄田，一年庄稼吃两年

稻过三年杂，地过三年疲

气象谚，如：

雨水节落雨，个个节落雨

立夏小满，盆满钵满

黄梅无雨半年荒

讽讥谚，如：

只工作不玩耍，聪明孩子也变傻

亏心折尽平生福，行短天教一世贫

富人四季穿衣，穷人衣穿四季

规诫谚，如：

待你父母12两，儿孙还你整一斤

勤药不如勤洗脚

受人与者常畏人

风土谚，如：

苏州不断菜，杭州不断笋

上有天堂，下有苏杭

生活谚，如：

衣不差寸，鞋不差分

急走冰，慢走泥

好饭吃个合适，好衣穿个服帖

2. 俗语

我们把流传于群众中表达某种意义的形象精练的语句叫俗语。如“敬酒不吃吃罚酒”、“横挑鼻子竖挑眼”、“雷声大雨点小”、“只听楼梯响,不见人下来”、“井水不犯河水”等,它不像谚语那样内容深刻,但简洁明了,易上口,生动形象。

谚语、俗语的严格区别有待进一步研究。它们的结构相似,如很多是上下两句,组成整体意义,有的用夸张、比喻手法(如“人心齐泰山移”、“姜是老的辣,醋是陈的酸”、“树正不怕影子歪”)。

和成语比较,一是成语书面性强,谚语、俗语口语性强;二是成语比谚语、俗语更定型化;三是成语在语言运用中相当于词,谚语、俗语可以独立成句或独立于句外。

(三)歇后语

歇后语原是俗语的一种。现在已是一种特殊的固定结构,它由上下两半构成,上半是形象的表述,下半是对这个形象表述的解释说明。有时只说上半,下半略去。如:

茶馆搬家——另起炉灶

红蓝铅笔——两头挨削

黑板上写字——擦了再来

闺女穿娘的鞋——老样子

石灰厂开张——白手起家

孔夫子搬家——净是书(输)

歇后语形象风趣,在文艺作品中,在人民生活交际中经常运用。如:“吃着甘蔗上台阶——步步高、节节甜”、“狗撕烂羊皮——东一口西一口”、“阎王爷出告示——鬼话连篇”等。

当然,运用谚语、俗语和歇后语要有鉴别,有挑选。总之,要把握“健康有益”四字。

七、选词

词有一般通用的,有方言土语的,有口语的,有文言的;有使用历史长的,也有创新的;有意义相同而用法不同的,也有用法相同而意义不同的;有意义、用法都相近却不完全相同的,等等,所以用词要选择。选词要了解词义及其用法,这对文秘工作来说尤为重要。拟文件章程,或订协议合同,或发短信订货、产品认定,或总结调查,或演说演示,或发言座谈,等等,无不涉及选词用词问题。

自古以来,文人极看重选词,“一字师”、“僧敲月下门”、“春风又绿江南岸”,已是家喻户晓的事例。选好词是用好词的第一步。第一步必须走好。

(一)选确切的词

同义词、反义词、一词多义的现象每种语言都存在。一个“拿”,就有“持、执、提、捉、秉、操、仗、握、攥、拎、抓、捞、扭、撮、手(人手一册)”等词,用什么词好,要选得“准”。持枪、操戈、执笔、秉烛、把舵、拎水等,这些怎能只用一个“拿”来表示呢?“揭幕”、“开幕”,一字之差,意义不同;“帷幕”、“序幕”一字之差,“拉开了序幕”是比喻说法,“揭开了帷幕”是一般的说法。要确切,就要把握好每个词的词义及其适用对象。

(二)选精练的词

所谓选词要精练,就是指选表达效果较好的词。如把“×××访美,几十万群众夹道欢迎”,改成“几十万民众拥上街头,热烈欢迎来自大洋彼岸的中国领导”,就显得啰嗦,“夹道”既精练又具体生动。看下边例子:

△两边镶嵌着一块块绿茵如毯的草坪。(《人民日报》:《拉萨九月歌舞》)

“毯”即“茵”,如“绿草如茵”,此处重复了。

△她同男友去一家情侣摄影中心去照结婚照。去时,摄影师表示“没问题”。可到她去取照片时发现照片上照了一个瞎子。(《光明日报》:《情侣商品应提高质量》)

一连四个“去”,够多了。其实第二个“去”可删掉,第三个“去”要改成“当”字,第四个“去”则可省略。

(三)选有感染力的词

要强调某种思想或情感,使话说得鲜明生动,必须选用富有感染力的词。

有感染力的词常常被误解为色彩斑斓的词或形容词。其实,一个普通的词用得好也会产生强大的感染力。比如《药》中那个“黑的人便抢过灯笼,一把扯下纸罩,裹了馒头,塞与老栓;一手抓过洋钱,捏一捏,转身去了”。这里的“抢、扯、裹、塞、抓”五个动词,都很生动有力,把“黑的人”的心理活动描绘得入木三分,刽子手的脸面十足地暴露在读者面前。而用“黑”来说“人”,其阴森森的气氛恰到好处地渲染了出来。

选有感染力的词要从表达需要出发。一是分清语体,二是明确交际场合(除语体和对象外),比如是书面的还是口头的,是即兴的还是准备的,是个别人还是一群人(团体),是聊天还是讨论,等等。一句话,一切从实际出发。比如说“同学”和“学生”两个词,是相等,还是谁的范围大?用在何处为适宜?

例如:

①“同学们好!请打开课本第121页。”

②“对不起,同学,请问5路公交车站在哪里?”

①为老师称呼学生,是一种关系。②为陌生人向学生模样的年轻人问路,“学生”与“同学”相当。

又如:

③“老同学来拜访，你是一杯茶也不沏？”

④“老师，学生给您祝寿来了。”

③是同学间的称呼，不论听话人说话人。④则一定是学生给老师祝寿。但③④不能互换。

再如：

⑤“这个同学(学生)进步很快。”

⑥“这学期我们班来了两个转专业的同学。”

⑤一定限在教师之间的谈话，可以换用，只把“同学”(学生)当作一种身份来理解，不表示相互关系。⑥则是师生之间的谈话，用“同学”不用“学生”体现了说话双方地位平等，是言语交际中礼貌原则在起作用。

选词的前提是蓄词，只有当你头脑里储藏了成千上万个词时，才有“选”的可能。因此要多看、多读、多蓄、多用词。

【思考和练习】

1. 词义有哪几个特点？

2. 举例说说词义的扩大、缩小、转移的关系。

3. 说明下列哪些词的意义扩大了，哪些词的意义缩小了，哪些词的意义转移了。

规矩 零 先生 老子 汤 灾

腿 粱 苦 党 媳妇 壮 兵

消息 哭 嘴 涕 坟 斤 粉

4. 指出下列各组带点的词是同音词还是多义词，还是多音多义词。

①他很生气/很有生气

②打这儿起/一打铅笔

③案件/暗箭

④素不相识/吃素

⑤闹得很/闹笑话

⑥好客/好人

5. 什么是同义词？说说造成同义词的原因。

6. 辨清同义词的微差别很重要，请写出下列各组同义词的主要差别。

(1)充足 充分 充沛 (2)根除 拔除 铲除 (3)商量 商榷 商讨

(4)美丽 漂亮 (5)误解 曲解 (6)精密 严密

(7)指使 指派 (8)忽视 轻视 (9)果断 武断

(10)关心 关怀 关切 (11)采用 采纳 (12)沉重 繁重

7.写出下列各词或成语的反义词或成语。

(1)人格　(2)喜好　(3)处分　(4)天堂

(5)言之成理　(6)强颜欢笑　(7)苛捐杂税

(8)见利忘义　(9)数典忘祖　(10)雾里看花

(11)平易近人　(12)牛鬼蛇神　(13)画中有诗

(14)殊途同归　(15)多情多义　(16)点头之交

8.下列句中都有用词不当的地方,指出来并加以改正。

(1)我的意志软弱?你何以证明?

(2)黑社会头子集合众多不明真相的人,扰乱地方治安。

(3)春节晚会上,杜老振振有词地替海灯法师念他的即席诗一首。

(4)去年,我无意中将一颗吃剩的核桃核扔在菜园中,今年园里果然长出棵小核桃苗来。

(5)我漫步在这宽敞的校园路上,脑际闪现着她天真的笑影。

(6)这几千年来,我常常从报刊和画报上看到"面人郎"的报道,和他以及他的作品的照片。

(7)四川集会纪念刘伯承诞辰100周年。

(8)"民警向你提示:请保管好自己的钱物"。

(9)报告会上,他详尽地列举了有关案情。

(10)用汉字注音要注意精确。

(11)鲁迅、茅盾、巴金、沈从文等几个文学界名人已是家喻户晓了。

(12)经过48小时的艰苦历程,终于逮住了十恶不赦的三位歹徒。

(13)日本是我们最近的邻邦。

(14)前些天,电视剧《午夜有轨电车》中女主人公×××兴冲冲地跑到我房子,说她的电视剧获奖了。

(15)80年代,我与范曾先生是芳邻。

9.什么是基本词汇?有哪些特点?

10.什么是古语词?运用古语词有什么作用?

11.运用外来词要注意些什么?

12.指出下列各词哪些是古语词,哪些是外来词,哪些是方言词,哪些是基本词。

黎民	切磋	过程	引擎	鼎盛	逻辑
哈达	迪斯尼	料理	安琪儿	坍台	
侏儒	瘪三	铁耙	退林还田	加仑	
伏特加	味美思	分配	山水	虾婆	
非凡	堂堂	于是	谓之	顶礼膜拜	

13. 谚语和俗语怎样区别？举出你知道的谚语和俗语各五个。

14. 成语的表现力很强，它有固定的书写形式，也不能随便“改装”。下边的成语有错，请改正。

填目叱之	再接再励	妄费心机
磬竹难书	无耻之优	中流抵柱
发奋图强	殉私舞弊	凋虫小技
鼓惑人心	轰堂大笑	饮鸠止渴
神采弈弈	刚腹自用	回然不同

第二节　词语与交际

一、词语的运用

秘书在交际过程中，为了完整表达自己的意思，达到交流的目的，促进工作的顺利完成，需要在词语的运用上下工夫，力争用得对，用得贴切。

(一)交际环境中词语的选择与运用

现代汉语里同音异义的词很多，交际中如能利用词的同音异义，选取新的角度提出原来的话题，就可以巧妙地将话题岔开，可能会获得圆满的结果。例如，在菜市场上，卖菜的小伙子高声吆喝，买菜的大娘却说：“菜老了。”小伙子机灵地说：“大娘，您说得对，我家的菜老多老多，能收几千斤呢！您老要买，便宜点卖给您。”小伙子把与“嫩”相对的“老”，换成表示“很”、“极”等意思的“老”，与“多”连在一起，变成“很多很多”的意思，岔开了原来对自己不利的话题，做活了生意。

生活中，还要了解人们的禁忌，避免使用不恰当的语言，引起不必要的误会。交际中可用音近的词语摆脱尴尬和不利的局面。例如，一对新人举行婚礼，亲朋好友前来祝贺。新娘的八十岁老外婆到场，大家围上来恭贺老寿星福寿双全时，老太太却说：“八十不死便是贼。”现场的气氛一下子变得尴尬起来。这时伴娘机灵地说：“老人家，您说的是‘泽’吧，古语说‘恩泽宗室’，是说您有恩于后代，老人家有福气啊！”在场的亲友们都高高兴兴地附和，婚礼的气氛转变成喜庆祥和。再如，与港商一起到饭店用餐，最好不要点“猪舌”这道菜。因为“舌”和“蚀”音近，“蚀”即亏本，是经商者之大忌。平时，他们总是称猪舌为“猪利”。

在具体的语言环境中，运用同义词代替那些容易引起反感或不易接受的词语，会取得较好的效果。例如，问路时称对方为“老头子”、“小孩子”，肯定会一无收获，如果改称“老人家”、“小朋友”，会取得好的效果；把“聋”说成“耳背”等。这些委婉得体的语言往往会得到对方的认同。

秘书人员应掌握大量的词汇,善于运用同义词、近义词转换,娴熟运用专业词、成语、俗语。这样才能在交际中增加语言的风采。

(二)交际环境中词语色彩的选择

词语除了具有一般的词汇意义之外,还带有一定的感情色彩和语体色彩。这两种色彩是在人们长期运用语言的过程中逐渐形成的,具有普遍性和稳定性。恰当选用具有修辞色彩的词语,可以增强语言的表现力。

有些词语除了它们的基本意义之外,还具有褒奖或贬斥的感情色彩,分别叫做褒义词(语)、贬义词(语)。恰当选用这类词语,会产生鲜明而强烈的表达效果。在公关交际中,一般应采用不强调褒贬色彩的中性词语,防止语意走向极端。比如宣传产品,既不过分夸耀自家产品,也不贬低其他厂家的同类产品,以免引起公众的反感。词语的感情色彩在交际中也能发挥作用。例如,公共汽车在行驶中突然一个急刹车,一位中年男子没有站稳,不小心撞到了前面一个姑娘身上。这位姑娘用一个带有贬义的北京方言说"德性!"眼看一场舌战就在眼前。但这位男子却淡淡地说:"不是德性,是惯性。"用一个中性词语巧妙地化解了矛盾。

有的词适用于一定的交际场合、一定的语体,而不适用于另一些交际场合、另一些语体,这就是词的语体色彩。带有书面语体色彩的词适用于书面写作、某些特定文体或某些庄重的交际场合;带有口语语体色彩的词则常用于日常谈话中,也用于通讯、特写、小说、剧本等作品的写作;绝大多数词通用于书面语和口语。时下一些摩登口语流行于大都市,特别是校园。敏锐的嗅觉,追新的性格是摩登口语产生的一大原因。"帅呆了"、"酷毙了"、"美眉"、"青蛙"、"恐龙"等等,这些词语往往带有一定的夸张意味,并且口语化,一方面可增强表达效果,另一方面是使用方便、活泼、诙谐,又有一定的寓意。这些词具有明显的口语语体色彩。

下面是一些词义基本相同,而语体色彩不同的词,使用时要注意辨别。

不同语体色彩的同义词

书面	通用	口语
诞辰	生日	
讥诮	讥笑	挖苦
颤抖	发抖	筛糠
	道歉	赔不是
嗜好	瘾头	

(三)词语的活用

汉语的词汇量庞大,词的种类颇多,不同的词类之间并不是"井水不犯河水"，而是经常活用的，有些甚至是交叉的。

1. 交际中词义的明确性、模糊性与变异性

客观世界中，绝大多数事物、现象特征清楚，不同对象间界限分明，因而反映这些客观事物、现象的词义能够确切地指称、表述它们，具有明确性。例如：电视、钢笔、法庭、股票、电脑、旅游、跳舞、动、静、哭、笑、吃、喝、跳、说、看，等等。

有一些词义具有模糊性，是因为词义反映的事物或现象本身边界不明。词义虽然是对客观事物、现象的概括反映，但往往只是大体精确的反映。因为有许多客观事物、现象间的范围界限本身就不清楚，再加上人对客观事物、现象的认识也有模糊性的一面。如"秃顶"，《现代汉语词典》解释为"脱落了大量头发的头顶"，头发脱落了多少算秃顶？不能说多少根，甚至说不出几分之几，只能说大量，与非秃顶界限不清。又如"东西"这个词"泛指各种具体的或抽象的事物"，它指代的对象很多，但不指代严肃的、人们敬仰的对象，可骂人时又说"不是东西"，我们无法准确地说出什么是"东西"，什么不是"东西"，"东西"的词义具有模糊性。

词义的明确和模糊，各有各的交际需要，在需要明确时明确，在需要模糊时就必须模糊，明确与模糊各得其所。例如，科学术语的含义要尽量明确，而一些日常用语的词义往往比较模糊。

有些词语甚至发生了变异。如"小姐"这个词，本用来称呼年轻女子，在一些场合甚至可以表明被称呼人的身份或素质等，如"公关小姐"、"世界小姐选美大赛"中的"小姐"等均指具有较高素养的年轻美貌女子。但是，近些年一些地方出现通过不正当手段牟取钱财的"三陪小姐"，如此一来，便给"小姐"一词蒙上了一层阴暗的色彩，所以，现在有些人不乐意别人喊自己为"×小姐"，以免被人误会。

2. 交际中词语的修辞

修辞是从筛选、锤炼的角度研究词语运用的，词汇为词语的筛选锤炼、为形成具体的修辞方式提供必要的条件，几乎所有的修辞方式都同词汇有关，如仿词、拈连、移就等。词语修辞是修辞体系中的一个组成部分。修辞使词语在语言运用中发挥着重要而广泛的作用。

(1)仿词

根据表达的需要，更换现成词语中的某个语素，临时仿造出新的词语，这种辞格叫仿词。仿词是仿拟形式之一。仿词是在现有词语基础上进行仿造，因此仿词和被仿的词往往同时出现。仿词形式上既保持着与原有词语近似的特点，内容上又赋予新意。这种辞格给人以新鲜活泼、生动明快的感觉，能产生强烈的讽刺性和幽默感。仿词，可分为音仿和义仿两类。

A. 音仿

换用音同或音近的语素仿造新词语。例如：

①戏剧不同于历史书，也不同于报告文学，它不要求事事处处真实，正如郭沫若所说："历史研究是'实事求是'，历史剧作是'实事求似'。"（《假人真事与真人假事的艺术融合》）

②十一月，广州还是秋高气爽的季节，北国名城哈尔滨早已草木皆冰了。

用同音词替代人们所熟知的字词以达到宣传效果的广告用语，在生活中随处可见，例如：衣服广告——百衣百顺（百依百顺）、淋浴器广告——随心所浴（随心所欲）、咳嗽药广告——咳不容缓（刻不容缓）、自行车广告——骑乐无穷（其乐无穷）等，都运用了音仿的修辞手法，起到了一定的广告效应。其他如"乐在棋中"、"郎财女貌"、"百折不恼"等，用在特定语境，都横生情趣。

B. 义仿

换用反义或类义语素仿造新词语。例如：

③有些天天喊大众化的人，连三句老百姓的话都讲不来，可见他就没有下过决心跟老百姓学，实在他的意思仍是小众化。（毛泽东：《反对党八股》）

④第二天早起，她们的头发上结了霜，男同志笑她们说："嘿，你们演《白毛女》都不用化装了！"她们也笑男同志："还说哩，你看，你们不是'白毛男'吗？"

（魏巍：《年轻人，让你的青春更美丽吧》）

仿词和被仿的词往往同时出现，这样，仿词在意义上就有所依托，形成反义对用，收到互相映衬、启人联想的作用。仿词也可以单独出现，这时被仿的词潜在地起作用。例如：

⑤有一些特产丰美、名胜古迹多的地区，更是宾客盈门，高朋满座。一二把手有时变成了"内交家"，自愿地或被迫地生活在彬彬有礼、客客气气的应酬活动之中……

因为有"外交家"这个词潜在地起作用，所以，"内交家"的仿词身份一眼便可看出，它的讽刺口吻、幽默情趣十分明显。

仿词都是临时创造的，它的特定含义一定要清楚明白，特别是当被仿的词不出现时。单用仿词要加引号，使人一目了然。

(2)拈连

拈连是甲乙两事物连着说时，把原来适用于甲事物的词语顺势拈来连用到乙事物的一种修辞格。恰当地运用拈连，不仅可以使语句简洁明快，而且能加强上下句之间的联系，使读者感到"移花接木"的情趣，还可以增强语言的诙谐幽默感，从而提高表达效果。例如：

①家是倾了，而"年貌长新"的希望适得其反，连自己的健康也倾了！

（郭沫若：《李白与杜甫》）

②绕到L君的寓所前，便打门，打出一个小使来，说L君出去了，须得午饭

时候才回家。 (鲁迅:《华盖集续编·马上日记》)

例①,有两个"倾",前一个陈述"家",后一个陈述"健康"。"倾"跟"家"能搭配,"倾"跟"健康"一般是不能搭配的。但这里"健康"跟"家"连着说,就顺势把原来适用于"家"的"倾"拈来连用到"健康"上来了。这样活用词语倒使人觉得自然、新颖、巧妙。例②,从"打门"连到"打出一个小使"来。

运用拈连,要注意上下文衔接自然,选好从中起纽带作用的词语(不妨叫"拈连词"),一般说来,"拈连词"用于甲时是一般的用法,用的是它本来的意思;用于乙时,是一种临时的用法,用的往往不是固定的词汇意义。比较庄重严肃的语体,一般不宜甚至不能用拈连。

(3)移就

移就是把适用于甲事物的词移过来修饰乙事物的一种修辞格。例如:

①江姐没想到对方又提到老彭,她心里一时竟涌出阵阵难忍的悲痛,嘴唇沾了沾苦酒,默默地把酒杯放下了。(罗广斌、杨益言:《红岩》)

②看着他们那双懒洋洋的筷子,我的心就像翻倒了五味瓶,什么滋味都有。(张洁:《挖荠菜》)

例①,这里的"苦酒"不是指酒的味道苦,而是因为江姐心里痛苦,把这"苦"移到酒上来了。例②"懒洋洋"原形容人没精打采的样子,这里却移来形容"筷子",简洁地表明因为饭菜不合胃口,吃饭情绪不高,举起筷子也是懒洋洋的。

移就和其他修辞手法一样,偶一为之,会使人觉得新鲜有趣;用多了,便不会使人感到新奇,而会使人生厌。

二、实训

【实训目的】

关注交际环境中词语运用的效果,提高词语运用的能力。

【实训一】

【材料】

当我们漫步街头时,不难发现一些颇具创意的门面广告招牌,如:一清二白、自然美(美容院),毫末技艺、尖端形象、顶尖功夫(美发店)等等。这些简约的店名却包含着不简单的意蕴。"一清二白"作为美容院的店名,它传递给人们的信息,除了直观上昭示着该美容院能够以自己的实力、技术为顾客提供理想的美容效果——"清"、"白"之外,它还透露着本店绝对是以合法形式经营,远离西方流毒,决不通过不正当手段牟利,是"清清白白"地为您提供服务。这样的店名自然会吸引更多的顾客,因为它真正迎合了广大顾客的消费心理:花钱买实惠,买效果。商家的承诺和顾客的需求在这则店名广告中得到了融合和有机的统一,静态的广告词传递的是一种动态的内容，在商家和顾客之间搭起了一座信息桥梁。

同样，“顶尖功夫”作为美发店的广告语，细细品味词语的内涵，“顶”、“尖”都有“末端”的意思，和“头”、“头顶”意义相近，用“顶尖”代表“头”、“脑袋”带有一定的文言色彩，有文言就有内涵，这也是用“顶尖功夫”而没有用“头顶功夫”、“头发功夫”、“头上功夫”、“脑袋功夫”等的重要原因。因而，“顶尖功夫”一方面表明该店是在头发上做文章的，不是美甲、美足的，另一方面也暗示着该店美发的技艺是一流的、顶呱呱的、尖端的、前卫的。这样的表达，具有一箭双雕的效果。

【训练】

请以小组为单位，对学校所在地商店店名、广告招牌词语运用情况进行调查、统计，并分析词义及作用。

【实训二】

【材料】

Soft（索芙特）、Clean Clear（可伶可俐）等品牌名称的用词也颇具匠心。“Soft”其英文意义为软、柔软，把它译为“索芙特”，尽管是直接音译，但它能给人以锁住肌肤水分，功效独特之感，因而也易激起消费者的购买欲望。“Clean Clear”为两个英文单词的组合，分别为“清洁”、“清晰”之意，音译为“可伶可俐”，其实是把“伶俐”一词扩而充之，“伶俐”在汉语中总是充满着褒义的感情色彩，是人们乐于接受的，有惹人喜爱的感情因素在其中，把它用在广告词里，产品也自然易受人们的青睐。这也是广告策划者在用词方面的独特创意。

【训练】

请以小组为单位，对学校所在地商店店名、广告招牌的外来词语运用情况进行调查、统计，分析其形式和特点。

【实训三】

【材料】

曹禺《日出》中方达生和陈白露有这样一段对话：

方：竹均，怎么你现在变成这样——

陈：这样什么？

方：呃，呃，这样好客——这样的爽快。

陈：我原来不是很爽快吗？

方：（不肯直言道破）哦，我不是，我不是这个意思……我说，你好像比以前大方得——

陈：我知道你心里是说我有点太随便，太不在乎，你大概有点疑心我很放荡，是不是？

方达生本意是要批评陈白露“太随便”，但这样说怕伤了对方，就使用“好客”、“爽快”、“大方”等词语婉转地批评了陈白露。

【训练】

以上材料涉及到交际中同义词的选择运用。假如你是一位人口普查员，问一位农村老大娘：“你的配偶呢？”大娘不知所云。你该怎样调整用词？请设计不同的交际场合，进行同义词选择运用的训练。

第五章　语　法

第一节　交际适用语法知识

一、词类

(一)为什么要划分词类

事物分类的目的是为了显示同类事物之间异同交错的系统性。现代汉语的词成千上万,尤其是在社会变革、科学发展、日趋文明的今天,新词层出不穷。每个人的蓄词量有几千乃至几万,越来越多。它们都处在一个共同的但又复杂的词汇库中。如果给这些词予以分类,对更好地让词进入交际领域,或进一步学习各种词语都是有利的。当然,我们会说,平日何曾考虑过用什么名词还是动词、形容词?是的。平时的习得,让我们往往在"不假思索"中,合情合理地用了合适的某类词,组成了一个或几个语言片段,完成了一次或几次交际任务。但也不尽然,如:

△在虎狼的巢穴里……这个青春的健壮而美丽的姑娘,就被折磨得不像人样了。

△这个年轻的健壮而美丽的姑娘……　　　　(《党员登记表》)

"青春"是名词,表时段,与"姑娘"配搭,用来限制"姑娘"不恰当。改用"年轻"(形容词),形容年龄不大,用来限定"姑娘"就恰当了。

上例说明,词的类别还是要讲,而且非讲不可。另如"这是令人感奋的,太棒了"中,"感奋"是感激、兴奋的缩节,这是生造词,也就没什么"类"了。

学语法虽不能使你成为作家,但对写好文章却是有益的。学习词的分类是学习语法的第一步。只有正确地划分词的类别,才能正确地使用语言中的词。例如量词问题,即使作家也往往搞错,如"一片一片的小松树"和"穿一件雪白的衣裳"中加点的量词都用错了。要学语法,先得学词法,因为词法是语法叙述的出发点,这是学习的一般顺序,是无法回避的。要深刻认识一种语言,掌握这种语言结构规律,必须通过分类理清语言中各结构单位内部的规律性,发现、总结语言结构单位之间的依存关系，才能进入语言的自由王国。

(二)词类的具体划分

词类是词的语法功能的类别。就是以某一语言的词为划分对象，按照词的语法功能划分出若干类别。

汉语词类划分的根据只能是词的语法功能。因为汉语缺少形态变化。在划分汉语词类上，从功能出发，看词与词的组合能力、充当句法成分的能力，以及词的重叠的可能性、重叠形式所表达的语法意义等。详见下表：

汉语的各词类及其语法特点

词类	例词	主要语法特点
名词	鲁智深、浙江、黄莺、鸡、火车、马路、江、海、风、雨、道德、骨气、力量、印象、珍珠泉、菰城、南太湖、紫笋茶、早晨、去年、周围、两侧	①能用数量短语修饰。 ②不能用副词(如“不”、“很”等)修饰。 ③能用在介词后面构成介宾短语。 ④经常充当主语、宾语和定语。
动词	能、能够、会、可以、可能、来、去、上、下、进、出、过、回、开、起、到、有、存在、静止、生存、变化、死、生、枯、谢、增加、出现、喜欢、希望、愁、想、怕、重视、爱、扶、打、赶、叫、使、请、禁止	①能受副词“不”、“没有”修饰。 ②大部分动词能带宾语。 ③多数动词能加“了、着、过”和“起来、下去”，能重叠表示尝试(“考考”、“说说”)，双音节重叠方式是“ABAB”式，如“学习学习”、“享受享受”。 ④经常用作谓语。
形容词	高、小、圆、美丽、平坦、绿油油、热、好、甜、诚实、优秀、特殊、恶劣、快、慢、流利、熟练、轻松、急切、矫健	①可以同副词组合，受副词修饰或限制。 ②可以用肯定加否定相叠的方式表示疑问，如：这个颜色鲜艳不鲜艳？/她这身打扮好不好？ ③可以重叠，如：蓝蓝的水/打听得详详细细。AA、AABB、ABB。 ④不能带宾语。 ⑤多数形容词能直接充当谓语；能修饰名词充当定语。
代词(有替代和指代作用的词)	我、你、您、他、她、它、我们、咱们、你们、他们、大家、别人、自己、人家、这、那、每、各、某、另、别、这样、那样、谁、什么	代词主要是“代”，因此它的语法功能也随“代”而不同。相当于名词的替代，就能作主语、宾语，相当于动词、形容词的替代，就能作谓语。
数词(用以计称数目的词)	确数(一、二、千、百)，概数(几、左右、上下、一些、许多、若干)，序数(第一、初二)	①必须通过量词才能修饰名词。 ②“零”的用法：用在多位数空位上(中间空位)。 ③“半”的用法：与量词一起用，如“半个苹果/半斤肉”。 ④“一”的用法(表同一、每一、完全、短暂、突然等)：常常活用，如：万众一心。
量词(表示人或事物的单位或表示动作行为的单位，分物量词和动量词)	寸、亩、升、条、个、位、件、匹、封、次、趟、顿、场、番、下、脚、口、片、盘、年、月、倍，人次、吨公里、秒、立方米	①和数词或指代词组成数量短语或指量短语(十两是一斤、那一趟)。 ②单音节量词重叠后可作主语、定语，作谓语时表示“多”，如“繁星点点”。 ③省“一”的表示：物量词表示法(买(一)枝笔)，动量词表示法(去趟吧)。 ④由物量词和数词构成的短语作状语(一本一本地念)。 ⑤由动量词和数词构成的短语作补语(看她一眼)、作状语(他一年写了十篇文章)。

（续表）

词类	例词	主要语法特点
副词	最、极、顶、极其、太、非常、十分、格外、分外、很、挺、更、较、越加、越发、已经、曾经、立即、当即、正在、全、都、统统、仅仅、只、单单、一共、一概、忽然、猛然、公然、悄悄、处处、到处、难道、究竟、到底、也许、莫非	①不能单独回答问题（只有极少的如“也许”、“不”、“没有”等副词能）。 ②只能修饰动词、形容词或其他副词，不能修饰名词。可以用在“这样、那样、这么着、那么着”等代替动词、形容词的代词前头。 ③副词主要充当状语（“极、很”也可以作补语，表示程度）。 ④有些副词，如“就、才、又、不、越、都、再、也、还、却”等同时有关联作用，连接动词、形容词、短语或分句。
介词	自、从、当、在、到、于、向、朝、赶、乘、趁、沿着、顺着、自从、按、依照、照、据、本着、以、凭、靠、借、通过、用、就、拿、对、对于、关于、由、把、将、被、让、叫、给、和、同、跟、与、替、至于、因、因为、为、为了、为着、比、除、除了	①不能单独回答问题。 ②不能单独使用，必须用在名词、代词或它们的短语前边，组成介宾短语，合起来一起用，作状语、补语，有时可作定语（如：朝南的房子/对自己的要求）。
连词	和、跟、同、与、及、以及、并、并且、而、或、或者、不但、不仅、不只、而且、虽然、但是、与其、不如、因为、所以、要是、如果、假使、假如、倘若、不管、不论、只有、只要、即使、纵然	①只有连接作用，没有修饰或补充作用。连接作用表明语言单位之间的关系，如并列、选择、递进、转折、因果、假设、条件等。 ②连词可以单用，也可成对使用，也可和有关联作用的副词连用。例如：即使……也；如果……就。
助词	①动态助词：着、了、过 ②结构助词：的、地、得、所 ③语气助词（语助词）：吗、呢、啊、吧、罢了、似的	助词分别附着在别的词语或句子上，表示某种附加意义，是独立性最差的一类词。助词相当于别的语言里的形态变化。助词念轻声。
叹词（表示感叹、呼唤、应答的词）	哈哈、嘿、哎呀、呀、唉、哼、呸、哦、哟、噢、咳、喂、嘿、嗳、嗯、唔、哎	①叹词只单独使用，单独成句。 ②叹词有时作谓语用：你哼什么？/他只嗯了一声，什么话也没说。 ③叹词表达方式灵活：哼哼声（修饰名词）、哎的一声（修饰数量短语）、哈哈笑（修饰动词）。
象声词（用语音来模拟实在的声音或者各种情态的词）	叽里咕噜、咕咕、呼哧呼哧	象声词作句子的独立成分，但也有作状语、定语、补语、谓语等句法成分。

附：

名词、动词、形容词的主要区别表

区别项目		名　词	动词、形容词
1	能否受副词修饰	一般不能	一般能
2	能否用肯定加否定表示疑问	不能	一般能
3	充当什么句子成分	常作主语、宾语	常作谓语

动词、形容词的主要区别表

区别项目		名　词	动词、形容词
1	能否带宾语	多数能	不能
2	能否用程度副词“很”修饰	一般不能	一般能
3	能否用否定副词“没有”修饰	一般能	一般不能
4	双音节词重叠方式	ABAB	AABB

二、短语

(一)短语的含义

短语是比词大的语言单位，由两个或两个以上的词组合而成。实词和实词、实词和虚词组成的短语，在汉语语法系统中占有极为重要的地位。一些短语加上语调可以单独成句。因此，搞清楚了短语的结构方式，也就打开了句子分析的大门。

(二)短语的分类

短语可以从两方面来分类。短语的结构分类有利于对短语的内部结构层次的了解；功能分类有利于对短语的外部关系的了解。对这样“内”“外”的短语结构关系，如能“了如指掌”，在语言运用中就能得心应手了。

1. 短语的结构分类

从内部结构分：偏正短语、并列短语、动宾短语、补充短语、复指短语、连动短语、兼语短语、“的”字短语、介宾短语、比况短语、“所”字短语、主谓短语和固定短语等类型。

2. 短语的功能分类

(1)名词性短语

以名词为中心语，或功能跟名词相同的短语，都属于名词性短语。名词性短语主要充当句子的主语、宾语。如：

△ 谁动了我的奶酪？(宾语)

△ 家长和学生都满意这样的专业。(主语)

△ 城郊结合部的"创卫"难度较大。(定语)

△ 他家的孩子三个"大":大眼睛、大手和大脚。(谓语)

△ 那五本书是刚买的。(主语)

(2)动词性短语

动词性短语相当于一个动词的功能,主要充当谓语。例如:

△ 会议讨论并通过三个决议草案。(谓语)

△ 我们表示热烈欢迎。(宾语)

△ 大胆地试一试不失为一个办法。(主语)

△ 他快乐得跳起来。(补语)

△ 这是没有办法的办法。(定语)

△ 他颇有礼貌地伸出了手。(状语)

(3)形容词性短语

形容词性短语的功能相当于形容词,包括形容词短语以及功能相当于形容词的其他短语。形容词性短语主要是充当句中的谓语、定语、状语和补语。例如:

△ 他的课特别生动。(谓语)

△ 这座城市打扮得美极了。(补语)

△ 日子一天天地好起来了。(谓语)

△ 端庄美丽的她走过来了。(定语)

△ 问题非常容易地解决了。(状语)

形容词性短语也可作主语、宾语,例如:

△ 勤劳俭朴是中国人的传统美德。(主语)

△ 他心里充满了苦涩。(宾语)

三、句子

句子是语言的使用单位。句子由词或短语组成。每个句子都有一定的语气、语调。在正常的连续说话中,句与句之间有较大的停顿,在书面上用一定的标点(句号、问号、叹号)表示出来。一个句子表示一个相对完整的意思,能够完成一次简单的交际任务。(见《中学教学语法提要》)

句子是语言的动态单位,其主要功能是"表述",即用句子进行交际、交流思想。这就使句子与词和短语有了区别(词和短语只是语言的备用单位,是静态单位)。

当静态的词或短语进入动态时,便有了表述的功能。"蛇",是指任何一条有毒或无毒的,大的或小的蛇,但用一个"!"号后便有了惊恐的表述——虽尚未明白有毒与否，但面对这条具体的蛇，对某人来说不啻是产生恐惧感的原因。

(一)句子分析

句子分析可以从不同的角度进行。按句子语气，即表达作用，可以从陈述句、疑问句、祈使句和感叹句角度分析。这些“句”可以称作“句类”。按句子的结构，可以从单句、复句角度分析。单句可以分成主谓句和非主谓句；复句又可分为并列的、递进的等。这种按结构分的结果称作“句型”。

1. 一般句型

(1)非主谓句(分析不出主语谓语的句子)

①名词性非主谓句，多为称呼、惊叹、说明时间地点等。如：

师傅！/蛇！/好宽畅舒适的寝室！

桥畔、高低不平的桥面。/1989 年春天。

②动词性非主谓句，多为说明情况、现象或某种祈求。如：

来客了。/看，下雪了！/严禁喧哗。/车内禁止吸烟。

③形容词性非主谓句，多为赞叹、感觉的内容。如：

多美！/好！/妙极了！

此外，叹词、象声词也可成为非主谓句。

非主谓句是一种运用广泛的句式，大凡公共场合、集体单位、群体活动以及社会生活、生产，凡有交际需要时大都用非主谓句表示，如影剧场所、会议场所就有“禁止喧哗”、“不准乱丢果壳”等的非主谓句；当外出旅行，在大好河山面前便情不自禁地喊出“多美”的赞叹声。它简洁明晰管用，是一种表义完整的表述句式，与省略句不同。

(2)主谓句(由主谓短语加上语调的句子，与“非主谓句”相对)

①名词性谓语句(多用于口语)，如：

△ 今天又星期五了。(名词作谓语)

△ 浙江南浔，江南千年水乡古镇。(短语构成)

△ 钱三强，文字改革大家钱玄同的后代。

△ 毗山，湖州职业技术学院东面的历史名山。

△ 他呀，直来直去的人。

△ 那东西在什么地方见过的。

此种短语之所以常用于口语，是因为在表述某一人或事物时，多作判断说明，而且多为说明交待如天气、节日、时令等，句式简短，一听即明。名词性谓语句不能与有“是”的判断句相提并论，这是两种句式。

②动词性谓语句(由动词或动词性短语构成)，如：

△ 春天的脚步走来了。

△ 你给我仔细听着！

△ 他是一个想说就说的直爽人。

△ 暑期实践组向院团委保证完成去社区的帮困任务。

△ 职院迎来了首批担任教学任务的“洋教师”。

△ 强生公司让每位司机担任景点义务宣传员、解说员。

△ 生活是海洋，也是一部真理检验机。

△ 她很像她妈。

动词性谓语句最丰富，是主谓句的主体。由于动词性短语类型多，结构复杂，所以动词性谓语句也最复杂多样，是现代汉语句子特点的主要体现所在。

③形容词性谓语句（由形容词或形容词性短语作谓语），如：

△ 庭院深深。

△ 孔乙已的长衫又破又脏。

△ 如今我的母校：大、美、亮、强！

△ 外面冷清清的。

△ 这会儿她心里踏实多了。

△ 上山容易下山难。

△ 这料子便宜那料子贵。

△ 你也太紧张了。

④主谓谓语句。如：

△ 太湖风景秀丽。

△ 演讲比赛名次文秘专业全拿下了。

上述句子都是以主谓短语作谓语的主谓句。全句主语我们叫它“大主语”，把主谓短语中的主语叫“小主语”，把充当全句谓语的主谓短语叫大谓语，把主谓短语中的谓语叫“小谓语”。大主语和小主语之间可以停顿或插入某个成分。如：

他身体很好。——→他的确身体很好。

↘他呀，____身体很好。

大主语和小主语之间不能插入结构助词“的”（如前例：“他（的）身体很好。”），否则，成了一般主谓句。主谓谓语句可图示如下：

他　身体很好。

大主语　大　谓　语

小主语　小谓语

主谓语句的句型很多，其出发点都是从大小主语或大小谓语角度来分析的。

2. 特殊句式

“把”字句、“被”字句等是一种特殊句型，又叫“特殊句式”。由于特殊句式是以句子结构的某一特征为标志划分出来的，在语言结构、语义、语用上有一定的特殊性，因而学习时应特别注意。

(1)“把”字句

“把”字句中的“把”是引进与主要谓语有密切关系的对象。引进的是“受事”，后边谓语动词在意念上能管得住这个“受事”，如：

△ 他一气之下把书撕了。

“书”是“撕”的“受事”，也是“把”引进来的“对象”。此句可还原为“他一气之下撕了书”。

这种格式是：主语(施事)‖[把＋受事]＋行为动词(前后可有其他成分)。

“把”还可引进工具、处所、影响对象、使动者、施事，如：

△ (吃糖)把牙吃坏了(工具)/把全房间堆满了家具(处所)/(他唱歌)把人唱得抽了风(影响对象)/把伙计累跑了(使动者)/(怎么)把敌人跑了(施事)

总之，这些“把”字句必须满足以下条件：

①介词“把”及其宾语(介宾短语)位于动词之前；

②“把”引进的“受事”应是动词支配的对象，动词得是能带宾语的动词；

③动词前后可有别的成分：带补语(“把墙壁涂得一塌糊涂”)、带宾语(“把钱买了车”)、带状语(“把毛衣往包里塞”)、带时态助词“了、着”(“把垃圾倒了”)；

④否定副词、能愿动词放在“把”字前(“不要把消息告诉他”)。

(2)“被”字句

介词“被”引进动作的“施事”，同时指明前面的主语是“受事”。例如：

△ 上海音乐厅被工人移动了。

“被”字句的格式是：受事＋被＋施事＋动词。其条件是：

①介词“被”组成的介宾短语放在动词前，指明主语是被动者(受事)。动词都是能带宾语的动词，而且动作性较强。

②动词后往往带其他词语，如上例可扩充为“移动了十几米”(带补语)。

③如果“被”字句中有副词或能愿动词，要放在“被”字前，如：“他早已被大家遗忘了”。表示否定，否定词也放在“被”字前，如“他没有被大家遗忘”。

“被”字句还有灵活的表述方法：

△ 这房子被挖了个洞。(施事不出现)

△ 厂长让他责难了一回。(“被”改用“让”)

△ 他被花言巧语所击倒。(用“被……所”式，是古汉语的遗迹，也写作“为……所”)

“被”字句着重说明或强调受事主语本身被动的状态或情况，“把”字句是主动句，表示对象受事给予处置的意思，说明或强调的是动作的结果。“被”字句的

"被"有替代词,"把"字句的"把"没有替代词。"被"字句和"把"字句可以转换,如:

△ 大风刮倒了小树。

△ 小树被大风刮倒了。

△ 大风把小树刮倒了。

从主谓句到"被"字句或"把"字句,表述目的不一样,表述的效果也不一样。

(3)连动句

由连动短语充当谓语的句子叫连动句。这样的谓语是由两个以上动词构成的,中间没有语音停顿,在书面上不用逗号隔开,也不用关联词语,它们共有一个主语,如:

① 表示动作的先后:他过来跟我说话。

② 表示目的关系:(有了手机)现在不用到电话亭去打电话了。

③ 表示因果关系:期末詹天力熬夜复习熬红了眼睛。

④ 其他(包括"有"+动词):无手青年东林有能力坚持生活下来。

(4)兼语句

用兼语短语充当谓语的句子叫兼语句。例如:

①使令类兼语句:学校的大变样使人兴奋不已。

②喜怒类兼语句:家长总是只关心子女学习成绩好不好。

③称呼类兼语句:政府追认江水森同志为革命烈士。

④"有"、"无"的兼语句:长兴有许多人在日本研修学习。

⑤"给"、"拿"等的兼语句:他送一件T恤给我穿。

兼语句和连动句的区别:

①连动句全句只有一个主语。兼语句前一动词跟全句主语发生陈述关系,后一动词跟全句主语不发生陈述关系。如:

同学找老师借书看。(连动句)/同学请老师来。(兼语句)

②兼语句的谓语中有兼语部分,连动句没有。

③兼语句、连动句都有"有"字,其区别是:连动句"有"的宾语和后边的动词短语不构成主谓关系,而兼语句中则构成主谓关系。

兼语句和主谓短语作宾语的区别:

①兼语句中的谓语多为使令性的。主谓短语作宾语的第一个动词一般是表心理活动,表感知、验证,或能显现意志一类的动词。

②兼语句的前后动词有因果关系,主谓短语作宾语没有因果关系。

③从语音停顿角度看,兼语句中第一个动词后不能停顿,而主谓短语作宾语的第一个动词后可以停顿,而且可以插入表时间、处所的词语,如:"我知道(今天)他来。"

(5)存现句

它包括存在、出现和消失的三个句子类型。

①存在句,如:

口袋里只有几角钱了。

爱山广场上尽是成千上百的游人。

②出现句,如:

店内外充满了快活的空气。

广场上又来了一批游客。

③消失句,如:

社区少了两件健身器材。

山沟里销毁了一批伪劣商品。

这类句子的特点在于:主语总是由时、地词语充当,动词常常表示存在、出现或消失,而且常带时态助词或趋向补语,宾语是名词短语,常含有数量短语充当的定语。如:

△ 橘树丛中　闪　出了　一群　畲族小姑娘。

(6)"是"字句(判断句)

"是"是个特殊的动词,形式上它是谓语的一部分,但是实质上它不是谓语的主要部分。谓语的主要部分最常见的是名词,其次是"的"字短语,也可以是动词(单词或短语),以及其他形式。可以从两方面分析:

①"主+动+宾"的"是"字句

A. 表判断

△ 丁老师是我们《公关学》课的任课老师。

△ 这个字是什么结构?

B. 表比喻

△ 茅盾作品的意义是深潭静水。

△ 猪的全身都是宝。

C. 表存在

△ 学生公寓前面是一片大草坪。

△ 这是新到的词典。

②非主谓型的"是"字句

△ 是谁开的车?

△ 不是我不管,是我管不了。

"是"字句中,常有"是……的"表述形式,有两种情况:一是"的"非用不可,是助词;二是"的"可以不用,意思不变,仅是强调而已,此时的"的"成了语气词。例如：

△ 暴发户手里的钱不是他自己的。

△ 是先哲这么说的。(强调)

但是，只有"是"的"是"字句，有时较难分辨，关键是"是"的词性，如：

A. 他是我的老师。/B. 火车是误点了。

A. 他不是我的老师。/B. 火车是没有误点。

由于谓语中心不同(名词和非名词性)，所以能否替换也不同，据此我们可以说 A 句的"是"是判断词，B 句的"是"是副词。

3. 句子的附属成分

附属成分又叫特殊成分，其特点是：①结构上游离在句子之外，不参加句子的结构组合；②只附属于句子，不能独立成句；③有表情传意的语用色彩。可分成：

(1)提示成分，又分两类：

①称代式提示成分。一般放在句首，句中有一个代词跟它构成复指关系，如：中国有一个好传统：敬老爱幼。

②总分式提示成分。这是指包括有提示成分的总说、分说的句子。总说、分说分别置于句首和句末，或相反，如：

女足超级大赛的两个队，一个是广东队，另一个是上海 STV 队。

要区别提示成分和复指短语：复指短语中两个有复指关系的成分构成一个语言单位，充当同一句子成分；提示成分则不充当任何成分。而且，复指短语两个成分紧密相连，提示成分中间有语音停顿，如：

△ 我最喜欢李逵这个人物。(复指)

△ 李逵，他是一个极有个性的人物。(提示)

也要同复句中的分句区别开来，如：

△ 参加决赛的两个队：一个上海队，一个广东队。

△ 参加决赛有两个队，一个上海队，一个广东队。

(2)独立成分(独立语或插入语)

指一个语言单位插入既定的句子结构之中，不作为该句的句法成分，而对句子的表意增添某种附加的情味，如"看起来，你是想考研究生了？/老实说，这件事同他毫无关系。"这里的"看起来"、"老实说"有与没有，表意上是有区别的。独立成分可置于句前、句中或句后，位置灵活。从表达功能出发，把各种独立成分列表如下：

句子中常见的独立成分

类 型	常用词语举例
1.呼语	人名、称谓、“喂……”、“小王，(顶住!)”
2.感叹语	啊呀、好、天哪、妈呀、唉、哈……
3.应答语	是、对、好、嗯、行……
4.引起对方注意	你看、你瞧、你想、你听、请看……
5.对情况的推测	看起来、想来、看样子、说不定、充其量、大不了……
6.肯定、强调	毫无疑问、没问题、不用说、说真的、老实说……
7.消息的来源	据说、据……说、相传、听说、据报道……
8.表示对问题的看法	我看、我想、依我看、看样子、按你的看法……
9.补充说明	例如……、比如……、也就是说……
10.总括	总而言之、总之、总的来说、一句话……
11.按注	各类结构

(二)句类

确定句类，着眼于句子的表达用途。人有喜怒哀乐悲，人们进行语言交际总是有目的的，表述七情六欲，就是“语用”，如陈述某件事、询问一个问题、请求某桩事情、抒发一定的感情等等，都是通过语言的最大单位——句子传达出来的。比方参加一个合同签约仪式，文秘工作者同单位领导、智囊人物总要再三斟酌合同内容——既符合合同法，又能保护甚至提高自身(单位)利益，可谓文辞中不能添移一字(词)！这里除了选用恰当的句型外，还要从语气上考虑，是用句号还是用感叹号，是是非问还是特指问，往往也是一“号”值万金！

语气是决定句类的因素，跟语气无关的因素，如句子表达的内容、句法成分的配置方式和多寡等，都不影响句类的划分。

1.陈述句

凡是把事情告诉别人，具有平而略降的语调的句子叫陈述句。它用来叙述或说明事物的运动、性状、类属、关系等，是思维的最一般表现形式。书面上用句号，复句内分句用分号或逗号。常用的语气助词有“的、了、呢、吧、嘛、罢了、啊”等。例如：他不去的。/他不去了。/他不去呢。/他不去罢了。/他不去嘛。(怪谁呢?)/他不去啊。这些语气助词，使各自的句子表现出不同的陈述语气：“的”，表示坚定不移，“了”表示有了变化，“呢”表示已成事实，“罢了”表示“他可以去，但他不去”的事实，“嘛”表示“事实很明显，不用多说”的意思，“啊”则表示一种和缓语气，增加感情色彩。当然，不用语气助词的陈述句最普遍，表达的语气也十分丰富。如下边的句子：

△ 我不是这里的领导。

△ 外边的情况，你不是不知道。（双重否定）

△ 没有一个人不怕他。

2.疑问句

有提问语气、语调的句子都是疑问句。它包括：

(1)是非问。只用升调，或用语气助词“吗”、“啦”。如：

△ 就是他？

△ 你忘啦？（表陈述内容，从语气看是疑问句）

(2)特指问。又叫“疑代问”，即用疑问代词代替未知部分的疑问句，句子往往用升调。如：

△ 你猜咱小虎怎么着？

△ 我晚上上网，你呢？（疑代省略）

(3)选择问。用“是”或“还是”连接前后句，有的不用关联词。如：

△ 这笔账是真的（还是）假的？

△ 你买的那套衣服料子棉的丝的？

(4)正反问。列出正面（肯定）、反面（否定）的内容让对方回答。如：

△ 你还是不是一个共产党员？

△ 这份合同你签不签？

(5)其他疑问句。这种疑问句，表示猜想，或半信半疑。在这种问句前，说话人对事情已有几分看法，但还不十分确定，用陈述句易成武断；用疑问句表达，语气舒缓，如能让对方“证实”，较容易解决问题。如：

△ 这样的优惠条件，你方认为呢？

△ 在这签约时刻，他不会缺席吧？

3.祈使句

(1)表命令、请求。如：

△ 出去见一面吧！/给我水喝呀，我渴！

△ 让老爷子说说。/常回家看看。

(2)表禁止、劝阻。如：

△ 禁止喧哗！/别动，别动！

△ 别说啦，快走吧！/做小辈的别任性！

(3)用疑问句形式表催促或请求。如：

△ 还不快进屋？

△ 别闹了，好不好？

(4)用敬辞“请”的祈使句，敬辞要用在动词性成分前面。如：

△ 您老请坐。/您请这边坐。/请发言。/请勿吸烟。/请退席。/您还是请

里屋休息一下吧。

4. 感叹句

感叹句是带有快乐、惊讶、悲哀、愤怒、厌恶、恐惧等浓厚感情的语气的句子，与陈述句结构相同，但语调下降，书面上用感叹号，用“啊”(及变音读法)或不用。如：

△ 啊，您受伤了！

△ 天哪！那回我以为真的没命了！

△ 人民必胜！祖国万岁！

△ “天荒坪”，咱们自己的电站！

四种不同语气的句子，根据需要是可以转换的。这种“需要”便是语用目的。例如“你是大学生。”可转换成是非问或表猜想的疑问。有时添加一两个词便成了“你还是个大学生吗?”这时句子便有了鄙夷的语气。又如“这里是理想的投资地方。”这一陈述句，如果换成“这里是多好的理想的投资场所!”感叹句，这个“场所”的“身价”便完全不一样了。所以，句类的分析运用对文秘工作来说也很重要。

(三)句子的变化

与句类学习一样重要的还有学习和运用句子的变化方法——省略和倒装。

1. 省略句

指依靠语境省去句中部分成分。

(1)对话省

△问：[你]哪个学校毕业的？

答：[我]××职业技术学院文秘专业毕业的。

问：[你的]特长是什么？

答：[我][文秘专业的]写作、公关比较喜欢，论文发表过五篇。

(2)上下文省

①承前省，如：

△我(毕业后)留校，小王也在[学校]。

△南京的夏天比上海[的夏天]热多了。

②蒙后省，如：

△[小王]饭没吃完，小王急忙去工地了。

△[老通宝]看着人家那样辛苦的劳动，老通宝觉得身上更加热了。

(3) 自述省(在书信、发言、日记等自述性说话语境中，往往可以省略一些成分)

△收到[你的]来信，心中的秤锤掉了地。太感谢[你]了。待到天气转凉，盼[你]来一叙。(书信)

△×月×日天晴。上午[我]去学校，告诉[他们]关于任课的事，他们表示理解。午后有人来访，当[他]谈到我买的那幅画是赝品时，我们大笑起来。(日记)

2. 倒装句

倒装句是有条件的：①倒装的成分可以复位；②倒装部分往往重读，有停顿(书面上用逗号隔开)；③倒装往往是人在情急时，先说出要强调的部分，然后再补充先说的部分。倒装句，其表达重心总在前边。例如：

△干什么，你们？(主谓倒装)

△后退五步，三班的！(主谓倒装)

△(你说隔壁老王吗？)退休了，大概。(状语后置)

△(他走上前来)，一步一步，极慢地。(状语后置)

(四)复句

1. 单句和复句的区别

两个或两个以上在意义上密切相关而结构上互不包含的分句构成的语言单位便是复句。复句又叫复合句，它和单句(又叫简单句)相对，是一个大的句型。复句的构成单位不是单句而是分句，一般都在两个以上。它和单句的区别是：

(1)复句中的分句与分句在结构上互不包含，作为语言单位相对独立，不是另一分句的一个组成成分，如：

△谁去都一样。

△他忘记我已经吃过饭了。

以上就不是复句，而是主谓短语作了主语或宾语。

(2)关联词语是复句的标志。尤其是成双作对的关联词语可以凭此判断其为复句。但要注意，有时关联词语并不连接分句，而是用在单句中表示某种附加意义。试比较：

①无论谁去，都不行。

②无论谁都不能去。

③即使处于昏迷状态，他心里也充满着希望。

④即使在昏迷中，他心里也充满着希望。

①、③都是复句，②、④都是单句。原因是②是对主语“谁”的强调，不是条件；④强调的是状语“在昏迷中”，不是让步。区别在于关联词语连接的是名词性短语、介宾短语还是充作谓语的动词性或形容词性短语。

(3)分句间的语气一定有停顿，在书面上为逗号或分号。这是区别连动、并列短语和连贯复句、并列复句的一个重要特征。试比较：

①我们爱祖国爱人民爱和平。

②我们爱祖国，爱人民，爱和平。

③他走过去关上门。

④他走过去，关上门。

例①③是单句，②④是复句。区别就在于中间有没有明显的停顿。但也要注意，句中停顿不一定都是分句停顿：

⑤对于这个问题，我们确实一点不知道。（单句）

⑥一个国家，一个民族，一个家庭，团结是兴旺发达的根本保证。（单句）

2.复句的类型（根据各分句间的意义关系分）

(1)并列关系

它是指几个分句分别描写或说明几件事情、几种情况或同一事物的几个方面构成的关系。如：

△ 老栓一面听，一面应，一面扣上衣服。

△ 南方湿润多雨，北方干燥多风沙。

并列复句常用关联词

单 用	也、又、还、同时		
配对使用	一面A，一面B	一方面A，另一方面B	不A，而B

(2)承接（连贯）关系

它是指几个分句间有时间或空间顺序，说出连续的动作、事件或相关事物。如：

△ 她替他盖好被，又放下帐子，轻轻地走开了。

△ 我们先来说一般性的纲领，然后再说具体性的纲领。

(3)递进关系

这种关系语意上是后一分句比前一分句更进了一层。如：

△ 浙江已是36摄氏度的气温了，何况火炉之一的南京、武汉呢。

△ 不但不反对一部分人先富起来，反而要鼓励这部分人带领大家一起富。

递进关系常用关联词语

单 用	而且、并且、甚至、况且、何况
配对使用	不但（不仅、不只、不光、不单）A，而且（并且、甚至、也、还）B
	不但不（没有）A，反而（反倒）B

(4)分合关系

这种关系是先总提后分述或先分述后总结。如：

△ 或者把对方打败，或者被对方打败，二者必居其一。

△ 文艺批评有两个标准：一个是政治标准，一个是艺术标准。

(5)选择关系

①或此或彼的选择，语气较缓和。如：

△ 或者我去，或者他来。

②非此即彼的选择，语气肯定坚决。如：

△ 我们要么逃避现实，要么面对现实。

③取此舍彼的选择，表示权衡得失，选择其一，语气更加肯定。如：

△ 宁可将可作小说的材料缩成速写，决不将速写材料拉成小说。

(6)转折关系

△ 学校是扩大了，有点"规模"了，但要上档次，仍须努力。(轻转)

△ 尽管下这么大的雨，我还是要去。(重转)

有的转折关系包括了让步关系，如：

△ 我答应了，尽管有些勉强。

△ 今晚却很好，虽然月光也还是淡淡的。

有的转折关系，不用关联词语，用的是意合法。如：

△西瓜有这样危险的经历，我先前单知道它在水果店里出卖罢了。

转折关系的常用关联词语

单 用	但是 但 可是 然而 不过 只是 却 倒 可
配对使用	虽然(虽、虽说、尽管、固然)A 但是(但、可是、却、可)B

(7)因果关系

①说明因果(结果是已实现的事实)。如：

△ 寒暑表上的水银柱之所以迅速升高，是因为今天的室外温度太高了。

②推论因果(一个分句提出既有的事实，另一分句根据事实推论出结果来)。如：

△ 既然文艺工作的对象是工农兵及其干部，就发生了一个了解他们熟悉他们的问题。

(8)假设关系

它是指一个分句提出假设，另一分句说明假设的情况实现后出现的结果。又分两种情况：

①假设和结果一致，不是相背的。如：

△ 如果你有兴趣，我就陪你去菰城遗址看看。

②假设和结果不一致，语意相背。如：

△ 即使我们的技术领先了一步，也还要学习人家的长处。("技术"是虚拟

的）

(9)条件关系

①惟一条件关系（前边分句提出的条件是惟一的，缺少它，便不能产生后面分句的结果）。如：

△ 只有心里真正装着“公”字的人，才能做到不怕苦不怕死。

△ 除非你立刻离开，才不会被他们抓走。

②充分条件（前边分句提出的条件可产生后边分句的结果，但此条件并非惟一，不排除其他条件也会产生同样结果）。如：

△ 只要你说对，我们就改正。（还可有其他方法）

△ 这种水雷，只要受到马达的轰动，它就会爆炸。（其他条件也可能爆炸）

△ 只要是心里始终装着群众的干部，他就一定是个人民的好公仆。（公仆还有其他条件）

③无条件关系（前边分句先排除一切条件，后面分句表示在任何条件下都会产生相应的结果。它是“条件不同、结果却不变”的关系）。如：

△ 不论他“漂流”到哪里，他总是怀念祖国。

△ 无论什么人遇见了他，都要对他点头哈腰扮笑脸。

惟一条件、充分条件和无条件关系复句的前一分句的条件和后一分句的结果，主要表现在使用了不同的成对的关联词。如：

A 只要考到 540 分，就可以录取。

B 只有考到 540 分，才可以录取。

C 不管考到××分，都可以录取。

(10)目的关系

它是指一个分句说明目的，另一个分句说明为达到目的所采取的方法或措施。如：

△ 我想搬到单位去住，免得两头跑。

△ 为了生产安全，她把心爱的乌黑发亮的辫子剪掉了。

目的关系复句可以分成两个类型，积极的用“为了、为的是、为……起见、好”等连接，也用“藉以、用以、以求、以便”等连接；消极的用“省得、以免、免得、以防、不致”等连接。

3. 复句的扩展和紧缩

(1)复句的扩展

复句中的分句一般是以单句形式存在的，只有一个层次，分辨比较容易。如果分句是一个复句形式，那么这个复句就比较复杂了，层次自然也多了起来。这种包含两个以上结构层次的扩展了的复句便是常说的“多重复句”。但是，即使有

三个以上分句,如果只有一个层次(如并列的三个分句),那么仍然是一般复句。如:

A.春生慢慢走过去,轻轻关上门,又回来躺下。(一般复句)

B.雨下得太大,我不想去了,不过你还是应该去的。(多重复句)

①多重复句的分析方法

多重复句既然是"多重",分析时就首先要知道共有几个层次。这种层次,如同前边讲的各类型复句一样,从意义关系上去考虑,从逻辑角度去分析。

分析的方法一般采用"划线法",既要确定其结构层次,又要标明它的结构关系。

多重复句的类型是由最高层次的逻辑关系来决定的。如最高层次关系是因果关系,那么整个复句是个扩展了的因果复句。例如:

△因为我们是为人民服务的,|所以,我们如果有缺点,‖就不怕别人批评指出。
(因果)　(假设)

这是个因果关系的二重复句。

②分析多重复句的步骤

第一,先确定有几个分句,用单竖线划开。一般是,分号、逗号往往是分句的标志,顿号肯定不是分句的标志。例如:

△高尔基的自学过程中,既没有名师指点,|更没有资料可供查阅,|碰到的困难当然就比常人多,|但是疑难总是吓不倒他的,|因为他坚强、执着。

第二,确定结构关系。跟划分短语不同,多重复句的难点在于划分层次。如果不先搞清分句间的关系,层次也难确定了。这时要特别注意关联词语,这是抓住了牛鼻子。如果没有关联词语,可以在忠实于原文意思前提下补出来,这样分句间的关系就显现出来了。例如:

△人是生活在纪律里边的,|守纪律,‖无论做什么,|‖都有成功的可能;
(总分)　(假设)　(条件)

‖不守纪律,‖(就)必然要遭到损失和失败。
(并列)　(假设)

(补出一个"就"就知道也是假设关系。)

第三,确定结构层次。结构关系确定后,结构层次也就水到渠成了。只要把握全局(最高层),逐层的层次关系也不难确定了。如上例共有6个分句,它的"最高层"应是总分关系,然后从标点上看,分号处应是第二层次(并列),再从"并列"左右看(和短语分析法同),各有一个假设关系,这是第三层次。而在②③④分句间还有一个小层次(条件关系)。这是第四层。

要注意的是,在确定结构关系时,不大可能出问题,问题在于"最高层"的确定。所以第一个层次最重要。多重复句能够细致而严密地表达比较复杂的内容，在论文里普遍使用，也可锻炼人的思维能力。

(2)复句的紧缩

同复句的扩展相反，复句还可以紧缩。有的复句，分句紧紧地压缩在一起，中间没有语音停顿，就成了“紧缩复句”。这种句子很像单句：只有一个主语，谓语虽有两个，但结合得很紧。但从内容上看，却能表示某种复句的意义关系。如：

A. 即使天气闷热，他也不去游泳池。

B 他天气闷热也不去游泳池。

A 式是假设复句；B 式省去了一个关联词和语音停顿，是紧缩复句。紧缩复句是一种简洁明白的表达方式。在这种句子中，一些副词起了作用，表现出各种复句的意义关系，大致有以下几种：

① 一……就(表承接或条件关系)

②再……也(表假设关系)

③非……不(表假设关系)

④不……也(表假设关系)

⑤不……不(表假设关系)

⑥越……越(表承接关系)

紧缩复句中表现关系有时只用一个副词：

△打死我也不说。(即使打死我，我也不说。)

△组织团队才有力量。(只有组织团队，才能显示力量。)

△说什么也不说。(无论说什么我也不说。)

△下班就回家。(只要一下班，我就回家去。)

四、语病防治

(一)单句中的常见语病

不合规范的句子叫病句。常见的语病主要有两大类：一是用词不当，包括开放性词类词性误用和封闭性词类使用不当；二是句子结构上有毛病。这里主要讲句子结构上的常见毛病。

1. 相关成分搭配不当

语法是语言的组合规律，语言交际，必然涉及句子中各成分的搭配是否合乎逻辑事理，是否符合语言一般习惯(约定俗成的习惯)。否则就要出毛病，交际就会发生困难。

(1)主谓搭配不当(指谓语不能“陈述”主语)

※辽太祖阿保机的陵墓葬于谷内西北山坡上。(“葬”的不是“陵墓”，是辽太

祖阿保机。)

※产量、质量、品种、消耗各项指标普遍都好。(“指标”不能“好”,只有完成得怎样;或“指标”高低。)

※我县养猪业下降,固然与饲料涨价有关,更重要的是由卖猪难所致。(“业”只有停滞与发展,无所谓下降、上升,此处应为“猪的存栏数”。)

※初夏的江南,各种作物欣欣向荣,正是农村最繁忙的季节。(作者意图指向是季节,与“欣欣向荣”搭配的主语错了,颠倒为“江南的初夏”即可。)

(2)动宾搭配不当

※延迟和提早车辆进厂和出厂,“对有利生产、方便生活”起了很大的作用。(“延迟”的是“进厂”,“提早”的是“出厂”,纠缠在一起,动宾混杂。)

※近来纽约电视台和报纸大肆放映和刊载有关影片《甘地传》的消息。(“消息”是“刊载”,不能“放映”。应分开来说。)

※我们也听到一种看法,……(“听到”的应是声音,“看法”是思想活动,改为“议论”。)

※许多家庭也盼望能放在厨房的小型冰柜。(“盼望”不能带名词宾语。)

(3)谓补关系不协调

这件事对学校领导触动很深。(“触动”的“动”可以说远近大小,却不能说“深浅”,宜改“深”为“大”。)

※有的被打成了粉碎。(这是“补充”又“补充”的错误,“打成”、“粉碎”都是一种结果,类型重复,改“成”为“得”。)

※我们把礼堂布置得漂漂亮亮、干干净净。(“布置”后是“干干净净”说不通。)

※他稳住车把,把衣领裹了裹紧,憋足了劲,向肇事车紧追不舍。(“裹了裹”是动词重叠,已含有补语“一下”的意思,和补语“紧”语意冲突。)

(4)定、状语和中心语搭配不当

※由于突击清运垃圾、坚持日常保洁工作,基本上根除了卫生死角。(状语“基本上”与中心语“根除”矛盾。)

※豆奶是一种速溶高蛋白植物食品,具有很丰富的营养价值。(“价值”只有大小高低之分,与“丰富”不搭配。可改“丰富”为“高”。)

※中央对青年学生寄予极高的厚望。(“厚望”本身已含有极高的期望,加上“极高”是叠床架屋。)

※商店出售的都是完整的零部件。(“完整”是指一个整体而言的。“零部件”就不是“完整”与否的东西。书写者可能指的是“整套”或“配套”。)

(5)并列短语和其他成分搭配不当

※穆铁柱有一双灵巧的大手，谁的自行车坏了，修理、补胎他都在行。（“修理”包括补胎。这是并列短语自身问题。）

※为了防止与克服不该发生的事情发生，应该牢记“安全第一”的誓言。（“防止与克服”是并列短语，但管不住后面的宾语，“克服”是已发生的事情，还没有发生无所谓“克服”。）

※我国现代化的步伐能不能加快，核心的问题之一是人才的奇缺。（“能不能”是肯定、否定的正反并列短语，而谓语只说到了“不能”是因为“人才奇缺”，显然是主谓不搭配了。）

2. 句子成分残缺

(1)主语、谓语残缺

※针刺麻醉到目前为止还不是一种理想的麻醉方法，它有效，但有限。（如果按照“承前省”，复原为“它有效，但它有限”，显然不对。正确的是“它有效，但效果有限”。此句是主语残缺。）

※他把单位里的事告诉了我们，肺都气炸了。（这也是承前省造成的语病，应是“我们肺都气炸了”。）

※对于职业技术学院的学生，今后要参与技术工作，应该多学点实践知识。（这句由于介宾短语造成了主语残缺，去掉“对于”即可。）

※我们厂的学习小组，在厂中心组的带领下，由开始的几个人写作小组逐渐发展到目前的几十人的小组。（这里的毛病是前半句还未说完，即谓语未说明“学习组”怎么样，便说另一件事了，顾此失彼。）

(2)宾语、补语残缺

※这些信，有的自外籍华人，有的转自我驻外机构，有的来自国内的教师、工人、干部。（“自”是介词，“自外籍华人”显然缺一个动词“来”。）

※希望有关部门重视这一问题，尽快解决群众“抓药难”。（“群众‘抓药难’”是主谓短语，但“解决”不能带主谓短语做宾语，办法是加一个“问题”。）

※订阅本刊的读者，必须按照邮局规定，在 11 月底前，过期不能补订。（“按照邮局规定，在 11 月底前”怎么样？缺了谓语：“办理订阅手续”。）

※本书可能有不少缺点和错误，特别是统一地名译名的工作，由于《外国地名译名手册》下达时，本书已定稿告竣。（“统一地名译名的工作”怎么样？这一种表达比较普遍——只说原因，不说结果：或者“未及进行”，或者是因已“下达”而“不及统一”。）

(3)定语、状语残缺

※目前，……每年可培训 7000 名各种手艺的熟练工人。（“熟练工人”受 7000 名等三项定语修饰限制。但“各种手艺的”不能修饰“熟练工人”，因为它是

名词性偏正短语，既不能表明“工人”所属，又不能表示“工人”的属性，应改成动宾短语“掌握了各种手艺”，做“工人”的定语，表示是什么样的“工人”。）

※要有鲜明的个性特征的台词。（这里的定语同样不能说明“台词”的性质。宜改为动宾的“具有鲜明个性特征”，作“台词”的定语。）

※这是和我的想法矛盾的。（“矛盾”是双方的，应在“矛盾”前加“相”作状语。）

※公交系统各企业一年负担的各种摊派费用达一千万元，摊派项目五花八门。（既然“摊派”的是“各企业”，后边就要有一个词加以总括，“达一千万元”前加“共”来作状语。）

3. 重复和多余（语意重复和成分多余）

※几年来，体育健儿的拼搏精神在鼓舞激励着我。（这是堆砌词藻的表达。“鼓舞”、“激励”在这里是同义词，一个够了。）

※储蓄所的储蓄额大大激增，达到两个亿。（“大大”和语素“激”重复，删“大大”，或改为“与日俱增”。）

※其存款、贷款利率将实行浮动利率。（这是主语中心语和宾语中心语重复。可删主语中心语。）

※参加工作后，坚持上业余夜校，刻苦学习医疗技术。（“夜校”当然是“业余”的。定语多余。）

※其他一些人物，比如杜孟雄、老阿奶、杜大男等，个性色彩都比较鲜明。（“人物”具有“鲜明”“个性”，当然有“色彩”了。中心语“色彩”多余。）

4. 结构混乱

(1)语序不当

※11个人文分院的学生安排到一家物流公司去实习。（“11个”限制谁？显然语序错了，应移到“人文分院”的后边。）

※一阵急促的哨声打破了宁静的深夜。（“打破”的是“宁静”，不是“深夜”。）

※在一周内，15名新老班子成员，全部退回了不合理的奖金。（是歧义句。最好改成“在一周内，公司新老班子的15名成员……”。）

※最高气温15～17℃，最低气温7～9℃。（这样排列的问题是：最高气温是由低到高。最低应为“由高到低”，应说“9～7℃”。）

※回顾邵力子、程潜两位老人漫长经历的一生，我们可以从中总结出不少有益的东西。（“一生”只能属于“老人”，不能属于“漫长经历”，应改为“所经历的漫长一生”。多层修饰次序，从离中心词最远处起，大致是：条件——时间——处所——语气——范围——否定——程度或情态。）

(2)句式杂糅

所谓杂糅，指的是把两种不同结构放在一起，造成结构上的混乱。例如：

※如果当年让马寅初先生关于人口问题的意见能够被采纳，付诸实施的话，我国的人口增长率就不会像现在这样高。（本来这是一个被动句，即如果意见被采纳，那么人口总数会降下来。可是第一句又用个“让”字，形成了兼语句，杂在一起不好理解。应删除“让”。）

※高宗是1960年大学毕业后到省农科院已30多年。（这句说了两个内容：高宗何时到农科院、在院已多少年。两种情况放在一起，便说不清楚了。如果只说何时到，后边删去；如果两种都要，则在“农科院”后加“的，到现在”。）

※参加大会的有中共中央委员、国务院各部委负责人都参加了会议。（这也是两个句子套在一起的病句。删掉“都参加了会议”便明白了。）

※她那满脸的皱纹特别深，把本来一双很大的眼睛也被皱纹挤小了。（“把”字句和“被”字句是两种不同的句式，套在一起到底说什么呢？去掉“把”就通顺了，或去掉“被”也通顺。关键是去掉哪个字更妥当。）

※止咳祛痰片，它里面的成分是远志、桔梗、贝母、氯化铵等配制而成的。（句子到“等”已完成交代，后边忽又加上“配制而成的”，把关系搞乱了。或者让“成分”作主语，或者让“止咳祛痰片”作主语，加“是远志、桔梗……配制而成的”。）

（二）复句中的常见语病

1. 分句间缺乏应有的意义关系

例如：

※老人对记者说：“……我们的服务员真好啊！不但黄一冬老人没想到，他的台湾胞姐更没有想到……”（这不是递进关系。因为黄一冬老人怎么“不但”呢？在台湾的胞姐才可“更”。）

※实现全面小康，要有安定团结的局面，然而也要有先进的科学技术。（无转折关系。）

※这两种新型车，既适用于长途客运，又适于团体、机关、企事业单位。（“既……又”连接的内容不是并列关系的两个成分。）

※世界上所有中国人，不论他是在天涯海角，只要看到当日的场面，都会更加热爱自己的民族和祖国。（“不论……都”是无条件复句，但“天涯海角”这一惟一处所，构不成“都”的结果。）

2. 关系混乱，层次不清

例如：

※为了社区居民利益，不管困难再大，我们一定要改造好老虎灶。（“不管”，无条件，“再”可以表示“即使A也是B”的假设关系。这句只能留一种关系。）

※本品容易受潮，用后盖紧，防止结块，并放在干燥处。（这里句序混乱，违反

事理。）

※只要胸怀全局，互相支援，不但没出质量事故，而且月月优质高产，为全年超额完成任务打了个主动仗。（“只要”是没成为事实的条件，但接下去的是递进复句，已成为事实。在意义上互相矛盾。）

3.关联词语使用不当

例如：

※有些病，西药能治，中药照样能治。不仅中药能与一般西药媲美，而且副作用小，成本也较低。（“不仅”要移到“中药”后边才说得通。）

※即使我早有准备，回到单位仍然大吃一惊。（“即使”是假设，而本句是表转折关系的，应改为“虽然”。）

※他工作认真，关心大家，经常和人聊天，但他原则性强，所以大家都敬重他。（“但”是转折，此处无此意，应删。）

※不仅说、写一方的思想表达受自身的个人大语境的影响，也受听、读一方个人大语境的影响。（“不仅”应移到“说、写一方的思想表达”后边才符合语境。）

※如果你能经常到食堂去交交朋友，才能真正了解学生在想什么，有什么要求，等等。（“如果”是假设，但没有了“就”，却来了3个“只有A才B”的条件复句。改“才”为“就”可以了。）

（三）怎样修改病句

交谈中，常常有“不对，不对，应该是……”等话语，这是在“修改”讲话，包括词语、句子、语调的调整、修改。在书面上，写论文，写计划总结，写合同书信，要打草稿，也要修改，除了内容调整，最具体的莫过于文字上修改了。不通顺的句子、不该用的词语，以及错别字、标点等，都要调整修改。这些“修改”至少要令自己满意，让上级合意，得到听者、读者认可。这里就文字修改谈几个方面。

1.修改原则

自从出了一个成语“望洋兴叹”后，“望×兴叹”的用法越来越多，什么“望电兴叹”、“望车兴叹”、“望楼兴叹”等等，而这一“望×兴叹”已一改原义而赋予了自身需要的内容（或电或水或车或楼），这是“积非成是”的语言现象。

所以，要找语病，要排除“积非成是”的语言现象，要排除在修辞活动中“临时”一下的语言现象，如“真他×的”、“挺人味儿”等，还有如幼儿言语（幼儿是在学习语言阶段，难免有语误语病），都不在挑毛病之列。

修改文字（语病）的原则是：消除错误，保持原意。前者是手段，后者是目的。

具体来说要坚持三点：①保留原句关键性的词语；②尽量保持原结构；③保持原风格。

在修正病句时，不改变原意的原则要坚持始终，否则修正成了创作。修正时，也不能完全改变原结构，否则也是创作。例如：

※微波对人体有没有危害？如何避免这种危害？

这句话的问题是用“有”、“没有”两个肯定、否定动词表示疑问，回答的应是“有”或“没有”，可是句中只回答“有”，在句子语义上相抵牾。怎么改？既然是“有没有”，便不能随便删去。较好的办法是：①肯定“有”，在问号后加“有一点”。②肯定“没有”，在问号后加“没有”作否定，删去“如何避免这种危害”。

有的句子，虽没语病，但在实际表达中却出了问题。这虽不是句子本身的毛病，但也要体现出作者的原意。如：

※中科院最年长的院士金善宝先生过97岁生日时，各界人士前往祝贺，一个年轻人恭敬地问候道：“金老，祝您长命百岁！”老先生一听此言，便觉得不是味儿，于是故意嗔道：“怎么，你只让我再活三年啊？”

“长命百岁”与“健康长寿”在大多数情况下是同义的，都是美好的祝福。但此时此刻，则不对了。这一位高寿长者，怎一个“百岁”了得！说明语病不仅要注意结构成分是不是说得通，还要注意说得是否贴切，是不是时候，合不合场合，对象搞对了没有。因为不论用什么句式来表示，目的都是为顺利完成一次交际活动。

2. 修改病句的一般做法

(1)确定病句的错误性质

修改病句不是一改了之，还要能说出其所以然，就是要说明错误的性质。这不单要讲出错误类型，而且要说出具体的治病办法来。如：“在强大的压力下，终于迫使朱日晖交待了。”这是“主语残缺”的句子，去掉“在”、“下”便露出了主语。又如“正在层层落实社会治安综合治理的总体方针。”这一句错在“落实”和“方针”的动宾搭配毛病上，改“落实”为“贯彻”即可。

表达中，有的语病比较明显，有的比较隐晦，一时不一定看得出来，比如在：“不愉快的一件事”中有什么毛病吗？一时真不觉得有什么不对。如果我们找出了这是什么“病”，即找出了属于什么类型的病，纠正也就不难了。这句的语病原来是“语序混乱”，改成“一件不愉快的事”便对了。如果还没把握，可用相似的句式试试，看看通不通：“不干净的一件衣服”、“不正确的一种看法”，要说“一件不干净的衣服”、“一种不正确的看法”才通顺。如若还不信，可以比照下面的句子：不说“阿Q碰到了不愉快的一件事”，要说：“阿Q碰到了一件不愉快的事”才对。可见“不愉快的一件事”是“病”了。又比如：“往日对您的教导，不够深刻领会”是该作补语的作了状语；“可是，他给我的印象是那样坚定，他对革命事业遭受的损失，是那样令人惋惜”是句式杂糅。

(2)把句子彻底改通

一个句子，有时因不止一处毛病，往往顾此失彼，或虽只有一处毛病，但由于

改得不当,反而生出其他毛病来。例如:

※由于时间短促及学识水平有限,不妥之处,敬请指正。

这一复句是"由于"组成的因果关系。但理由不充分:时间长难道就没有"不妥之处"了?这之间的因果不明。因此即使去掉"由于"仍然是不明确的,只有改成"由于时间短促及学识水平有限,书中一定存在一些不妥之处,敬请读者指正"才通顺。又比如:

※走向文明的大连

※艾滋病误诊,受害人遭罪

这两则标题都有问题。"走向文明的大连"可以是"走向/文明的//大连",即"朝着文明的大连走去";也可以是"走向//文明的/大连",则成了"大连走向文明"了。后一例是误诊成了艾滋病,还是把艾滋病诊断为别的病了?不清楚。这样的表达,不是加减几个字可以修改好的,必须总体改造,使其通顺。要注意,类似这样的歧义标题,目前不少见。

五、正确使用标点符号

使用标点符号要注意的几点:

(一)冒号的用法

1. 冒号的停顿可大可小

它有时包含在句子之内,停顿较小;有时可以统辖句子,表示相当于句号或者比句号还要大的停顿。例如:

△我在这里散步时,也看到有些人的举止:一是随地吐痰。二是往地上擤鼻涕,这已司空见惯。三是有的年轻人不坐在靠背椅上,而是蹲在椅子上,喝饮料,吃零食,与朋友聊天,当然不脱鞋啰。四是……

这里的冒号颇"大"。它包含了作者所见几项"举止"。"举止"中有句号,统辖了各个句子,停顿大过句号。而如:

△北京紫禁城有四座城门:午门、神武门、东华门和西华门。

这样的冒号包括在句子内,停顿较小。又如:

△嘉年华(carmival):可能源于拉丁文 carmisvale,其意思是"再见了,肉"。这与早先基督教大斋节有关。大斋节前三天禁食和娱乐。此后内容更丰富,包括幸运摩天轮、超级跳楼机、灵异火车等非常刺激的项目。

2. 冒号可提挈下文,也可总结上文

例如:

△党八股第一条罪状是:空话连篇,言之无物。(提挈下文)

△直到十几天之后,这才陆续地知道她家里还有严厉的婆婆;一个小叔子,

十多岁，能打柴了；她是春天没了丈夫的；他本来也打柴为生，比她小十岁：大家所知道的就只是这一点。(总结上文)

(二)破折号、省略号与点号的关系

破折号、省略号的前面，如果是句号，句号可以省略(因为破折号、省略号可以兼表停顿)，用上了也不算错；如果前边是感叹号或问号，就非用不可(因为破折号、省略号不能兼表感叹或疑问语气)。可列为下式：

A. ×××。/，——×××(√) 省略成×××——×××(√)

×××。/，……×××(√) ×××……×××(√)

B. ×××？/！——×××(√) 省略成×××——×××(×)

×××？/！……×××(√) ×××……×××(×)

下边的例子可以说明。

△……领导同志抓住民小罗的手……说道："看，一直往北，走上半天多点，就是班佑——也就走出草地了！"

省略号的滥用，会损害意思表达并显得不真实，如：

※晁东晓九死一生上气不接下气跑进来说："表……表……表哥……不……不得了。……王春娥……她……她家里有……埋伏……孙七他……他……们都叫打……打……打死……死……了……"

共16个省略号，太多了，已是"上气不接下气"了，用那么多省略号损害了表达效果。

在引文中或对话中，只要已有一定的叙述或说明，开头或结尾处就不必用省略号。如：

※邬宗岳盘坐在地上，继续自己的发言："……一八八六年美国芝加哥的工人阶级，为了反抗旧制，进行了不屈不挠的斗争。"

既然有"继续""发言"，便不必用省略号了。

※铁牛快到跟前时，只没头没脑听到这一句："……万家大门上那一张，是张神枪手贴的……"

既然"只没头没脑听到这一句"，用省略号起什么作用呢？开头、结尾的省略号都应删掉。

至于既用省略号"……"，又用"等等"，则是常见错误。二者只用其一。

(三)括号、引号与点号的关系

括号有句内、句外括号之分。句外括号要用在句末点号的后面。括号内部可以有各种点号，包括句号。例如：

△武康是我家，"双创"靠大家。(《莫干山报》标题)

△大暑一声雷，十七八个野黄梅。(天气谚语。"野黄梅"是指雷阵雨天气。)

以上是句外括号的例子。这种括号是注释性的。

句内括号是注释句子中某一词语的，紧接被注释的词语。如果该词语后面本来用点号(句中或句末点号)，则一律用在括号后边。句内括号内可以出现逗号或分号，但不能有句号，末尾也不能有任何点号。例如：

△我今天去飞机场迎接张伯伯(我父亲的老战友、离休干部)，他刚从北京参加老龄工作会议回来。

引号用途很多。凡完整地引用别人的话，末尾点号保留(要放在引号内)。如：

△马克思说："理论一旦掌握了群众，便成为物质力量。"

△关于"猫"的谚语：

"好猫管七家。"

"睡猫面朝天，连日雨绵绵。"

若引文只是原文中的一部分，则末尾的点号不能保留。如：

△20 世纪五六十年代，大家见了面总是说"开会去呀"、"吃了吗"，到八九十年代，可能更多的说"下海了吗"，近十年说得多的就是"单位效益怎么样"、"听说你跳槽了"、"双休日哪儿去呀"。问候语具有了很明显的时代特征。

文学作品的引号用法比较灵活，如：

△小赵说："走，咱们去太湖湖鲜街！"

△"走，"小赵说，"咱们去太湖湖鲜街！"

△"走，咱们去太湖湖鲜街！" 小赵说。

(四)顿号的运用

1.顿号是在并列成分中间用的，是一种小停顿，但如果这些成分说起来是"一气呵成"的内容，则大可不必用顿号，如中央电视台的"东西南北中"包括五个方位词，中间便不必停顿。又如"春夏秋冬都是那一身衣服，贫苦极了。"此处四季间也不必用顿号。口语中已说惯了的，如："她啊，社区小官，管人管物管猫管狗管交通！"话虽较长，但也不必停顿，一口气说出来，反而是对社区小"官"的尊重。

2.用顿号的地方有时可以用"和"、"或"来表示，但也要看场合。例如：

※句子是由词或短语或由词和短语或短语和短语组成的。

这里用了"或"、"和"，把句子的构成说得你眼花。一个词可成句，短语可成句，再加叠也可成句，但十分啰嗦，用个顿号，既简洁又清楚：

△句子是由词、短语组成的。

3.顿号用的不是地方，给读者造成不解。如：

※①中央顾问委员会秘书长、②国家体委顾问荣高棠、③国家体委主任李梦华和中华全国体育总会主席钟帅统等，……

这两个顿号从其本身看没错，但放在一个平面上却显得层次不清。①与②是一个人的两个职务并列停顿,②与③是两个人间的停顿,作用不一样,都用顿号停顿层次自然模糊。补救的办法是“荣高棠”后改逗号。

4.约数不宜用顿号

表约数的相邻整数之间常用顿号(俗叫瓜子点),这是不少人的习惯用法,如“这个人不过三十二、三岁”,其实这是误解。相邻的两个数相连表约数,语音上没有停顿,它们之间是不须用顿号的。目前一些报刊文章甚至文艺作品,屡见的都是用了顿号的。例如:

※忽然间,他看到三、四个人,猛地蹿到一个窗户下……

※他被偷了七、八元钱。

※暑假里我就让招来的七、八十个孩子天天分批训练。

上述三句中的顿号都应删去。

只有在表示(并列的)整数,不表示约数时,整数之间一般有短暂的语音停顿,才用顿号。例如:

△退居二、三线的老同志会聚一起,向一线同志讲述自己以往的工作经验和教训。

(五)关于书名号

书名号,顾名思义是给“书名”加个符号,以便清楚醒目,如:《古代汉语》、《秘书写作》、《周恩来文集》、《鲁迅全集》等等,一般不会用错。但也有这样的情况,例如:

※伯箫的住处,就在我们宿舍的身后,在一个小土坡上盖两间小土屋,起名《山屋》。(土房名,不是书名,“斋名”等也不应视为“书名”)

※这套酒令工具由三样东西组成:一、《论语玉烛》……(文物酒令工具名)

※军官的目光循着镌刻在塔面上的《扶眉战役烈士纪念塔》金色大字徐徐移下,……(塔名,不是书名)

※《专利文献通报——通讯、电子、电力技术》三刊征订和内容介绍

这一例是在“书名号”运用中出的问题。它是一则广告语。粗看标题以为是一份杂志的征订启事,再看内容,却是三种期刊,它们分别是:《专利文献通报·通讯》、《专利文献通报·电子》、《专利文献通报·电力技术》。可见,书名号是专用符号,不可移用。

附:中华人民共和国国家标准·标点符号用法
(Use of punctuation marks)

1 范围

本标准规定了标点符号的名称、形式和用法。本标准对汉语书写规范有重要的辅助作用。

本标准适用于汉语书面语。外语界和科技界也可参考使用。

2 定义

本标准采用下列定义。

句子 sentence

前后都有停顿,并带有一定的句调,表示相对完整意义的语言单位。

陈述句 declarative sentence

用来说明事实的句子。

祈使句 imperative sentence

用来要求听话人做某件事情的句子。

疑问句 interrogative sentence

用来提出问题的句子。

感叹句 exclamatory sentence

用来抒发某种强烈感情的句子。

复句、分句 complex sentence, clause

意思上有密切联系的小句子组织在一起构成一个大句子。这样的大句子叫复句,复句中的每个小句子叫分句。

词语 expression

词和短语(词组)。词,即最小的能独立运用的语言单位。短语,即由两个或两个以上的词按一定的语法规则组成的表达一定意义的语言单位,也叫词组。

3 基本规则

3.1 标点符号是辅助文字记录语言的符号,是书面语的有机组成部分,用来表示停顿、语气以及词语的性质和作用。

3.2 常用的标点符号有16种,分点号和标号两大类。

点号的作用在于点断,主要表示说话时的停顿和语气。点号又分为句末点号和句内点号。句末点号用在句末,有句号、问号、叹号3种,表示句末的停顿,同时表示句子的语气。句内点号用在句内,有逗号、顿号、分号、冒号4种,表示句内的各种不同性质的停顿。

标号的作用在于标明，主要标明语句的性质和作用。常用的标号有9种，即：引号、括号、破折号、省略号、着重号、连接号、间隔号、书名号和专名号。

4 用法说明

4.1 句号

4.1.1 句号的形式为“。”。句号还有一种形式，即一个小圆点“.”，一般在科技文献中使用。

4.1.2 陈述句末尾的停顿，用句号。例如：

a.北京是中华人民共和国的首都。

b.虚心使人进步，骄傲使人落后。

c.亚洲地域广阔，跨寒、温、热三带，又因各地地形和距离海洋远近不同，气候复杂多样。

4.1.3 语气舒缓的祈使句末尾，也用句号。例如：

请您稍等一下。

4.2 问号

4.2.1 问号的形式为“?”。

4.2.2 疑问句末尾的停顿，用问号。例如：

a. 你见过金丝猴吗？

b. 他叫什么名字？

c. 去好呢，还是不去好？

4.2.3 反问句的末尾，也用问号。例如：

a. 难道你还不了解我吗？

b. 你怎么能这么说呢？

4.3 叹号

4.3.1 叹号的形式为“!”。

4.3.2 感叹句末尾的停顿，用叹号。例如：

a. 为祖国的繁荣昌盛而奋斗！

b. 我多么想看看他老人家呀！

4.3.3 语气强烈的祈使句末尾，也用叹号。例如：

a. 你给我出去！

b. 停止射击！

4.3.4 语气强烈的反问句末尾，也用叹号。例如：

我哪里比得上他呀！

4.4 逗号

4.4.1 逗号的形式为“,”。

4.4.2 句子内部主语与谓语之间如需停顿，用逗号。例如：

我们看得见的星星，绝大多数是恒星。

4.4.3 句子内部动词与宾语之间如需停顿，用逗号。例如：

应该看到，科学需要一个人贡献出毕生的精力。

4.4.4 句子内部状语后边如需停顿，用逗号。例如：

对于这个城市，他并不陌生。

4.4.5 复句内各分句之间的停顿，除了有时要用分号外，都要用逗号。例如：

据说苏州园林有一百多处，我到过的不过十多处。

4.5 顿号

4.5.1 顿号的形式为“、”。

4.5.2 句子内部并列词语之间的停顿，用顿号。例如：

a. 亚马孙河、尼罗河、密西西比河和长江是世界四大河流。

b. 正方形是四边相等、四角均为直角的四边形。

4.6 分号

4.6.1 分号的形式为“；”。

4.6.2 复句内部并列分句之间的停顿，用分号。例如：

a. 语言，人们用来抒情达意；文字，人们用来记言记事。

b. 在长江上游，瞿塘峡像一道闸门，峡口险阻；巫峡像一条迂回曲折的画廊，每一曲，每一折，都像一幅绝好的风景画，神奇而秀美；西陵峡水势险恶，处处是急流，处处是险滩。

4.6.3 非并列关系（如转折关系、因果关系等）的多重复句，第一层的前后两部分之间，也用分号。例如：

我国年满十八周岁的公民，不分民族、种族、性别、职业、家庭出身、宗教信仰、教育程度、财产状况、居住期限，都有选举权和被选举权；但是依照法律被剥夺政治权利的人除外。

4.6.4 分行列举的各项之间，也可以用分号。例如：

中华人民共和国的行政区域划分如下：

（一）全国分为省、自治区、直辖市；

（二）省、自治区分为自治州、县、自治县、市；

（三）县、自治县分为乡、民族乡、镇。

4.7 冒号

4.7.1 冒号的形式为“：”。

4.7.2 用在称呼语后边，表示提起下文。例如：

同志们，朋友们：

现在开会了。……

4.7.3 用在"说、想、是、证明、宣布、指出、透露、例如、如下"等词语后边，表示提起下文。例如：

他十分惊讶地说："啊，原来是你！"

4.7.4 用在总说性话语的后边，表示引起下文的分说。例如：

北京紫禁城有四座城门：午门、神武门、东华门和西华门。

4.7.5 用在需要解释的词语后边，表示引出解释或说明。例如：

外文图书展销会

日期：10月20日至11月10日

时间：上午8时至下午4时

地点：北京朝阳区工体东路16号

主办单位：中国图书进出口总公司

4.7.6 总括性话语的前边，也可以用冒号，以总结上文。例如：

张华考上了北京大学，在化学系学习；李萍进了中等技术学校，读机械制造专业；我在百货公司当售货员：我们都有光明的前途。

4.8 引号

4.8.1 引号的形式为双引号" "" "和单引号" '' "。

4.8.2 行文中直接引用的话，用引号标示。例如：

a.爱因斯坦说："想像力比知识更重要，因为知识是有限的，而想像力概括着世界上的一切，推动着进步，并且是知识进化的源泉。"

b."满招损，谦受益"这句格言，流传到今天至少有两千年了。

c.现代画家徐悲鸿笔下的马，正如有的评论家所说的那样，"神形兼备，充满生机"。

4.8.3 需要着重论述的对象，用引号标示。例如：

古人对于写文章有个基本要求，叫做"有物有序"。"有物"就是要有内容，"有序"就是要有条理。

4.8.4 具有特殊含意的词语，也用引号标示。例如：

a.从山脚向上望，只见火把排成许多"之"字形，一直连到天上，跟星光接起来，分不出是火把还是星星。

b.这样的"聪明人"还是少一点好。

4.8.5 引号里面还要用引号时，外面一层用双引号，里面一层用单引号。例如：

他站起来问："老师，'有条不紊'的'紊'是什么意思？"

4.9　括号

4.9.1　括号常用的形式是圆括号“( )”。此外还有方括号“[ ]”、六角括号“〔 〕”和方头括号“【 】”。

4.9.2　行文中注释性的文字，用括号标明。注释句子里某些词语的，括注紧贴在被注释词语之后；注释整个句子的，括注放在句末标点之后。例如：

a. 中国猿人(全名为“中国猿人北京种”，或简称“北京人”)在我国的发现，是对古人类学的一个重大贡献。

b. 写研究性文章跟文学创作不同，不能摊开稿纸搞“即兴”。(其实文学创作也要有素养才能有“即兴”。)

4.10　破折号

4.10.1　破折号的形式为“——”。

4.10.2　行文中解释说明的语句，用破折号标明。例如：

a. 迈进金黄色的大门，穿过宽阔的风门厅和衣帽厅，就到了大会堂建筑的枢纽部分——中央大厅。

b. 为了全国人民——当然也包括自己在内——的幸福，我们每一个人都要兢兢业业，努力工作。

4.10.3　话题突然转变，用破折号标明。例如：

“今天好热啊！——你什么时候去上海？”张强对刚刚进门的小王说。

4.10.4　声音延长，象声词后用破折号。例如：

“呜——”火车开动了。

4.10.5　事项列举分承，各项之前用破折号。例如：

根据研究对象的不同，环境物理学分为以下五个分支学科：

——环境声学；

——环境光学；

——环境热学；

——环境电磁学；

——环境空气动力学。

4.11　省略号

4.11.1　省略号的形式为“……”，六个小圆点，占两个字的位置。如果是整段文章或诗行的省略，可以使用十二个小圆点来表示。

4.11.2　引文的省略，用省略号标明。例如：

她轻轻地哼起了《摇篮曲》：“月儿明，风儿静，树叶儿遮窗棂啊……”

4.11.3　列举的省略，用省略号标明。例如：

在广州的花市上，牡丹、吊钟、水仙、梅花、菊花、山茶、墨兰……春秋冬三季的鲜花都挤在一起啦！

4.11.4 说话断断续续，可以用省略号标示。例如：

“我……对不起……大家，我……没有……完成……任务。”

4.12 着重号

4.12.1 着重号的形式为“.”。

4.12.2 要求读者特别注意的字、词、句，用着重号标明。例如：

事业是干出来的，不是吹出来的。

4.13 连接号

4.13.1 连接号的形式为“—”，占一个字的位置。连接号还有另外三种形式，即长横“——”(占两个字的位置)、半字线“-”(占半个字的位置)和浪纹“～”(占一个字的位置)。

4.13.2 两个相关的名词构成一个意义单位，中间用连接号。例如：

a. 我国秦岭—淮河以北地区属于温带季风气候区，夏季高温多雨，冬季寒冷干燥。

b. 复方氯化钠注射液，也称任-洛二氏溶液(Ringer-Locke solution)，用于医疗和哺乳动物生理学实验。

4.13.3 相关的时间、地点或数目之间用连接号，表示起止。例如：

a. 鲁迅(1881—1936)中国现代伟大的文学家、思想家和革命家。原名周树人，字豫才，浙江绍兴人。

b. “北京——广州”直达快车

c. 梨园乡种植的巨风葡萄今年已经进入了丰产期，亩产1000～1500公斤。

4.13.4 相关的字母、阿拉伯数字等之间，用连接号，表示产品型号。例如：

在太平洋地区，除了已建成投入使用的HAW—4和TPC—3海底光缆之外，又有TPC—4海底光缆投入运营。

4.13.5 几个相关的项目表示递进式发展，中间用连接号。例如：

人类的发展可以分为古猿—猿人—古人—新人这四个阶段。

4.14 间隔号

4.14.1 间隔号的形式为“·”。

4.14.2 外国人和某些少数民族人名内各部分的分界，用间隔号标示。例如：

列奥纳多·达·芬奇

爱新觉罗·努尔哈赤

4.14.3 书名与篇(章、卷)名之间的分界，用间隔号标示。例如：

《中国大百科全书·物理学》

《三国志·蜀志·诸葛亮传》

4.15 书名号

4.15.1 书名号的形式为双书名号“《》”和单书名号“〈〉”。

4.15.2 书名、篇名、报纸名、刊物名等,用书名号标示。例如:

a.《红楼梦》的作者是曹雪芹。

b.你读过鲁迅的《孔乙己》吗?

c.他的文章在《人民日报》上发表了。

d.桌上放着一本《中国语文》。

4.15.3 书名号里边还要用书名号时,外面一层用双书名号,里边一层用单书名号。例如:

《〈中国工人〉发刊词》发表于1940年2月7日。

4.16 专名号

4.16.1 专名号的形式为“____”。

4.16.2 人名、地名、朝代名等专名下面,用专名号标示。例如:

司马相如者,汉蜀郡成都人也,字长卿。

4.16.3 专名号只用在古籍或某些文史著作里面。为了跟专名号配合,这类著作里的书名号可以用浪线“﹏﹏”。例如:

屈原放逐,乃赋离骚;左丘失明,厥有国语。

5 标点符号的位置

5.1 句号、问号、叹号、逗号、顿号、分号和冒号一般占一个字的位置,居左偏下,不出现在一行之首。

5.2 引号、括号、书名号的前一半不出现在一行之末,后一半不出现在一行之首。

5.3 破折号和省略号都占两个字的位置,中间不能断开。连接号和间隔号一般占一个字的位置。这四种符号上下居中。

5.4 着重号、专名号和浪线式书名号标在字的下边,可以随字移行。

6 直行文稿与横行文稿使用标点符号的不同

6.1 句号、问号、叹号、逗号、顿号、分号和冒号放在字下偏右。

6.2 破折号、省略号、连接号和间隔号放在字下居中。

6.3 引号改用双引号“『』”和单引号“「」”。

6.4 着重号标在字的右侧,专名号和浪线式书名号标在字的左侧。

(国家技术监督局1995—12—13批准,1996—06—01实施)

【思考和练习】

1.名词不受副词修饰,那么“人不人”、“山不山”、“最前线”、“今天已经星期五了”、“昨天就你不参加活动”、“偏偏妈妈没来接我”又应该怎样解释？

2.形容词重叠的作用有：①表示程度加深，②带有喜爱色彩，③带有贬义。试分析下列句中形容词重叠的作用。

(1)我长长地叹了一口气。

(2)糊里糊涂的他总是丢三拉四。

(3)山风习习，阴凉阴凉的。

(4)事实摆在这里，清清楚楚，还能否认？

(5)好端端一只花瓷杯被打碎了。

(6)他的字工工整整，叫人看了喜欢。

3.汉语量词十分丰富，但要与一定的名词配合才符合汉语的表达习惯。试在下面的量词后补出合适的名词(数词均为“一”，如“一道河堤”)：

台　把　口　宗　面　管

颗　叶　段　座　幅　场

堂　对　滴　批　列　枚

撮　尊　级　户　栋　笔

4.“增加了多少”和“增加到多少”有什么不同？“减少”和“降低”是什么意思？试举例说明。

5.根据语法特征，给下列各词归类，并列表说明。

(1)进步　进行　进展　(2)热爱　可爱　可惜

(3)放心　放映　放假　(4)充裕　充满　充分

(5)同意　同感　同样　(6)青年　年轻　年长

(7)明朗　明了　明白　(8)效能　效法　见效

6.区分下列时间名词和时间副词。

从来　近来　向来　正在　现在

将来　即将　刚才　刚刚　早已

平时　时常　同时　早上　马上

7.区分下列形容词和副词。

偶然　忽然　居然　泰然　绝然

必然　突然　果然　恍然　悄悄

迅速　非常　平常　努力　偶尔

8.指出下列短语的类型。

语法学习　长城内外　研究方法　学习技术

方针政策　茅盾先生　职业技术　关于生活

十分丰富　学习三年　文秘专业　春秋两季

所见的	是他的	走得了	值得提倡
越级上诉	今冬明春	蜂窝煤	说不尽
凭介绍信	秘书写作	应用价值	具体的

9. 说明下列句子的句型。(示例:主谓句——名词性谓语句)

(1)他撕了照片。

(2)下午风又刮起来了。

(3)傍晚天空乌云密布。

(4)学习也是一种劳动。

(5)菰城遗址在湖州南郊。

(6)"票!"

(7)请勿攀折花木!

(8)一人一颗。

(9)1939 年,南浔丝行。

10. 指出下列各句谓语所属类型。(示例:妈妈送儿子参军。——动词谓语句)

(1)不想去也可以。

(2)这本书的印刷质量之差令我们吃惊。

(3)这两天学校正准备开运动会。

(4)穿的用的样样齐全。

(5)他结识了一位端庄娴淑的大家闺秀。

(6)他慌得手足无措。

(7)他的课特别生动。

(8)这书公家的。

(9)这几年他家更难了。

(10)朝核问题北京六方会谈在即。

11. 下列句中划线的词该怎样改正?

(1)他叫老梁,其实是个青年人,举动很精细。

(2)荔枝蜜的特点是成色纯,养分大。

(3)时间不大,她又被抬回来了。

(4)住在温泉的人,多般喜欢吃这种蜜,滋养精神。

12. 下列各句是连动句还是兼语句,请指出来。

(1)他允许我另定一篇。

(2)我找个人问个问题。

(3)他教我们学习摄影技术。

(4)让我头脑清醒清醒。

(5)他问我一个问题。

(6)我找个人教你。

(7)咱们找个地方说说话儿。

(8)他答应我另写一篇交上去。

(9)他让我狠狠地批评了一顿。

(10)他有个本领是编歌词。

13. 指出下列句中的提示成分或独立成分。

(1)小张！快跟上。

(2)小张，快跟上！

(3)桌上放着三本书：《家》、《春》、《秋》。

(4)相传几千年前这里住着一户人家。

(5)他呀，哼，谁不知道他的为人！

(6)全体社团人员，有的练琴，有的唱歌。

(7)对青年人来说，自学，也是成才的一条途径。

(8)黄山是如此奇丽，我们为她感到无比自豪。

(9)对比赛的输赢，我看，大家不必太认真。

(10)说起来，你要见笑，真的。

14. 下列疑问句中，哪些是“特指问”，哪些是“是非问”，哪些是“选择问”？

(1)那本书你买了没有？

(2)今天会下雨吧？

(3)你到底去不去？

(4)“三个代表”有哪些内容？

(5)说你多少次也不听，几时才能改呢？

(6)就咱俩去？

(7)先生是主张非战的？

(8)简单地说，还是详细地说？

15. 指出下列句子的语法错误并加以改正。

(1)不坚固的房子这次被地震倒塌了。

(2)你们同学有没有到过北京？

(3)你不认为“四化”建设不需要科学技术吗？

(4)关于教育改革，大家有否比较成熟的设想？

(5)主题必有新鲜的内容，但这也不能否认写过的题材和主题一概不能写了。

(6)我不愿把灾祸落在你们俩身上。

16. 下列句子哪些是复句,哪些是单句?

(1)打雷了,下雨了,老头戴上草帽了。

(2)砰,砰,砰!

(3)巍巍的群山,皑皑的白雪,火红的战旗。

(4)石在,火种是不会绝的。

(5)真的猛士,敢于直面惨淡的人生,敢于正视淋漓的鲜血。

(6)只有在特殊情况下,方可改变学年计划。

(7)是你去还是他去,还没作决定。

(8)你也来翻翻当年的相册,找回你的童年,爸爸!

(9)苍黄的天底下,远近横着几个萧疏的荒林,没有一丝活气。

(10)但是,当她拿起手术刀要做手术的时候,有人怀疑说:“女人也能开好刀?”

17. 说说下列复句的类型。

(1)即使今天不下雨,他也不参加大会。

(2)他得了一张奖状,也不能说明他的本领大小。

(3)与其现在休息,不如干完后休息更好。

(4)美国女足即使赢了这场球,中国队也能出线。

(5)除非你亲自去请,否则他不会来。

(6)这只是狼狗所以有些像狼。

(7)只要你打110,问题便可解决。

(8)你就是走,也得给班主任打个招呼。

(9)面对多变的市场,你是占到了主动,还是无所适从?

(10)不要道听途说,人云亦云。

(11)不管你发多大的火,她总是那副温顺可亲的样子。

(12)“没有贫农,便没有革命。”(毛泽东语)

18. 用下列关联词各造一个合适的复句。

(1)不是……而是

(2)不是……便是

(3)不是……就是

(4)不管……也

(5)尽管……也

(6)虽然……还

(7)即使……也

(8)既然……就

(9)如果……就

(10)固然……可

19.指出下列紧缩复句的语法关系。

(1)贴我钱也不去。

(2)玩了却不痛快。

(3)你喝还是我喝?

(4)天一晴就动身。

(5)人再穷也不能志短。

(6)没钱也要上大学。

(7)他麻烦我更麻烦。

(8)不到这一步决不松口。

20.用划线法分析下列多重复句。

(1)最后一个顾客是六点半来的,而且根本不是来吃饭,而是来买盆菜。

(2)崔明估计,她家的人一会儿可能来找的,就是不来,他也要设法如数归还。

(3)按理论,他这家小饭铺是不允许代卖冷饮的,可今天是个盛大的节日,就算让工商局查出来,也没什么大不了的,除非是故意找茬儿。

(4)青年时代,是人们精力充沛、才华焕发的时代,只要他方向对头,只要他肯钻肯干,是可以干出一番惊天动地的事业来的。

21.下列各句有搭配不当的毛病,请指出来并加以改正。

(1)他写的字,稀里糊涂一大片。

(2)目下,要"稳、准、狠"地识别和打击刑事犯罪分子。

(3)要充分发挥老教师的业务水平。

(4)听不进他人的正确批评意见的人是思想觉悟不高的表现。

(5)我院这个经验值得全省有关高校特别是文秘专业教师的重视。

(6)一辆接一辆的卡车,又把这包装得整整齐齐的苹果送到海关码头和火车站去。

(7)瞅老孙头挑个瞎马。

(8)我到过一个小岛,它的面积很小。然而,岛上的生活是多么沸腾呵!

(9)马玲第二次(高考)考试终于录取了。

(10)我把你受表扬的事已经告诉了系里,系领导表示要号召大家向你学习。

22.下列各句是否有成分残缺的现象,如有,请指出来,并加以改正。

(1)下周一下午三时,人文分院和经贸分院篮球友谊赛。

(2)小张愤怒地打碎茶杯这个动作,我认为他发火、激动是可以理解的。

(3)对于文秘专业的学生,今后要当秘书,学点古、今汉语常识,学点中外文学很有必要。

(4)我们必须打破老一套的墨守成规,而以大胆的革命创新精神来进行。

(5)我们自从听了兄弟单位介绍的先进经验以后,我们车间的生产面貌大大地改变了。

(6)领导和辅导员的热情关怀,使我感到不再想家了。

23.下列句中有“多余”的成分,指出并纠正。

(1)本市今年第一起交通肇事逃逸案宣布告破。

(2)母亲也去念(老年)大学去了。

(3)我要到外地去出差几天。

(4)××小商品批发市场欢迎大家前来光临惠顾。

(5)他不愧为是优秀共青团员。

(6)毛主席去许昌,看到到处扎跃进门,毛主席不高兴。

(7)我们节目开播以来,我们得到了广大观众对我们的热情支持。

(8)在会议前,举行了一系列讨论国家国民经济问题的会议。

(9)没有他们,就没有我现在的今天。

(10)外边惟一的亲人就只有一个李玉琴。

(11)我应该努力工作,否则,不努力,就有负大家的重托。

(12)这里与香港直接毗连。

(13)他心里相信,萨达姆政权在四月九日前会垮台。

(14)他出身于一个书香门第的家庭。

(15)这次节目是万隆药业公司特邀点播的。

(16)应该说,三比零,我们胜了。

24.下列句子语序不当,指出来并改正。

(1)在阶级社会里,作为教育的上层建筑也是为一定阶级服务的。

(2)监狱的小窗口,刚毅坚贞地露出一张共产党员的脸。

(3)里屋北院上房,我们老两口住。

(4)神农、黄帝、尧、舜都是夏朝以前传说中的古代帝王。

(5)我们必须有自己的、宏大的、又红又专的一支技术骨干队伍。

(6)忽然,在架子上的小姑娘把小凳取下来让我坐。

(7)很快地,一个打杂的走过来了。

(8)他的白胡子很长,一直从下巴拖到地上。

(9)我们要把中年知识分子用好,充分把他们的积极性调动起来。

(10)一切反动派的倒行逆施,都是完全出自他们的阶级本性所决定的。

25.下列句子有结构等错误,指出来并改正。

(1)如果不采取任何果断措施,苏丹的野生动物就会在短期内绝迹。

(2)一天的活儿半天就干完了,真是事倍功半。

(3)买电冰箱,请买我推荐的容声牌。

(4)“您怎么称呼?”“免贵姓李。”

(5)我们是上个月才乔迁的。

(6)一个大学生在老师为其习作提过意见后写信感谢说:“顷奉大函,对拙作所提意见非常好,我一定照改。”

(7)她托先父的遗荫,巩固了自己的政权。

(8)下面几种说法是否正确?正确说法是什么?

(9)欢迎去人去信选购。

(10)今年我家不收礼,收礼只收脑白金。

(11)(艾琳洗面奶)特别适合任何皮肤。

(12)这些歌手不管他来自内地,还是来自香港,来自台湾,因为毕竟音乐无国界嘛!

(13)田月祥同样不知道他的具体学校名称和地点。

(14)登在一年前的《人民日报》。

(15)队员应该加以调整一下。

(16)运动角逐使人惊心动魄。

(17)……相信读者已引起广泛的兴趣。

(18)国家体育局情报所目前提交一份报告表明……

(19)……保持着严肃的军纪军容。

(20)那自如的神态的确令人倾倒。

第二节 语法与交际

一、语法在现代交际环境中的运用

(一)网络和时尚流行用语的语法特征

1.网络语言

网络语言有广义和狭义之分。广义的网络语言大致可分三类,一是与网络有关的专业术语,如“宽带”、“防火墙”等;二是与网络有关的特别用语,如“黑客”、

“网民”等；三是网民在聊天室和 BBS 上的常用词语，如“美眉”、“恐龙”等。狭义的网络语言专指第三类。

网络语言交际由于其媒介的特殊性，在语法上有其特色。网络语言语句零散、直观，呈现出口语化的特征。无论是聊天还是网上论坛的发言，大多数没有经过长时间的考虑。因此，网上的语言句子短小，表意直接，较少大段的形容和曲折隐晦的表述。信息间的连接依赖语境、逻辑，所以常有大量的省略，在语句上以无主句的形式出现。

由于网上语言交流没有表情、语调或其他态势语言来帮助，所以常用键盘上的符号和字母表现人们的喜怒哀乐。网络用语由此出现符号化的现象，由各种符号构成的词语在某种程度上弥补了纯文字符号交流的不足。如“:)”表示微笑、高兴，“:(”表示悲伤，“^ —^ ”，表示笑脸，“0 0”表示好奇，“???”表示疑问，“!!!”表示惊叹等。这些符号勾勒出漫画图像，诙谐幽默，妙趣横生。网络语言交际主要借助电脑键盘，为求快速输入，某个英文字母、数字、汉语拼音字母常代表了一定的意思，因而网络语言交际出现了汉字、英文、数字与符号混用的现象。如“MP3 时尚一族”、“886(再见了)”等。

2. 时尚流行用语

时尚流行用语包括校园用语和新新人类用语。随着时代的发展，一些新颖的词语，通过大学生的理解和演绎，逐渐形成了富有特色的校园流行用语。时尚流行用语特色鲜明，富有幽默色彩。有的虽然不符合语法，但在现代交际环境中被广泛接受。综观时尚流行用语，大致有以下几种情况：

(1)新的组合

有的校园流行用语运用新的组合，表示一种全新的意思。“伤自尊了”、“酷毙了”、“帅呆了”、“不要太……”等新型组合广泛流行；“很＋名词”按常规不符合语法，但在校园流行用语中得到认同，例如，“很女人”表示“很有女人味”，“很克林顿”表示“不诚实、撒谎”。

(2)外语与汉语的组合

例如“有空 Call 我”、“NO 问题”等。直接将英语的时态与汉语搭配，形成了一种独特的表达方式。如英语现在进行时的语法标志“ing”，与汉语的组合，“幸福 ing”表示“幸福着呢”。

时尚流行用语往往带有随意性，使用无特别理由，且在不断的重复使用中得到认同。如果以句子的形式出现，大多是不完整句，缺少主语或宾语。有时甚至表现为一种结构的套用。

时尚流行用语含义的多样性和丰富性，在不同的语境中表达不同的含义，因而使得话语的信息传递具有模糊性。尽管如此，但由于交际双方有着共同的文化背景，很少有人追根究底。无论是使用者还是接受者，都会利用这一特性适当地为交际服务。

新的语言现象，也对语言规范提出了新的挑战。作为现代秘书，既要讲语言规范，又要顺应现代语言的新潮流，灵活得体地运用语言，使之有效地服务于现代交际。

（二）交际语言句式的变化和选择

汉语的语句按照不同的标准，可以有多种分类。在交际环境中，由于说话的目的不同，侧重点也就不同，因而需要选择不同的句式来表达。俗话说"一句话，百样说"，就是指同一个意思，可以用不同的语句来表达；而不同句式的表达效果并不相同。例如"这事情我是知道的"，表示肯定的语气；要加重肯定的语气，可用反问句"这事情我能不知道吗"；如果说得委婉一些，则可用双重否定句"这事情我不是不知道"。再如，"可否容许我申诉？"与"请容许我申诉！"两句话的基本意思相同，但句子的语气不同。前一句是疑问句，带商量的口气，比较舒缓；后一句是祈使句，有请求的口气，比较坚决，要求申诉的心愿更迫切。

在表达中，有些句子的成分是可以变换位置的。比如把主语和宾语对换，即可产生相反的意义。交际中可以利用这种现象使强调重心转移，从而使自己的思想感情表达得更鲜明、突出。例如美国前总统肯尼迪在一次演讲中向群众呼吁说："不要问你的国家能为你做些什么，而要问你能为你的国家做些什么。"语句的前后顺序一变，就把公民应为国家承担崇高的义务这一论点强烈地突现出来。这种语句的前后颠倒，看起来只是位置的简单交换，但带来的语意重点的转移、强调重心的改变，却产生意外的表达效果。

社交场合应当注意用委婉的口气说话，多用语气亲切、措词谦恭的请求语气的句式，不用命令式语气的语句；多用陈述句和一般疑问句，少用或不用祈使句和反问句，以表示尊重对方。与人谈心或劝导别人时要少用否定句，多用设问句。劝导者与被劝导者由于处境、心境的不同，存在一定的心理距离，主要表现为被劝导者心理具有排他性。直陈其误的否定句只能加大距离，对劝导说服无益。例如，"这样做是完全错误的！""你不能这样说。"等否定句，态度鲜明，刺激性很强，不适宜用于劝导。若多采用设问句，情况就会不同。如"这样做对吗？""这样说对事情的解决有用吗？"等话语，易引发对方的思考，得出有利结果。

与人交谈，可以将对方的语句在句式上略作调整后进行重复，以表示肯定和重视，使对方有一种被认同的感受。即使不同意对方的意见，可以选用"虽然……不过"转折复句，在说出自己想法的同时，也适当肯定对方的意见有一定的道理。例如："虽然我不这样认为，不过你把道理讲清楚了。"使对方感觉到自己的意见被理解。"换了我是你，也会觉得很难办，也许会像你一样。"在心理上赢得对方的信任，紧跟着"但是""不过"一转，再陈述各种利害，分析种种弊端，提出解决方法，使对方口服心服地接受意见。在社交场合，如果出现"冷场"，应当就刚才别人提到的某个话题巧妙提问。如用"为什么"、"怎么样"等疑问句来打破沉寂；或用"真的？""是吗？""确实如此？""太棒了！"等短句给讲话者以支持和肯定。

与领导谈话，可适当使用问句开头，把自己放在一个请教的位置上，然后再阐述自己的看法。如："您看这样行不行？""这样做可以吗？"等等。以请教的方式提出看法和建议，易得到上级的认同和配合。语言交际中，提问的最佳模式是陈述句加疑问缀语。例如，本来想问："您看这件事能在十日以内完成吗？"改为"这件事在十日以内完成，您看可能吗？"将疑问的内容化为陈述句来表述，再附以"您同意吗？"、"您看如何？"等疑问缀语，能拉近与对方心理的距离。

公关广告语言中，为更好地传达信息，塑造形象，沟通情感，就应当细心地选择句式。长句短句各有千秋，长短句兼用，兼取两者之长，会使语言错综变化，疏密有致。短句短小精悍，简捷有力，明快活泼。在广告四大媒介中，电视、广播，时间如金，语言稍纵即逝，用长句买不起"时间"，也适应不了听众的听觉；报纸、杂志，虽然可以适当用一点长句，毕竟还是短句更利于"广告"。因此，公关广告语言中短句往往比长句用得多。一般来说，讲课、报告、演说等口语表达要求多用短句，书面表达多用长句。

总之，在日常交际中应根据语境的不同，注意句式的变化。

二、实训

【实训目的】

了解交际语言句式的变化和选择的规律，能根据语境选择最佳的语言表达方式进行交际。

【实训一】

【材料】

1. 在街上，你向别人问路，人家告诉了你，你可以用"谢谢"、"多谢"表示感谢。

2. 你将钱包丢了，里面有重要的证件和可观的现金，有人捡到送还给你，你可以用"太感谢您了"、"真不知道怎样感谢您才好"来表示谢意。

3. 依靠你的朋友，解决了你本人所不能解决的困难，如何向朋友表示谢意呢？

【练习】

日常交际中表示感谢的说法有"谢谢"、"多谢"、"太感谢您了"、"我永远也忘不了您"、"真不知道怎样感谢您才好"等多种表达形式。这些句子都表示感谢，但各句的语境和语气轻重都有差别。请设计出不同的场合，根据语言环境选择表示感谢的各种表达形式。

训练重点：交际语言句式的变化和选择。

【实训二】

【材料】

1. 用不同的句式提问可能带来不同的销售结果。营业员接待顾客时，询问顾客："您要不要鸡蛋？"顾客可能回答："不要。"如改成选择问句："您要一个鸡蛋还是两个鸡蛋？"顾客就很可能说："一个。"这样，向顾客推销鸡蛋的目的就达到了。

2. 公共汽车上售票员将"还有哪位没买票？"改为"还有哪位没买到票？"后一句子加了"到"字，句子成分细微的变化，显示对人的尊重。饮食店服务员问顾客，将："您要些什么？"改为"您今天要些什么？"加了"今天"，把顾客看成了老主顾，使顾客有一种宾至如归的感觉。

3. 日本战后许多商店因人手奇缺，想减少送货任务，有的商店变换了选择问句中前后两个选项句子的位置，将"是您自己拿回去呢，还是给您送回去？"变为"是给您送回去呢，还是您自己拿回去？"顾客听到后一句，大部分人会说："还是我自己拿回去吧。"商店既不违背服务原则，又达到了减少送货任务的目的。

【综合训练】

根据以上提示，进行模拟训练。

训练重点：交际语言句式的变化和选择。

情景预设：学校为资助贫困学生举行一次"义卖"活动。学生按模拟"义卖"的要求分成若干个义卖工作人员组和顾客组，配备"义卖"物品若干，进行"义卖"活动。

【实训三】

【材料】

一项成功的谈判，应该是双方达成协议，各有所得，互利互惠，而不是一方独得胜利。谈判双方应该完全平等，相互尊重，处于友善的气氛中。谈判中，无论是买主还是卖主，都可借助提问的方式来了解对方的情况。

1. 作为买主，在讨价还价时，可提出下列问题：

假如我们订货的数量加倍或者减半呢？

假如我们和你们签订一年的合同或者更长时间的合同呢？

假如我们减少保证金，你有何想法？

假如我们自己提供材料（工具或技术资料）呢？

假如我们要求改变产品的规格呢？

假如我们采取分期付款的方式呢？

假如我们自己解决运输问题呢？

2.当买主想取得对方的情报，获取所需要的信息时，可以提出下列问题：

请问为什么半个月后才可以发货？

请问这批货物的出厂价是多少？

请问提货地点在哪里？

你能否说明一下，这种类型的商品的修理方法？

如果我们大批订货你们能否按时供应？

贵方有没有想过要增加生产，扩大一些交易？

3.作为卖方，在谈判时，可提出下列问题：

您想订多少货？

请您考虑签订一份三年的合同，好吗？

我们的价格如此低廉，您一定会感到吃惊吧？

您是否调查过本公司的信用情况？（自信和自豪）

这个问题解决了，我们可以签订协议了吧？

您问的问题我都答复了，怎么样，请您考虑我的条件吧？

您想知道的情况就是这些，您要的数量大些，就可以享受优惠价格，这个条件可以接受了吧？

4.谈判中，一般不要打断对方的话，这是对谈判对方的礼貌和尊重。但倾听并不意味着始终保持沉默，在谈判中适当插话，对方可以从中得到肯定或否定的语言反馈，这对于谈判的顺利进行是有利的。谈判中常用的插话句式有：

我理解。

我明白。

是的。

请再说下去。

还有其他情况吗？

5.谈判中的插话可以使用“重复”、“概述”等方法。

当谈判对手谈及一个新问题时，为了明确含义或突出其重要性，可以用这样的句式重复或概述其要点：

您的意思是不是……

我想你大概讲……

用您的话讲，就是……

您刚才说……

听您所说，大致是这样吧……

这样的重复或概述，可以使对方感觉到自己的意思被理解。如果能够表达出对方想说而没能说清楚的话，就更能赢得对方的好感，使谈判顺利进行。

【综合训练】

根据以上提示，创设一个谈判的场景进行模拟训练。

【实训四】

关注生活中的语言现象

北京广播学院的学生以中央电视台6个频道共140个栏目名称为对象，从构成角度等方面进行总体分析。

(一)用句子命名(共5个，占3.6%)

如：天涯共此时、让世界了解你、祝你成才。

(二)短语或词语类栏目名称结构分析

1.名词性短语和名词(100个，占69%)

(1)偏正关系的名词性短语(85个)

①表方位和地点的词做修饰语，如：东方时空、台湾百科、西部音画。

②表时间的词做修饰语，如：当代工人、千秋史话、每日资讯。

③其他，如：军事天地、欢乐家庭、开心辞典。

(2)并列关系的名词性短语(6个)

如：人与自然、电视你我他。

(3)名词性合成词(9个)

如：视觉、魅力、生活、家园、人物。

2.动词性短语和动词(32个，占22.8%)

(1)偏正结构短语(3个)

如：现在播报、天天饮食、天天快乐。

(2)并列结构短语(2个)

如：劳动·就业、探索·发现。

(3)动宾结构短语(4个)

如：今日说法、走遍中国、走进台湾、走进科学。

(4)动词性合成词(6个)

如：对话、讲述、聊天。

(5)宾语前置的结构(17个)

如：银幕采风、新闻联播、焦点访谈。

3.主谓结构(1个)：夕阳红。

4.成语(1个)：异想天开。

5.由数字组成的栏目名(1个)：12/12。

(三)结果分析

1.央视栏目命名的主要特点:平面式的凝滞感。

原因(1):名词性短语和名词是节目命名的主要方式。

说明:偏正式名词性短语85个;并列式名词性短语6个;名词9个。

原因(2):使用温和型动词降低了动词短语的冲击效果。

说明:140个栏目名称中,只有"拼"("锅碗瓢盆大比拼")和"击"("快乐点击")这两个词具有爆发力。而且动词前也很少运用表示程度的修饰词语去加强动词的冲击性(仅有"科技博览"的"博"和"锅碗瓢盆大比拼"的"大")。

2.表空间概念的词语的运用增强了栏目名称的立体感觉。

对比:"地球故事"和"地图上的故事"中心词都是"故事"。修饰词"地图"给人的感觉是平面的,而修饰词"地球"给人的感觉是立体的,相比之下,立体修饰词给予了受众一种心理上的暗示,即栏目的内容更加广博。

其他例子:东方时空、国防时空、绿色空间。

3.宾语前置是新颖的命名方式。

原因:这种结构上的安排,使前置的宾语突出了栏目内容,为随后的动词带来了动势冲击。如:焦点访谈、新闻联播。(邢欣主编《都市语言研究新视角》)

【综合训练】

1.点击歌名——语言现象分析与文化信息传递的调查

2.透视畅销书书名——语言现象分析与效果调查

3.聚焦手机短信用语——语言现象分析与信息传递的调查

第六章　语言在交际中的综合运用(上)

第一节　口头交际语言概述

随着改革开放的深入和市场经济的进一步发展,人们比以往更加需要协作与交流,并且形成了多渠道、多形式、灵活开放、自由竞争的态势,社会交际活动也日益频繁和活跃。“欲交往,言为先。”由此,口头交际语言这一最基本、最便捷、使用率最高的交际工具,则经常地担负着每个人社会交际效率高低甚至成败的重任,较强的口语交际能力也成为了每个社会人适应现代社会交际最基本的能力需求。我国古代刘勰曾经说过:“一人之辩,重于九鼎之宝;三寸之舌,强于百万之师。”在西方也有“善言可息怒,良言胜重礼”的说法。当今的时代是一个现代传声技术飞速发展的时代,口语交际再也不受时间和空间限制。秘书在日常工作中,语言表达和文字处理是其两大工作内容,具备良好的语言表达能力就显得尤其重要。

一、口头交际语言与语境

口头交际语言,简称“口语”,又称有声语言,《现代汉语词典》给口语下的定义是:“口语就是说话时使用的语言。”它是一种自然语言,是一种明白晓畅、生动活泼、情感丰富的言语,是语言的基本表现形式。根据交际所使用的语言形式的不同,可以把言语交际分为口头交际和书面交际。与书面语言相比较,口语产生在先,书面语言是在有了文字之后,在口头语言的基础上创造出来的。因此,口语是书面语言产生和发展的源泉,它们相互影响、相互依存、相互转化而共同存在、共同发展。口语是运用有声语言,通过口说耳听进行交际的;书面语言是应用文字,通过手写眼看来传递信息的。

人们的运用语言总是处在一定的语言环境之中,并且受到环境的制约。口头交际语言的运用也不例外。所谓语境,就是语言环境,是语言交际所处的现实环境或具体情景。语境存在于一切形式的语言交流活动中,只要有语言的交流,特定的语境就会自然而然地形成。反过来，语言交际活动又是在一定的语境中发生的，并受到语境的影响。语境与语言的关系极为密切，它在语言的研究及其使用上，具有相当重要的作用。

语境是言语表达和领会的重要背景因素，口头交际语言的表达应当适应特定的语言环境，包括社会环境、自然环境、交际对象、交际时间、交际空间、交际双方的各种相关因素，如交际双方各自的身份、职业、文化层次、思想性格、心理特征以及表达领会的前言后语和上下文。我们强调口语表达必须切合语言环境，就是指语言运用时要与所处的语言环境和空间相切合、相适应。为此，我们在交际过程中应该重视以下几个方面的问题：

(一)重视交际对象的特点

在交际语言的运用中必须重视交际对象的特点，根据对象特点选择恰当的语言表达形式。作为信息传递一方(社会组织)所传递的信息，常常会受到实际参与传递信息一方自身的文化、习俗和经验等因素的影响。例如有这样一个笑话，讲的是一位老伯去医院看病，医生给他开了药并告诉他："药效八小时。"老伯回到家便躲进屋内，半天不出来，老伴推门进去一看，只见老伯一人在屋内"嘿嘿"傻笑，见他的老伴进来就说："别吵，医生说了，要笑八小时。"

这则笑话说明在交际过程中，如果不考虑对方的实际情况，信息流通渠道就会因此而出现偏差，甚至"阻塞"，交际也会随之而停止。明代赵南星在他所著的《笑赞》中也讲过一则类似的笑话：

一秀才买柴，曰："荷薪者过来"。卖柴者因"过来"二字明白，把柴担到他面前。秀才问："其价如何？"因"价"字明白，说了价钱。秀才又说："外实而内虚，烟多而焰少，请损之。"卖柴者不知说甚，荷担而去。这其中的秀才，由于不看交际对象的特点，一味"之乎者也"，导致信息传递中断。我们在实际交际过程中，必须根据交际对象的特点选择语言表达形式，使各种因素互相适应，以增大信息的流通量，提高信息传递的正确率。

(二)重视交际的时间、地点、场合因素

运用语言进行信息传递，离不开一定的时间、地点和场合，要使这种传递活动获得好的效果，语言运用必须与特定的时空条件和场合相适应。

合适的语言环境有助于增强语言的表达效果。1979 年邓小平访问美国，在卡特总统举行的欢迎宴会上，他说："我们来到美国的时候，正好是中国的春节。"为体现这次出访的重要意义，他用"一元一复始，万象更新"体现出了这既是新年的开始，又是中美关系史上一个新时代的开始。邓小平巧妙地运用了时间，从而揭示了这次访问的重要意义。

20 世纪 60 年代，我国外交部长陈毅同志访问亚洲某国。在一次集会上，当一位宗教界的长老代表万名僧众向陈毅外长赠献佛像时，只见陈毅同志虔诚而高兴地双手捧过佛像大声说："靠老佛爷保佑，从此我再也不怕帝国主义了。"话音刚落，全场大笑，气氛十分活跃。作为共产党人的陈毅在这样一个外交场合，巧妙地将自己对该国的尊重和共产党人的信仰这两层含义体现出来，收到了很好的效果。

为了正确有效地理解对方话语的准确含义，必须充分利用言语的环境。时间、地点等言语环境越具体，表达越可以简略；对于领会来说，言语环境越具体，领会越轻松容易，判断越可靠。不熟悉具体的时间地点，就会发生误解。如电影《黑炮事件》写了一个工程师棋迷，一次在旅馆 301 室与别人下棋，发现少了一个黑炮。离开旅馆后他打电报对那位对弈者说："失黑炮 301 找。"棋友熟知言语环境，理解电报不成问题，但邮局发报员和公安人员由于不明白具体的言语环境，便产生了误解，认为"黑炮"和走私犯的黑货一样，"301"是个暗号。于是公安部门立案侦查，工程师所在单位不让他参与接待外国专家的工作，使国家损失数十万元。

（三）重视文化环境因素

"切境"还需作文化背景的思考，要注意不同文化、亚文化所带来的语言运用、理解方面的明显差异性。例如我们与同事、朋友或邻居间询问"一早到哪儿呀"、"饭吃过了吗"，我们习以为常地认为这是问候、打招呼，会使人感到亲切友好，甚至能起到联络感情的作用。但在一些外国人听来却会引起误解和不快，问他(她)们饭吃过了吗，会被认为你要请他们的客，可是我方仅作问候用，并无下文；问他一早上哪儿去，他会认为你在干预他的私事。据说李鸿章当年出访美国，有一次宴请当地官员，宴前说了如下一段话："我们略备粗馔，没有什么可口的东西，聊表寸心，不成敬意，请大家包涵……"结果承办宴席的美国老板却理解为李鸿章故意败坏他饭店的名誉，提出控告，要求李鸿章赔礼道歉。

从上述例子可以看出，善于根据环境的特点，随机应变，熟练地驾御语言，对于交际目的的实现是至关重要的。由于中外生活习惯的差异，许多国内司空见惯的话题往往是触犯外国人禁忌的敏感内容。因此，我们在与外国人打交道时，尤其要注意回避对方忌讳的话题。例如，过分地关心他人的行动去向，了解他人年龄、婚姻、收入状况，询问他人身高、体重等，都会被外国人视为对其个人自由的粗暴干涉，是交谈所不宜涉及的。

二、秘书口语交际的特点和用语原则

在秘书活动中，大量的信息都要通过秘书的口头表达来传递。如向领导汇报情况、请示问题、提出建议，向下级有关部门传达领导的指示，沟通情况、协调关系，对外接待来访、调查研究等等，都要求秘书人员具备较强的口头表达能力。

（一）特点

秘书口语交际的基本特点主要表现在以下几个方面：

口齿清晰，语音规范；

用语得体，语调委婉；

概念准确，主题集中；

条理清楚，逻辑严密。

通常情况下，一个好的秘书都具有较高的语言运用技巧和交际能力，这是长期磨炼和工作性质所决定的。

（二）用语原则

秘书口语交际的用语原则集中体现在以下几个方面：

1. 沟通信息，上情下达

在日常工作中，秘书要经常充当“二传手”，不管是传达领导的指示，还是反映员工的心声，都要明白无误，语言明晰，绝不含糊其词，模棱两可。

2. 适时进言，得体有效

秘书要讲究说话的场合，重视语言环境，注意把握分寸，出言审慎。领导也是人，每天需要处理的事情很多，也不能保证面面俱到。秘书要随时做好上司的“高参”，适时提醒领导或提出合理的建议，使问题得以顺利解决。

3. 说服调节，协调关系

秘书在日常工作中，说话要幽默风趣、委婉含蓄，讲究语言技巧，使相互之间的关系协调，从而使工作顺利地开展。例如，有时候，领导也难免一时冲动，或是批评不当，或是处事不公，以致于在上下级之间造成矛盾和隔阂。秘书这时候就要及时调解双方的冲突，化干戈为玉帛。

4. 迎来送往，办事灵活

在日常工作中，秘书处事要灵活，考虑问题要周全，善于应变。比如，领导不愿见的人，或者不便出面处理的事，都要秘书来摆平。秘书既要不得罪人，又要把事情圆满地处理好，没有好口才显然是不行的。

5. 注意角色，不断提高

秘书说话要合乎秘书人员的身份和地位，要体现秘书人员的素质和修养。同时，秘书应注意自己平时的一言一行，要不断提高自己的综合能力。

综上所述，良好的口才堪称是一个秘书的立身之本。要建立、维系、强化良好的社交关系，离不开对促进相互沟通、了解、合作的语言技巧的掌握。因此，秘书在语言沟通中，必须讲究语言信息传递艺术，注意说话的方式和技巧。

第二节　口语交际艺术

一、日常交际语言艺术

中国有句俗语:"与君一席谈,胜读十年书。"日常交际语言的表达是人们在日常活动中人际交往的重要形式,通过人们相互之间的语言交流,可以促使交际双方交流思想,沟通情感,消除误解,说服劝导,增进友谊,促进工作,愉悦身心。它是一种明白晓畅、生动活泼又不失典雅庄重的言语表达活动,同时也反映了说话人品德、知识、思维等综合素养。

日常交际语言的表达,需要交际双方根据特定的语言环境恰当地选择自己交谈的形式,组织交谈的内容。交际语言技巧的运用,会直接影响到交际目的的实现,像在社交场合应酬寒暄、介绍拜访都离不开日常交际语言,使用范围十分广泛。

(一)称呼与问候

称呼与问候是沟通人际关系的信号和桥梁,是表达情感的重要手段之一。一声充满感情的称呼、一句礼貌得体的问候,不仅体现出一个人诚恳有礼的品质,而且使对方感到愉快、亲切,易于融洽双方的情感,为进一步交往打下基础。在日常交往中,称呼与问候语言的使用是很有讲究的,必须慎重对待。

1. 称呼

选择正确的、适当的称呼,既反映着自身的教养,又体现着对他人的重视程度,有时甚至还体现着双方关系所发展到的具体程度。尤其是在初次交往中,如果称呼不当会引起情感上的障碍,造成对方的不满或反感。

(1)称呼的方式

姓名称呼——如"张三、李四、陈丽"等。姓名称呼一般适用于年龄、职务相仿,或是同学、好友之间,否则,就应将姓名、职务、职业等并称才合适。

职务称呼——如"王局长"、"范经理"。

职业称呼——如"张医生"、"李老师"、"律师"、"营业员"等。

拟亲称呼——如"唐爷爷"、"胡叔叔"、"王阿姨"等。

一般称呼——如"先生"、"小姐"、"夫人"、"女士"、"同志"等,这是最常用、最普通的称呼。

在一些涉外活动中,应按照国际通行的称呼惯例,如,对成年男性称"先生",在知道对方的姓名时,最好称"××先生";对未婚女子可称"小姐";对已婚的女子称“夫人”;对不知道已婚未婚女子,可称“女士”;对有学衔、军衔或技术职称的人士,称他们的头衔,如“××博士”、“××教授”、“××将军”,也可称“××先生”,如“上尉先生”等;对相当于部长以上的官员,可在称呼后面加上“阁下”两字以示尊重,如“×长先生阁下”或“大使先生阁下”。

(2)称呼应注意的事项

①讲究尊重,善用尊称

尊称是指对人尊敬的称呼,现在常用的尊称有:“您”——您好,请您……是使用频率最高、应用范围最广的称呼;“贵”——贵宾、贵姓、贵校、贵公司;“大”——恭候大驾、尊姓大名、大作;“老”——老书记、您老、王老等,是对德高望重的年长者的称呼;“高”——高寿、高见;“芳”——芳名、芳龄等。

②称呼得体,把握分寸

首先,称呼要依照习惯。按一般习惯,我们不说“老科长”、“老讲师”;对党务工作者,应以“同志”相称,称“先生”会显得不伦不类。其次,合适的称呼也与性别因素有关。对初入中年的女士,尽量不用“老×”相称,以“老”相称,她会相当敏感,但对男士以“老×”相称,会让他有一种成熟感,觉得你看重他。另外,在庄重的社交场合不应使用时下流行的称呼语,如:称自己的同事(尽管关系很好)为“哥们儿”、“老大”,这是既失礼,又失自己身份的。另外像“师傅”、“小鬼”等具有地域性特征的称呼,不宜不分对象地滥用。在正式场合,也不宜使用简化性的称呼。例如,把“张局长”、“王处长”称为“张局”、“王处”,就显得不伦不类,又不礼貌。

2. 问候

问候亦称问好、打招呼。一般而言,问候是人们与他人相见时以语言向对方进行致意的一种方式。一个人在接触他人时,不主动问候对方,或者对对方的问候不予以回应,通常会被认为傲慢无礼,目中无人,这是十分失礼的。

在交际场合所使用的问候用语,主要有以下两种形式:

(1)直接式。所谓直接式问候,就是直截了当地以问好作为问候的主要内容。它适用于正式的人际交往,尤其是交际双方初次相见。如,可以根据不同的时间主动问候:“您好”、“早上好”、“下午好”、“晚上好”;向客人道别时,可以向对方说:“晚安”、“再见”、“明天见”、“希望您再次光临”;当节日到来时,可以向对方表示节日的祝贺:“春节快乐”、“新年好”、“祝您圣诞快乐”;对方过生日或结婚喜庆活动,可以向主人表示祝贺:“祝您生日快乐”、“祝你们新婚愉快、白头偕老”;对方生病时,则应表示关心,可以说:“请您多加保重,早日康复”等等。

(2)间接式。所谓间接式问候,就是以某些约定俗成的问候语,或者在当时条件下可以引起的话题,诸如,“你吃了吗”、“忙什么呢”、“您去哪里”,来替代直接式问好。它主要适用于非正式交往,尤其是经常见面的熟人之间。随着时代的发展,问候用语也难免打上时代的烙印,如见面时问"你在哪里发财?"这是这几年才兴起来的一种问候语。

问候是敬意的一种表现。在问候他人时,应该主动、积极、热情而友好,自然而大方。矫揉造作、神态夸张,或者扭扭捏捏,都会给他人留下不好的印象。

(二)介绍与交谈

1. 介绍

有人说:"介绍是一切社交活动的开始。"介绍得体,会为以后的深入交流与沟通奠定基础;介绍不当,就会使双方失去交往的兴趣与热情,进而影响到日后的交流和沟通。介绍是交谈的第一步,一般可以分为自我介绍和介绍他人。

(1)自我介绍

自我介绍意在使对方了解自己,尽可能为自己提供方便。从某种意义上说,自我介绍是进入社会交往的一把钥匙。把握好这把钥匙并能得体运用就可使你在社会交往中给人一个最佳的"第一印象",为今后双方进一步交流沟通奠定良好的基础。因此,自我介绍是形成社交"首因效应"的一种最重要的方法与手段。

自我介绍的语言运用,应该掌握以下几种技巧:

第一,自信大方,繁简得当。人们初次相见,相互之间都有一种了解对方并在他人心目中塑造良好"第一印象"的愿望,都有一种渴望得到对方尊重的心理。清楚明确地做自我介绍并借助介绍来表达自己的友善、尊重和愿望,泰然自若,大方得体,这是一种自信的表现。一般而言,人们对自信坦诚的人,都会产生好感与相识的愿望。反之,如果你自我介绍时嗫嚅模糊,羞怯,会使人感到你不能把握自己,也难以在他人心目中留下良好的第一印象。当然盲目自信、自视过高、目中无人地介绍自我,同样会引起对方的反感,影响彼此之间的沟通。

另外,进行自我介绍应根据社会交往活动的目的、场合和对方的需要来决定繁简程度。在一般情况下,自我介绍应简短明了,你只要把自己的姓名、身份、目的、要求介绍出来就可以了,如某公司销售科长在一次社交活动场合这样介绍自己:"您好!我是××公司销售科的汪大有,今后希望各位经理多加指教。"话毕面带微笑向周围的人双手捧上自己的名片。这样几句简单的自我介绍借助了自然语言和体态语言的巧妙结合,介绍时只说自己是销售科的,而具体职务让名片作进一步补充。这比"我是××公司销售科长"这样直白式的介绍更巧妙,更容易给人留下谦恭得体的良好印象。而在有的场合作自我介绍就应当详细具体,例如,"你好,我叫张勇,我在宏达电脑公司上班。我是李海的大学同学,都是广州人。"这里就把自己的姓名、所在公司名称以及与交往对象的某些熟人的关系和籍贯等进行了介绍。在求职面试时应该进一步介绍自己的学历、资历、性格、专长、经验、能力、爱好等等。

第二，掌握分寸，措词得当。自我介绍不仅仅是对自己基本情况的客观陈述，还包含着自我评价的成分。自我评价应掌握好分寸，既不能过高，给人一种高高在上、自傲自大的印象；也不能过低，显得缺乏自信，丧失展示自己形象的机会，应以给人留下美好的印象为目的。概括地说应该做到自谦、自信、自知。

自谦。谦虚是一种美德，在介绍自己的能力、特长等时，要留有余地，要避免使用“很”、“第一”、“最”等表示极端的词，尽量多摆事实，少下评语。如在求职面试时进行的自我介绍，最好在对自己的基本情况进行客观陈述时把各种能证明自身实力的材料拿出来，可以说：“这是我的学习成绩，请您过目”，“请看这是我的获奖证书”，“您看这是我在×刊物上发表的文章”等，这比自己过多过高的空口的评价效果要好得多。

自信。自我介绍时，对自己的能力、特长要敢于肯定，以自己的坦诚自信使人产生好感，萌生接近的愿望。进行自我介绍，态度一定要自然、亲切、随和，应落落大方，彬彬有礼。

自知。在做自我介绍时能剖析自身短处，实事求是，真实可信，不可自吹自擂，夸大其辞。这样才会使对方更尊重你，信任你。有时还可以借助一点诙谐幽默，增加些语言风趣性，这样能缩短彼此距离，表现出自己的活泼近人。

第三，得体有礼，有始有终。自我介绍的用语应文雅、得体。如：“我是××公司公关部经理×××，请多指教。”要抓住时机，在适当的场合进行自我介绍。如在对方有空闲，而且情绪较好，又有兴趣时，这样就不会打扰对方。当主动介绍自我时，应适时使用一些表达歉意的语言。如“恕我冒昧”，“对不起，打扰您了”等，表示与对方相识的愿望与原因。同时，介绍应有始有终，相应使用一定的应答语来表达自己的谢意与愉悦。如“真高兴能与您相识”、“久仰大名，认识您十分荣幸”等。

(2)介绍他人

介绍他人，亦称第三者介绍，它是指经第三者为彼此之间互不相识的双方所进行的介绍。介绍他人通常要把其姓名、职务、特长等说清楚，内容要根据社交的目的而有所选择、侧重。

介绍他人有一定的规则，这些规则既是一种礼仪规范，也是一种行为要求。

①介绍要讲次序。也就是说，在介绍他人时，介绍者具体应当先介绍谁、后介绍谁，要十分注意。标准的做法是“尊者居后”。即为他人作介绍时，先要具体分析一下被介绍双方的身份的高低，应首先介绍身份低者，然后介绍身份高者。具体而言：把年轻者介绍给年长者；把职务低者介绍给职务高者。如果双方年龄、职务相当，则把男士介绍给女士；把家人介绍给同事、朋友；把未婚者介绍给已婚

者;把后来者介绍给先到者。

②介绍要注意礼节。在介绍他人时要注意礼貌,使用尊称、谦词、敬词。如"这是王教授"、"这是李校长"等。介绍他人之前,一定要征求一下被介绍双方的意见,如:"请允许我介绍你们认识一下"、"我介绍你们认识,好吗"、"我能把我的这位朋友介绍给你吗"等,这样可以使双方都有思想准备,切勿上去开口即讲,显得很唐突,让被介绍者感到措手不及。介绍完毕后,应彼此问候对方。如"你好"、"很高兴认识你"、"久仰大名"、"幸会幸会"等,必要时还可以进一步作自我介绍。

③介绍要恰如其分、实事求是。说话要清楚明确,不要含糊其词,更不能拖沓累赘。介绍时语言的信息量要适中,只要讲清姓名、身份、单位,能为双方攀谈引出话题即可。要把握好介绍的分寸,恰如其分,实事求是。不要夸大其辞,名实不符,切忌刻意吹捧被介绍者。虚假的介绍,一方面令被介绍者感到不自在,另一方面会使与之交往的人了解真相后产生反感。被介绍者在介绍者询问自己是否有意认识某人时,一般不应拒绝,而应欣然应允。实在不愿意时,则应说明理由。

④介绍要热情大方、方法灵活。介绍他人态度要诚恳热诚,使人感到和蔼可亲,给人留下难忘的印象。在朋友之间可用轻松、活泼的方式,如:"小张,这就是我经常提到的好友小汪,这位是我们公司鼎鼎大名的推销经理小张"等。对两位素不相识的人进行介绍,不仅要介绍各自的姓名,还应善于穿针引线,多介绍一些对方的情况,又如:"小汪,你不是正在学习摄影技术吗?让我来介绍一下,这位是姜先生,他的摄影技术堪称一流,前几天又有几幅作品被选送参加展览。"又如:"小李,这位是苏先生,是某某大学的广告教授。你不是正在搞一个广告设计吗,苏先生在这方面颇有研究,写了好几部关于广告设计的论著。"这样的介绍能够架起两者交谈的桥梁,增进双方的了解。

2.交谈

交谈是人们日常交往的基本方式之一。美国著名的语言心理学家多罗西·萨尔诺夫曾说:"说话艺术最重要的应用,就是与人交谈。"从广泛意义上来讲,交谈是人们交流思想、沟通感情、建立联系、消除隔阂、协调关系、促进合作的一个重要渠道。

交谈是一个双向或多向交流过程,需要各方的积极参与。因此在交谈时切勿造成"一言堂"的局面。自己发言时要给其他人发表意见的机会,别人说话时自己要适时发表个人看法,互动式促进交谈进行。

语言是交谈的载体,交谈过程即语言的运用过程。语言运用是否准确恰当,直接影响着交谈能否顺利进行。因此,在交谈中尤其要注意语言的使用问题,不能随心所欲,应注意以下几个方面:

第一,目的明确。在交谈中所使用的语言应当明确交际的目的,目的不同,交流形式也不相同。有的是为办一件事情而有求于他人;有的是向他人陈述一件事或说明一个道理;有的是向别人提出问题而期待答复等等。交际双方的每一句话都应是为传播一定的信息或表达一定的思想服务的,说话者必须根据交流对象的具体情况进行交谈,不仅要使对方能听“懂”,还要使人听了“心动”,能与你产生共鸣,愿意听你的表达。因此,在相互交谈时务必使用目的明确的语言。目的不明确,语言表达就会不着边际,让人“丈二和尚摸不着头脑”,容易出现交流信息中途受阻的情况。例如,有位刚工作不久的办公室秘书,工作积极主动,常为公司的工作放弃节假日休息时间。一次总经理来办公室检查工作。为引起总经理的注意、关心和称赞,他向总经理述说自己工作如何繁忙,无暇顾及家中之事。不料他的上司却打起了官腔说:“年轻人,不要怕苦怕累嘛。”一句话说得这位年轻的秘书心情沮丧。如果这位总经理能紧扣交流感情这一目的,对这位秘书说些理解与安慰的话,就会调动激发这位秘书的工作热情,使他在情感上得到满足。

第二,通俗文雅。用语是否通俗文雅,是对交际对象尊重与否的直接体现,也是个人修养高低的直观表露。交谈时,语言的通俗主要是要集中精力选用那些通俗化、大众化的词语,最好是让人一听便懂。如果过于雕琢,甚至咬文嚼字、矫揉造作,满嘴的专业术语和子曰诗云,堆砌词藻、卖弄学识,则只会让人闻之生厌,不知所云。交谈中应经常使用基本词、常用词、口语词,较少使用地方色彩很浓的方言词(同乡间除外),减少使用深奥难懂的语言。在句式的使用上多用陈述句和一般疑问句,少用或不用祈使句和反问句;多用委婉的商量语气,少用或不用命令式语气;用语必须文明礼貌,落落大方,使交际在互尊、互益的前提下,增加文明、庄重的色彩。文雅用语还常常在一些正规场合使用,主要是用以替代那些比较随便的、甚至是粗俗的话语。使用文雅用语能体现出一个人的文化素质以及尊重他人的品质。例如,把胖人(尤其是女性)说成是“富态”、“丰满”;把瘦人说成是“苗条”、“清秀”等。

第三,简洁清晰。交谈的过程实际上是交际双方相互间信息沟通、交流、反馈的过程,双方可以边谈、边听、边观察。当一方发出某一信息时,必须得到另一方的信息反馈,交际才能顺利进行,他一方面是要把自己想说的表达清楚,另一方面还要根据从听者那里反馈来的信息及时调整自己表达的内容和方式,使言语更好地为完成特定任务而服务。因此,在日常交际往来中,交谈的语言应力求简单明了,要言简意赅地表达自己的观点和看法,切忌喋喋不休、啰啰嗦嗦。

第四,随机应变。语言表达者应善于根据特定的语言环境及时调整自己讲话的内容,随机应变。不同交谈场合有不同的表达要求。如日常见面寒暄,话题可以比较轻松、自然,而庄重的谈话就要求话题必须集中,要有较强的逻辑性。因此,交谈者应根据特定的场合采用适当的表达语言,灵活应变,做到心到、耳到、眼到，确保交际目的的顺利实现。如，艾森豪威尔在1948—1950年间担任哥伦比亚大学校长。有一次，艾森豪威尔去参加一个盛大的宴会，按惯例要安排许多知名人士发表演讲，而艾森豪威尔被安排在最后。等到每位演讲者都滔滔不绝演讲完之后，时间已经很晚了。轮到艾森豪威尔时，出席宴会的人员已经坐立不安，见此情形，艾森豪威尔就决定放弃原来的题目，站起身来，提醒听众说，写文章作演说离不开标点符号，“今晚，”他说，“诸位，就让我充当一个标点——句号好了。”说完后，台下响起一阵热烈的掌声。

从这个事例中，我们可以看到善于把握语境和听众的情绪并且及时调整语言内容十分重要，艾森豪威尔如果不根据当时的语言环境随机转换话题，调整讲话内容，绝对不会赢得听众的注意，更难收到良好的效果。

(三)致谢与致歉

得到他人的帮助后应及时表示感谢；由于某种原因打扰、影响别人，或是给别人带来某种不便，应该及时赔礼道歉。受惠不谢，知错不改，是极为失礼的。

1.致谢

(1)方式

表达感谢的方式多种多样，主要有口头致谢、书信致谢、中转致谢、电话致谢、网上致谢等。口头致谢是应用最多的一种感谢方式。

(2)方法

发自内心，态度诚恳。如：“多亏你帮忙，不然我真的不知如何是好”、“真得好好谢谢你，不然我是一点办法也没有”。致谢不应只是礼节上的客套，而是诚心诚意的，饱含感情的。

表达感谢之意要及时，要选择恰当的时机给予回报与酬谢。如：感谢他人的酒宴招待，应及时称赞菜肴的可口美味，厨艺上乘；委托他人代办某事不妨答谢“真是给您添麻烦了”，“太感谢您为我办了这件事”等等。

致谢要结合相应的体态语言：面带微笑注视对方，表情自然大方，加强感情的交流。

2.致歉

与人交际往来中，说错话、做错事是在所难免的，有时还会得罪人，甚至会使人遭受精神上的打击。这时，如果能及时认识自己的错误，坦诚致歉，主动承担责任，在一般情况下，是会得到对方的谅解的。明知自己做错了事却故意狡辩或固执己见，这样不仅不能得到别人的谅解，反而会影响人们对你的正确评价。勇于认错是一种难得的品德。

表示歉意常用的词语有：“对不起”、“请原谅”、“很抱歉”、“打扰了”、“给您添麻烦了”等等。

致歉应注意以下几个方面：

第一，要诚恳。“负荆请罪”的故事就是一个很好的例子。诚恳就是在致歉时要坦诚、真诚，大方自然。检讨、纠正错误是一种美德，因此不必感到难为情。另外，不应借道歉而讨好他人，这是虚伪的表现。

第二，要及时。如因一些小事打扰别人或引起别人的不快，应马上道歉，有时还应主动提出赔偿。

第三，要灵活。发现错误如感到难以表达或担心出现令自己难堪的场面，可采用替代的形式。如可以通过书信、由第三者转达等方式。

（四）赞美与批评

1. 赞美

美国心理学家威廉·詹姆士说过：“人类本性上最深的企图之一是期望被赞美、钦佩、尊重。”人，总是喜欢被赞美的，真诚的赞美往往使人终身难忘。马克·吐温曾说：“我能为一句赞美之辞而不吃东西。”的确，赞美能催人奋进，可以激起人的自尊心，激发人的积极性和创造性。同时，赞美可以缓解矛盾，甚至化险为夷。恰当地称赞对方就会赢得他人的好感。然而，赞美也须讲究艺术，方能达到预期的效果。

第一，赞美要出自真诚。诚心诚意，发自内心的赞美才能引起被赞美者的心理共鸣。缺乏真情实感的、言不由衷的“赞美”，是难以打动人心的。如“久仰大名，如雷贯耳”之类的言辞，给人一种恭维奉承，缺乏诚意的感觉。

第二，赞美要得体。所谓得体，就是既要对成绩、优点作全面的实事求是的评价，给予充分的肯定，又要注意分寸，切勿言过其实。得体而恰当的赞美，才会使被赞美者感受到你的赞美是情真意切的，否则就会适得其反。例如，某单位有位职员的书法练得不错，另一个职员称赞道：“你的书法恐怕在天下也数第一了。”试想，这样过分夸大的赞美有谁能接受呢？总之，过频的赞美会使赞美显得廉价，过分夸大的赞美显得虚伪做作，庸俗的赞美近于献媚，令人讨厌。

第三，赞美要根据特定环境，把握时机。曾经有一个人去拜访新认识的朋友，他的朋友偶然提到喜欢收藏各种书籍，他要求欣赏一下。接着他以羡慕的眼神参观了主人的精心收藏，并一再表示这些收藏是多么难得。结果，那天主人的心情格外开朗，谈话的气氛也格外融洽。

赞美应该根据特定的环境注意分寸的把握。对学有建树、事业有成之人，我们给予恰当准确的赞美能给人以积极向上的力量，而当他人受到挫折而心情郁闷时，你如能找准切入点把握时机称赞他的长处，定会使他重新振奋，产生较好的激励作用。

2. 批评

在日常生活或工作中,人们针对一些错误的言行,不可避免地会产生一些批评意见。批评与表扬一样,也属于激励的一种方法,其目的是为了限制、制止或纠正某些不愉快的行为。如果把生活中的赞美比作阳光,那么批评就应该是雨露。它是对"过失者"的一种关心与负责任的督促。指出他人的缺点与错误,找出其薄弱环节,意在使其今后扬长避短,更好地为人处世。这是对"过失者"最大的关心,最大的爱护,也是对其最负责任的表现。但批评语言如果使用不当,也可能出现意想不到的事情。某学校一位教师因使用了不恰当的方式批评班上的一位学生,结果第二天学生留下一张字条,离家出走了,字条上写的是:"某老师,我受不了你的那种批评方式,万一我有三长两短,与你有关。"这说明要想让被批评者心服口服地接受批评,必须讲究批评方式,注意批评艺术。批评就好像在病人身上动手术,出了偏差,就会伤人。批评他人时,应注意以下几点:

(1)批评应注意使用恰当的方法,以情动人

"动人心者莫先乎于情",批评必须具有诚意。冷若冰霜,动辄训人,往往适得其反,易使他人产生逆反心理。"良药苦口利于病,忠言逆耳利于行",古人把"忠言"与"苦药"等同,足见批评的话确实不中听。因此,开展批评时,要讲究一点语言艺术,像药师在"良药"外包上糖衣一样,把批评的话变得顺耳、悦耳一些。例如:有位女职员,一大早匆匆赶到公司,迟到了一分钟。公司经理当即严厉地说:"迟到了!——扣奖金。"当场把这位女职员训哭了。另有一位厂长见到一位因理发迟到的青年工人,拍拍他的肩膀说:"小伙子,发型变了,挺帅的。但是迟到不应该,快去车间多加把劲,把任务赶回来。"还有一位厂长见到一位跑得气喘吁吁、汗流满面的工人,迎上去安慰说:"别着急,看你跑得上气不接下气的,准是家里有什么事耽误了时间吧?"

以上这几位领导采取的批评方式不同,效果也明显不同。第一位领导,态度严厉,语言中缺少人情味,效果是消极的,女职员的哭只是感到委屈,并不一定能认识到自己的错误;第二位领导的批评之中有鼓励与信任的成分,这位工人定会在行动上弥补自己的失误;第三位领导的言辞体现出一种关怀,这位工人定会更加认真地完成任务以报答领导的关心与体贴。

(2)批评必须实事求是,不要动不动就上升到道德的高度

生活中,每个人的言行都不可能完美无缺,有时会有一些疏忽,有时会产生一些闪失,这都是难免的。有一次一个女孩在修鞋摊上修鞋,恰好遇见学校的几个同学,兴高采烈地说了一阵话后,竟忘了付修鞋钱。就在她穿上鞋刚要离开的时候,背后传来那个修鞋师傅的声音:"人长得倒还标致,却有点不厚道。"旁边还有人发出了笑声。女孩的脸腾地红到耳根,同时她也感到气愤,怎么能那么轻率

地给她这样的批评？

(3)批评宜间接委婉，忌以“恶语伤人”

有一则故事可以给我们以启发。齐景公酷爱狩猎，非常喜欢喂养能捉野兔的鹰。饲养员烛邹不小心让一只老鹰飞走了。景公知道后，命令将烛邹推出去斩首。这时晏子走出来，对景公说：“烛邹有三大罪状，哪能就这么轻易杀了，待我公布他的罪状后再处死吧！”景公点头同意。晏子当着众人的面对烛邹说：“烛邹，你为大王养鸟，却让鸟跑了，这是第一条罪状；你使大王为了鸟的缘故而杀人，这是第二条罪状；把你杀了，让天下诸侯都知道大王重鸟轻士，这是第三条罪状。”说完，转过来对景公说：“好啦，大王请你处死他吧！”景公听后脸红了，说：“不用杀了，我听懂你的话了。”从表面上看，晏子是在数烛邹的罪状，实际上却是在批评齐景公的重鸟轻士，并指出了它的危害。间接而巧妙的批评，使景公心悦诚服.主动改正了自己的错误。批评是一种感情强烈、情绪激动状态下的言语交流方式。被批评者容易接受和风细雨式的批评方式，而对粗言粗语、命令训斥的批评方式产生逆反心理。

(4)批评要对事不对人

在开展批评时，态度要诚恳、分寸要适度，既要有理有据、客观公正，更要和颜悦色，善于用平和的语气、中听的措辞，以消除对方对批评的反感。批评时，要对事不对人，宜采取商讨式、双向交流式，一般可用“我想”、“我觉得”、“我个人认为”等语气来向被批评者表明其批评意见纯是个人针对具体事情的看法，使被批评者感到你是为了沟通，而不是为了教训人，这样才容易使对方接受。切忌用“你应该怎样，不应该怎样”、“我早就料到会是这样”、“瞧你这德性”、“你叫我说什么好”之类的套话。这类语言易使批评对象产生逆反心理，拒绝进行合作，甚至还有可能使被批评者反唇相讥，双方反目为仇。

(5)一般不要当众批评

当众批评他人，尤其是当众批评那些有一定地位、身份的人士，难免会让他的自尊心受到伤害。而当着部下的面训斥一名部门经理或当着孩子的面批评他的父亲，都会让后者长时间地“抬不起头来”，或许还会因此而对批评者心存怨恨。不当众批评他人的主要原因是为了尊重被批评者，不使之难堪。在工作中除非绝对必要，不要在大会场合、办公室内当众批评他人。如果有条件，可以找机会与对方单独交谈。由于不在他人面前进行批评，哪怕规劝批评的话说得重一些，也易于为对方所接受。

(五)拜访与接待

1. 拜访

拜访是重要的社交活动，它可以联络感情、交流工作和增进友谊。同时，拜访又是一种礼节性很强的社会交流活动，稍有疏忽，就会影响相互间的关系和友谊。因此，拜访应注意以下几个方面：

(1)事先有预约。不论因公还是因私而需拜访他人，都要事前与被访者电话、口头或书信联系，预先约定一个合适的时间，不可不打招呼贸然前去。联系的语言可以先自报家门(姓名、单位、职务)；再询问被访者是否在单位(家)，是否有时间或何时有时间；然后向对方提出访问的内容(有事相访或礼节性拜访)，使对方有所准备，并在对方同意的情况下约定具体拜访的时间、地点。拜访时注意要避开吃饭和休息，特别是午睡的时间。最后，应对对方接受拜访表示感谢。

(2)语言要礼貌简洁。拜访时跟主人谈话，语言要客气、有礼。例如，到达拜访地点后，必须向对方问候。如果与主人是第一次见面，应主动而礼貌地递上名片，或作自我介绍。主人让座之后，要口称“谢谢”，主人递上烟茶要双手接过并表示谢意。起身告辞时，要向主人表示“时间不早了，我要告辞了”、“打扰了”等表示歉意之语。出门后，应回身主动伸手与主人握别，说“请留步”、“请回”。待主人留步后，走几步，再回首挥手致意“再见”。拜访时间长短应根据拜访目的和主人意愿而定，一般宜短不宜长，特别是晚上更是这样，第一次拜访应以20分钟为好。

2. 接待

接待是迎送客人时所使用的一整套社交活动形式，它能向客人展示自身良好的精神风貌，使交际双方的联系越来越密切、越来越和谐。古人云：“有朋自远方来，不亦乐乎。”然而，主雅才能客勤。接待语言的得体使用是把握广交朋友的良机、促进双方友谊良好发展的重要因素之一。

(1)注重接待的礼节，热情周到。如果来访者是预先约定好的重要客人，则应根据来访者的地位、身份等确定相应的接待规格和程序。在办公室接待一般的来访者，谈话时应少说多听，最好不要隔着办公桌与来人说话。对来访者反映的问题，应作简短的记录。客人来访时，要热情地招呼客人“请进”、“请坐”、“请不必拘束”。举止大方，口齿清楚，要把客人介绍给家里其他人，把客人让到显位或尊位之上。要尊重客人的意愿，掌握适度原则。对于很要好的老朋友，不必过分客套，但也要准备茶点、糖果热情招待，使之感到就像到家了一样。如来客是来表示慰问的，要向对方表示诚挚的谢意。对方告辞时，要起身相送，互道“再见”。

(2)接待语言要简洁得体。接待时应视来访者的身份、来访的目的、接待的地点不同，语言安排要有所不同。谈话应开门见山，不要海阔天空，浪费时间。正在接待来访者时，有电话打来或有新的来访者，应尽量避免中断正在进行的接待。

对来访者的意见和观点不要轻率表态，应思考后再作答复。对一时不能作答的，要约定一个时间再联系。与被接待者的意见相左时，不要争论不休，要简洁而有效得体地处理好各类问题。

(3)接待语言要委婉礼貌。对来访者的无理要求或错误意见，应有礼貌地拒绝，不要刺激来访者，使其尴尬。如果要结束接待，可以婉言提出借口，如"对不起，我要参加一个会，今天先谈到这儿，好吗？"等，也可用起身的体态语言告诉对方就此结束谈话。客人要告辞时，你可以婉言相留："如果不忙，就多坐一会儿。"等客人站起来后，主人再站起来，用礼貌的语言向客人道别，目送客人远去，不能客人还没离去，主人却早已消失了。

(六)安慰与劝导

生活中每一个人都有安慰和劝导别人的时候。安慰与劝导，是沟通心灵的桥梁，是医治心病的良药。从被安慰和劝导者心理出发，选择合适的安慰与劝导方式，是使安慰与劝导产生良好效果的必要条件。

1.安慰

俗话说危难显真情。一个人工作中遭受困难挫折，或是家中遇到什么不幸，情绪非常低落、极感痛苦忧伤时，往往最需要他人的安慰，如果此时你能够给予他及时的安慰，让对方把心中的烦恼和痛苦诉说出来，便能使其稳定情绪，去除或减轻哀伤。在适当的时机，还可以给予对方一定的支持与鼓励，帮助他解决困难。安慰他人时，在语言上应注意以下几点：

(1)语调适度，语意清晰。在安慰他人时，语调要深沉舒缓，将关心与同情之意充分表达出来。语调应避免尖锐、油滑，语言切忌随意、放肆、轻浮，否则就会给人以"彼方悲伤之日，即是我方开心之时"的幸灾乐祸的感觉。

(2)语言真诚，安慰及时。安慰，首先要表现得"患难与共"。不论是表情、神态，还是动作、语言，都应当显示出安慰者的真诚之心、体贴之意。倘若敷衍了事或漫不经心地讲一些空话、套话，或是一些缺乏真诚的陈词滥调，就失去了安慰的意义。同时，还要将真诚的安慰语言及时地传达给自己的交谈对象，使语言像"雪中送炭"一样温暖对方孤寂和伤感的心灵。

(3)注意分寸，灵活运用。安慰语的重点是关心、体贴与疏导。在使用过程中不宜矫枉过正，表现过分。若是一见面就"人未语，泪先流"，搞得被安慰者伤心落泪，恶化其情绪，这也是不应该的。比如：看到病人消瘦憔悴，不要惊恐万状，愁眉苦脸，应像平时一样亲切、热情。"报喜不报忧"，尽量多谈一些有助于病人增强信心、感到宽慰的话语。

2.劝导

在现实生活中，人们对自身存在的问题或错误往往看不清，劝导作为一种极有征服力的口语表达方式，能够从清醒的旁观者的角度，对迷惘者进行开导和规劝，能够排除人们思想上的烦恼，减轻精神上的痛苦，消除工作上的障碍。一般情况下，劝导有着疏通、开导、安慰、告诫、抚慰以及激励、释疑的多种功能，在协调人际关系、教育净化人们心灵等方面具有积极作用。劝导时，有以下几个方面需要我们认识和把握。

(1)注意情感的渗透

要想使对方接受你的劝导，必须注意借助于情感的作用拨动其心弦，引起对方的共鸣。如当一个人遇到挫折，精神处于迷惘状态时，劝说者应用情感的力量拉近与被劝说者的距离。情感的渗透包含三个方面的意思：一是要具有极大的同情心。既要同情对方遇到的困难不幸，又要体谅其心境。二是要有理解之心。要能够站在对方的角度看问题，对对方的观点、立场表示理解。三是要尊重对方。通过对他人的尊重，使相互间的心理距离缩短，使对方不由自主地向你打开心扉。

(2)讲究劝导的技巧，以理服人

要使别人口服心服，还要学会讲道理，以理服人。劝导时，若能采用得体适当的方法，可以收到更好的效果。例如，对工作受挫者，应多一些激励，鼓励其从跌倒处爬起来，再接再厉，奋起直追，增强其战胜困难的信心；对生活困难者，可询问其具体的难题，并给予力所能及的援助。有时，恰当地运用幽默，也能使紧张、严肃的情境变得轻松、自然，收到明显的效果。例如，在美国，一条公路在大海边拐弯，交通部门在此所竖的警告牌上这样向司机发出警告：“如果你的汽车会游泳的话，请照直开，不要拐弯。”这种诙谐幽默的警告，既不失真诚、严肃，又能调节气氛，确实很高明。

(3)语言选择适当，委婉得体

在劝导他人时，应注意语言的选择要适当，不要使用嘲讽、指责的语言。例如说：“当初我也碰上过这事，但我可不这样”，“瞧瞧，我原先说什么来着，‘不听好人言，吃苦在眼前’”，这都显得很没有水平。劝导他人时，应善于与被劝导者进行一些交流。要根据对方的具体情况，当讲则讲，不当讲则不讲。对他人不愿讲的问题或不愿触及的问题，不要刨根问底，让人家重新触及烦心事。

学会运用语言技巧安慰和劝导他人，缩短相互之间的心理距离，使交际对方愿意把心中不顺心的事情说出来，使痛苦郁闷的感觉逐渐消失，而劝说者此时的每一句话对被安慰与劝导者来说不啻是一种甜蜜。

(七)禁忌与委婉

1.禁忌

社交场合的语言交流应从对方的角度考虑，恰当地选用语言，尊重另一方。因此，应注意以下几个方面的禁忌：

(1)谈话的内容应避开疾病、死亡、灾祸以及其他不愉快的话题,以免影响情绪和气氛。对方反感的话题也应该知趣地回避。如谈论一些稀奇古怪、荒诞离奇的事,易使人感到缺乏教养、素质低。

(2)谈话中一般不要询问妇女年龄、婚否,尤其是西方女性对年龄和婚姻十分敏感,认为这些是个人的隐私,他人不得涉及。不要询问对方工资收入、财产状况、个人履历、服饰价格等私人生活问题。欧美人很忌讳这类提问,认为这是对对方的不尊重,侵害对方的隐私权,是一种极为失礼的行为,同时对方还会认为提问者缺乏教养。

(3)谈话中一般不要涉及某人的宗教信仰、禁忌和特殊的风俗习惯。

2. 委婉

委婉是运用迂回曲折的语言,向交往的对方表达真实意思的方法与手段。使用委婉用语能够让对方在细细品味曲折含蓄的语言之后,接受你的观点,取得共识,达到“言有尽而意无穷,余意尽在不言中”的效果。

在日常的交际往来中,人们会遇到一些不该说,不便说,或是由于语言环境的限制不能直说的话,因此不得不“遁辞以隐意,序譬以指事”。例如,当有一位朋友不邀而至,闯进了你的办公室,而你因忙碌没有时间和他交谈时,如果直接告诉他“你来得真不是时候”,“我现在没时间,你以后再来吧”,或对其采用冷淡的态度,都有可能得罪人。这时就应使用委婉一些的语言,不仅可以暗示对方应尽早离去,而且还不至于使其难堪。可以在见面之初,一面真诚地对其表示欢迎,一面婉言相告:“我本来要去参加公司的例会,可您这位稀客驾到,我岂敢怠慢。所以专门告假五分钟,特来跟您叙一叙。”这句话的“话外音”,即是暗示对方“只能谈五分钟时间”,但因说得不失敬意,对方对你的告白定能理解。委婉用语主要有以下几个方面的作用:

(1)利用委婉用语批评容易使人接受

20 世纪 50 年代,某单位请陈毅作报告,为了“像样点”,讲台上铺了洁白的台布,花瓶里插了鲜花,还备了茶点水果。陈毅见了这般情景,挥手让把花瓶移到台下,撤去了糕点之类,然后风趣地说:“我这个人作报告很容易激动。激动起来就会手舞足蹈,这样花瓶放在台上碍手碍脚,说不定碰翻砸碎了,我这个供给制市长还赔不起呢!”陈毅同志利用自身的豁达豪爽风格,借助委婉语言对当时作报告的现场布置进行了含蓄的批评,这不仅使报告的开场白形象、生动,为整个报告创造了很好的氛围,而且也使人们自省自悟,领会到作报告的环境与报告内容必须一致。

(2)借助委婉用语可以使你避免尴尬,维护自尊

生活经验证明,使用委婉用语表达某种意思,常比直抒己见要婉转、高雅。有

一次，一英国电视台记者采访知青出身的作家梁晓声，要求梁晓声毫不迟疑地回答他将提出的问题。梁晓声点头认可。遮镜板啪的一声响，录音话筒立即伸到梁晓声的嘴边，记者问："没有文化大革命，可能也不会产生你们这一代青年作家，那么文化大革命在你看来究竟是好还是坏?"梁晓声一怔，提问竟如此之刁。但他灵机一动，立即反问："没有第二次世界大战，就没有以反映第二次世界大战而著名的作家，那么你认为第二次世界大战是好还是坏?"这里梁晓声以巧妙的、委婉的方式维护了自尊，有力地回击了英国记者的挑衅。

(3)采用委婉用语认错容易获得谅解

直接向别人认错当然更好，但如果碍于面子不便直言认错时，可以使用委婉用语来求得他人的谅解。古时，一位理发师给宰相理发，修面修到一半时，停下刮刀直眼注视宰相的肚皮。宰相纳闷，问："你看我肚皮干什么?"理发师说："常言宰相肚里能撑船，我看大人的肚皮不大，怎么能撑船?"宰相一听，哈哈大笑："那是说宰相的气量大，对一些小事都能容忍，从不计较。"理发师这时"扑通"跪下说："小人该死，方才修面时不慎刮掉了您的眉毛。大人气量大，请恕罪。"宰相一听无可奈何，只得装作大度的样子，说："算了。拿笔来。把眉毛画上吧。"

(八)提问与妙答

1.提问

提问是一种语言艺术，恰当使用，有助于相互沟通交流。"善问者能过高山，不善问者迷于平原。"提问往往是交谈的起点，在交际时启开话题，拓展对方言路，决定交谈沿着自己希望的轨迹发展下去。提问直接影响到交际的效果，交谈中不善提问，常会使交谈失败。

提问是引导话题、展开谈话或话题的一个好方法。提问有三种功能：一是通过发问来了解自己不熟悉的情况；二是将对方的思路引导到某个要点上；三是打破冷场，避免僵局。

提问有多种类型。根据问题的形式可以分为封闭式问题和开放式问题两种。封闭式问题的答案只能是是或否，只应用于准确信息的传递。例如："我们开不开会?"只能答"开"或"不开"，信息非常明了，而不能问"下午开会的情况怎么样"。开放式问题，应用于想了解对方的心态，以及对方对事情的阐述或描述之时。例如："我们的旅游计划怎么安排?"、"你对近一段工作有哪些看法?"、"在这种氛围下工作你有什么感觉?"我们每个人都有强烈的倾诉欲望，通过开放式问题，可以让对方敞开心扉、畅所欲言，让他感觉到你在关心他，这也是关怀的一种艺术，就是要问寒、问暖、问感受、问困难等。

根据提问的效果可以分为无效提问和有效提问两类。无效提问是强迫对方接受的一种无需回答或无法回答的发问。例如："你什么调查都没做，凭什么提出这套方案来?”、“你对这个问题还有什么意见?”有效提问是确切而富于艺术性的一种发问。

那么,怎样做到“有效提问”呢?

首先应注意内容,要因人而异,对性格直爽者,不妨开门见山,直言不讳;对脾气倔强者,要迂回曲折;对于敏感多疑者应把握分寸、三思而行;对平辈或晚辈,要真诚坦率;对文化较低者,要问得通俗;对心有烦恼者,要体贴谅解,问得亲切。不要问对方难于应对的问题,如超出对方知识水平的问题、专业技术问题等;也不应询问人们难以启齿的隐私,以及冒昧地问宾客的工资收入、家庭财产、个人履历等大家都忌讳的问题;等等。

其次是掌握时机,注意发问方式。问答是双向活动,必须使对方乐于回答。会不会问,怎么问,问什么,直接影响交际效果。有这样一个故事:两名教士去教堂作祈祷,其中一名教士问他的上司:“我在祈祷时可以抽烟吗?”这个请求遭到拒绝;另一名教士问:“我在抽烟时可以祈祷吗?”上司答道:“可以。”同样的要求,从不同的角度提问,收到的效果却是截然不同的。因此,提问要掌握时机,注意发问方式,在问话后还要察颜观色,从对方表情中获得信息反馈。对方低头不语或答非所问,可能是他不感兴趣或不能回答,就要换个提法再问;对方面露难色或有疲劳厌倦感,就不能穷追不舍,应适时停止。在提问时,有些人频频发问,无休无止,容易使对方无所适从;也有些人不待对方回答就转入新话题,或是自问自答,这都会让对方觉得你忽视了他的存在。提问的人应对发问方式进行设计。比如来了一位来自西安的客人,你若这样问:“你是西安人吧?”“陕西比浙江冷吧?”等等,对方恐怕只好一次又一次地重复“是”。这不能怪客人不健谈,而是这种笨拙的发问也至多能回答到这个程度。如果你换一个问法:“这次到此地有什么新的感触?”“西安现在建设得怎么样?有什么新闻?”不但可以让对方介绍一些你所不了解的新鲜事,还会让客人充分叙述自己的感受而使气氛自然融洽。

再次,提问要尊重他人,灵活应变。文明礼貌是融洽交谈气氛的润滑剂。提问时要恰当地使用表示尊重的敬语,如:“请教”、“请问”、“请指点”等,表示谦恭的谦语:“多谢你提醒”、“您的话使我茅塞顿开”、“给您添麻烦了”等。在对方答话离题太远时,还应善于用委婉语控制话题:“请允许我打断一下……”、“这些事你说得很有意思,今后我还想请教,不过我仍希望再谈谈开头提的问题……”,自然地把话题引回来。

如果你提的问题对方一时回答不上来,或不愿回答,不宜生硬地追问或跳跃式地乱问,要善于调换话题。如果对方仅仅是因为羞怯而不爱谈话,你就应先问点无关的事,比如问问他工作或学习的情况,等紧张的气氛缓和了,再把话题纳入正轨。可以用问问题的方式表示出你对对方的重视,从而表现出你的诚心。提问时还要尊重对方，不要提使人为难的问题，也不要使人感到你是在有意探听别人不愿谈及的事情。如果别人对你提出的问题总是有所回避，就不要一再追问，而应设法转移话题。提问还可起引导话题、转换话题的作用。

2. 妙答

每个人都会应答，但不是每个人都懂得应答的语言艺术。即使是回答同一个问题，不同性格、职业、阅历的人，可能有不同的回答，而效果也会是不同的。成功的应答应建立在善于听话、准确把握中心、迅速判断对方说话动机的基础上。妙答并不是一件轻而易举的事，一是要准备充分，应答自如；二是要冷静沉着，充满自信；三是要机智敏捷，灵活应变。巧妙地应答，是一个人学识、修养的综合反映。

(1)妙答中见机智

有时在回答问题时，讲几句富有哲理的话、俏皮话，或讲一段笑话，会使谈话活跃、气氛欢快，甚至可以排难解结，使某些难于解答的问题迎刃而解。例如：1962 年我国打下一架 U-2 高空侦察机，许多外国记者想乘机了解我国导弹的发展情况，就问陈毅外长 U-2 飞机是怎么打下来的？陈毅风趣地回答说："是用竹杆子捅下来的呀！"引起大家哄堂大笑，从而避免了生硬地回答"无可奉告"。

(2)妙答中见胆识

1999 年 4 月 8 日，时任国务院总理的朱镕基和美国总统克林顿在白宫举行联合记者招待会。当记者提出有关"中国威胁论"的问题时，朱镕基说："你们美国是世界上最大的发达国家，你们拥有的核武器数量是中国的几百倍，武器也是世界上最精良的，高科技是世界上最发达的，手段也是最先进的，你们还担心什么？"话至此处，麦克风突然出了点小毛病，喜欢幽默的朱镕基迅速捕捉眼前发生的情况，见机幽默地说："可是你们美国的麦克风不是最先进的。"此言一出，台下哄堂大笑，打破了原来的紧张局面。

朱镕基利用麦克风出了点小毛病这个突发情况与语境"美国是世界上最大的发达国家"的严重不协调，形成了幽默，从而使紧张的气氛趋于缓和，充分展示了作为大国总理叱咤国际风云的气魄和胆识。

(3)妙答中见诙谐

幽默诙谐的回答，往往妙趣横生，有时还能借题发挥，达到交谈的目的。有位美国朋友对作家王蒙进行采访，问他 20 世纪 50 年代的王蒙和 70 年代的王蒙有哪些地方相同，有哪些地方不同。王蒙回答："50 年代的我叫王蒙，70 年代的我还叫王蒙，这是相同的地方；50 年代的我 20 多岁，70 年代的我 40 多岁，这是不同的地方。"

二、演讲语言艺术

文学创作中有“无巧不成书”之说，其实，这绝非仅仅是文学创作的经验之谈。大凡成功的演讲，也往往包含“巧”的艺术。演讲的艺术技巧对于演讲者，犹如游泳术对于游泳健儿一样，没有精熟高超的游泳术，便不可能成为游泳名将，而不具备娴熟的演讲艺术技巧，也不可能作出感人至深的演讲。

演讲首先是一种听觉艺术。有声语言，是演讲者与听众交流信息的最主要的工具和渠道。有声语言表达，最基本的要求是：语音清晰、语言规范；进一步要求是：抑扬顿挫、流畅自如；最高要求是：丰富多彩、声情并茂。这三种要求，明显地划出低、中、高三个层次。

演讲所运用的有声语言的表达技巧，包括语音表达和语义表达两方面内容。

（一）语音表达技巧

包括用声、使用重音、使用停顿、语速运用、语气运用等技巧。

（二）语义表达技巧

在演讲中，演讲者的思想精深、学识丰富及才华横溢，都首先要靠语义的表达来体现。形式为内容服务，如果语义干瘪、肤浅，无文采，少深意，那么再出色的语言表达技巧都将失去其价值和意义。演讲作为一种具有较强的审美价值的艺术化的宣传教育形式，它要求语言必须具有相应的艺术性，尤其是语义表达必须做到以下几点：

准确贴切。演讲语言要有科学性，遣词造句能够贴切地表情达意，如实地反映客观事物的实际面貌。

简洁明快。即要求表达的内容简短明了，集中概括；表达的思路清晰，主干突出；表达的方式结构简约，短句多，节奏感强。

通俗平易。要使语言通俗平易，可多用口语化、规范化语言。除了在特定地区用特定的方言作演讲外，一般演讲都要求用规范化的语言，即大多数人能听懂的普通话，使用词语也要规范，尽量少用听众不熟悉的文言、方言和生僻词语、专业术语。多用丰富而精练的大众化语言，如成语、谚语、歇后语、俗语等。在演讲中恰当使用这些语言，不仅使演讲语言显得生动活泼，富有表现力，而且使听众感到亲切自然，通俗易懂。

形象生动。演讲语言要新鲜活泼，能绘声绘色、活灵活现地表现思想感情和客观事物，这是演讲语言艺术化的标志。要使演讲的语言形象生动，就不能不讲究修辞。修辞主要包括选词练句和运用修辞格。演讲中常见的修辞格有：

1. 排比

排比就是把结构相同或相似、语调一致、意思密切关联的句子或句子成分排列起来,使语势得到增强,感情得到加深。在演讲中恰当地运用排比,可以增强语言的气势、条理、情感和韵律。用它说理,可使论述细密严谨;用它叙事,可使事物集中完整;用它抒情,可使情感激越奔放。例如,美国黑人民权运动著名的领袖马丁·路德在华盛顿示威游行集会上的一段演讲:

我们来到这个圣地还是为了提醒美国,现在已到了非常紧急的时候;现在既不是贪图安静,也不是服渐进主义止痛药的时候;现在是把民主的诺言变成现实的时候;现在是从种族隔离的黑暗荒凉的山谷爬上阳光普照的种族平等道路的时候;现在是把我们的民族从种族不平等的沙流中解救到兄弟般关系的坚硬岩石上的时候;现在是为了所有上帝的孩子把公平变成现实的时候。

这里连用了六个“现在是……的时候”为标志的分句排比,大大增强了演讲的情感、气势和艺术魅力,使这个反对种族主义的演讲具有很强的鼓动力和号召力。运用排比应注意:必须从思想内容的需要出发,不能生硬地拼凑排比的形式,以免失之于滥。

2.反复

为了突出某个意思,强调某种感情,特意重复某个词语或句子,这种修辞格叫做反复。反复有连续反复和间隔反复两种,但无论何种反复,都不同于重复。重复是语言啰嗦累赘,是思想混乱的具体表现,是一种语病;而反复则是出于行文的需要,是为了将情理表现得更加鲜明突出,这是一种积极表达的手段。例如,闻一多《最后一次演讲》中的两段话:

“杀死了人,又不敢承认,还要诬蔑人,说什么‘桃色事件’,说什么共产党杀共产党,无耻啊! 无耻啊!”

“翻开历史看看,你们还站得住几天! 你们完了,快了! 快完了!”

反复具有突出思想、强调感情、加强节奏感的修辞效果。但这不是随便重复某些词句就可以达到的,而是必须抓住关键性的语句,作出妥善的安排。

3.设问

无疑而问,自问自答,以引导听众注意和思考问题,这种修辞格叫设问。演讲中,为了吸引听众的注意力,许多演讲者常常在开头先提出一个问题,引起听众兴趣,引发他们去积极思考,然后再做出回答,进行正面论述。例如,王来柱的《“人生支柱”是什么》演讲中说:

有这样一个问题在我脑海里萦回:是什么力量使爱因斯坦在名扬天下后仍继续攀登科学高峰呢? 是什么力量使张海迪在死神缠绕之时仍锐意奋进呢? 这就是说,人生的支柱应该是什么呢?这大概是当代青年特别是在我们大学生中讨论最多的问题之一,也是我今天演讲的题目。

所谓人生支柱就是在人的生活和斗争中起决定作用的精神力量……

运用设问，故意掀起语言的波澜，使语势起伏不平，跌宕多姿。这不仅可以引起听众的注意和思考，而且易促进演讲者与听众之间思想情感的沟通和交流。在需要表达强烈的思想感情时，这种修辞方法所起的作用远不是直陈式的肯定句所能比得上的，所以历来为演讲家所乐于使用。但运用设问要注意用得恰到好处，即用在必要的地方，用在必要的时候，同时要有较强的针对性和启发性。

4.反问

反问也是无疑而问，明知故问，但它只问不答，寓答案于问话之中。反问在演讲中经常运用，特别是在演讲的高潮部分。例如，佩特瑞克·亨利的《诉诸武力》演讲中说道：

……我们的兄弟此刻已经开赴战场！我们岂可在这里袖手旁观，坐视不动？

……难道无限宝贵的生命、无限美好的和平，最后只能以镣铐和奴役为代价来获取吗？

这两个反问句，不仅使其演讲结尾"不自由，毋宁死"的口号有所寄托，而且使听众大为震动。

反问用确定的语气表明演讲者的思想，它比设问表达的思想感情更为强烈，它能激发听众的感情，给其造成深刻的印象。因此在号召式演讲的高潮中，很少有不用反问的。

5.引用

在演讲中，根据说明观点、表达主题的需要，适当引用一些经典名言、警句、格言、俗语、谚语、寓言、故事等作为阐述的依据，以使语言更生动，说理更充分、更形象、更发人深思，这种修辞格叫引用。引用使说理不但生动而且雄辩。例如，孙中山《在广州农民联欢会的演说》中说：

大家知道现在民国没有皇帝，究竟什么人做皇帝呢？从前是一个人做皇帝，现在是四万万人做主，就是四万万人做皇帝。换句话说，就是在帝国时代只有一个人做皇帝，到民国时代四万万人都是皇帝。这就叫做以民为主，这就是实行民权。这些事实，中国几千年来虽然没有见过，但是老早便有了这种理想。譬如孔子曰："天下为公。"又有人说："天下者，天下人之天下也。"就是这种理想。我们革命党要实行三民主义，也是这个意思。

正确使用引用修辞格，不仅可使演讲论据充分，更能说服人，而且可以使语言简洁、典雅、耐人寻味。在演讲中，引用的目的是为了更有力地阐明自己的观点，所以无论是直接引用，或间接引用，引用的内容都必须能恰当地说明自己的观点，与演讲内容融为一体，成为演讲的有机组成部分。如果引用不当，反而会弄巧成拙。

除以上几种外，还有许多修辞格，如比喻、反语、比拟、借代、双关、对偶等，只要运用恰当,都可以使演讲大为增色。

三、论辩语言艺术

论辩的胜负不仅取决于论辩者所持的论题和阐述的道理,还取决于论辩者所掌握和运用的论辩语言的艺术技巧。“操千曲而后晓声,观千剑而后识器”,论辩者只有熟悉和掌握论辩语言艺术常用的技巧,才能在论辩实战中从实际出发,灵活机动地运用论辩技巧。论辩语言艺术的技巧很多,以下介绍一些常用的卓有成效的技巧。

(一)一击致命法

一击致命法,是指在论辩过程中,不要面面俱到地去攻击对方,而应抓住对方的要害,给予致命的一击。

运用“一击致命法”,要注意的是对于论辩对方提出的许多理由、根据,要善于抓住最关键的问题来分析,在反驳时应集中“火力”猛攻这一要害处,而不要面面俱到、分散兵力,因为这样就不能在理论上将对方彻底击倒。

能不能抓住对方的要害,是运用“一击致命法”的关键。因此,在运用此法时,要善于去粗取精、去伪存真、识破假象,去枝节、找主干,这样才能在论辩中以“一击”去“致命”。

例如,在一次法庭论辩中,辩护人对某司机交通肇事一案提出辩护说:“铁路交叉有弯道,有扳道房,又有树木,夜间行车不易瞭望,无法预料,不应负刑事责任。”显然,摆出众多的客观原因主要是为当事人开脱罪责。对此,公诉人一针见血地指出:“不易瞭望不是不能瞭望。交通规则有:通过交通路口,一慢二看三通过,以及看不清火车动向不走。辩护人观点难以成立。这是司机违反规定、疏忽大意造成的事故,犯了过失罪,应负刑事责任。”公诉人的反驳,就是运用了“一击致命法”,他抛开是不是不易瞭望的问题,抓住司机违反规定,疏忽大意造成事故这一要害问题,从而说明不易瞭望等客观原因不是事故发生的主要的、直接的原因,而司机违反规定这一主观原因才是最根本的原因,从而顺理成章地推出司机应负刑事责任的结论。

(二)针锋相对法

论辩中,对于实质性的问题,双方往往各不相让,有时措辞激烈,甚至达到白热化程度,因而人们常用“唇枪舌剑”来形容论辩。如果在论辩中不能给对方以尖锐有力的驳斥,则势必使自己处于极其被动的地位。所谓“针锋相对法”,就是指对对方的观点予以直接、尖锐的回击。此法重点在于突出“尖锐性”,而这种“尖锐”并不是拍桌子瞪眼睛、大喊大叫,而是注重论辩的逻辑性。

例如,在一次国际性会议中,一位西方外交人士挑衅地对我国代表说:“如果你们不向美国保证:不用武力解决台湾问题,那么显然就是没有和平解决的诚意。”我国代表立刻给予还击:“台湾问题是中国内政,采取什么方式解决是中国人民自己的事,无须向他国作什么保证。请问:难道你们竞选总统也需要向我们作什么保证吗?”言简意赅的两句话,顿时使对方哑口无言。这位西方外交家于是又将话题一转:“阁下这次在西方逗留了一段时间,不知是否对西方有了一点开明的认识?”言外之意是挖苦我国代表。而我国代表笑了笑说:“41 年前我就在巴黎受高等教育,我对西方的了解比你少不了多少,遗憾的是你对东方的了解可真是太少了。”这段话与对方针锋相对,反驳干脆有力,使对方无言以对,十分尴尬。

(三)引申归谬法

这是间接证明的一种方法。当对方说出观点时,先不直接反驳,而是假定它是对的,在这个基础上,或是做出合理的逻辑延伸,或仿照这个观点提出新的、具有明显错误的议论,从而暴露其荒谬,以达到揭露反驳的目的。

1982 年,大学生张华舍身救农民的事迹报道后,《文汇报》曾登了一篇署名“多言”的信,认为 24 岁的大学生救了 69 岁的农民不值得。这封信发表以后,一个叫“旻子”的读者采用了多项引申归谬法驳斥了“多言”的错误观点。其论证如下:

“假如‘多言’掉进了粪池,让我们运用‘多言’理论作一番推理吧。

“‘多言’的同学不该去救他。大家‘价值’差不多,丢了半斤换八两,弄得不好全贴上,不合算。

“‘多言’的老师也不应跳下去救他。这是用‘大金子’换‘小金子’,自然也不合算。

“找一中学生来救‘多言’吧,还得算一算,他将来的价值是不是会超过‘多言’,说不定,他也许会成为郎平或陈景润式的人物呢?

“工人、农民就更不该去救‘多言’了,一个社会主义财富的创造者,难道去为了一个消费者冒生命危险不成?

“按照‘多言’的理论,所有懂得生命的价值、立志要把生命献给有用事业的人,都不应去救‘多言’,不该去救这个弄不清什么叫生命的价值的人。因为他们在‘多言’面前都是‘金子’,而‘多言’不过是‘石子’罢了。”

这篇反驳,以“多言”的理论作大前提,推出五个荒谬的结果来,暴露了“多言”观点的错误,给对方以有力的反驳。

(四)反证驳斥法

这是指由确定与辩题互相矛盾的判断来确定己方论题之真的证明方法。具体说,先确定一个论题,此论题与原来论题是相互矛盾的。若证明假定的论题是假的,那么与之相对的原论题就是真的,从而证明原论题的真实性。

《艺文类聚》中有个故事:晋文公吃烤肉时发现肉上有毛发。文公大怒,唤来烤肉的厨子质问。厨子连忙认罪说:“臣该死!臣的罪有三条:其一,我切肉的刀锋利如宝剑干将一样,肉被切断,可是竟然没有切断肉上的毛发;其二,我用铁锥串起肉来烤,反复翻动,却没有发现毛发;其三,肉被烤得赤红,最后被烤熟,可肉上的毛发却不焦。”文公听后,猛然醒悟,后来发现是有人陷害厨子。厨子运用的就是反证驳斥法,既否定了文公的看法,又证明了自己无罪,同时还未冲撞文公,真可谓一举多得。

(五)釜底抽薪法

这种方法即找出支撑论点的论据的破绽,驳倒论据,达到驳倒对方论点的目的。俗语云:“根基不正,其影必斜。”错误的观点往往是由虚假的论据支撑的,若能揭露其论据不真实,其论点自然不攻而破。

例如,某校学生以“武将是否需要文才”为题展开论辩。反方认为武将不要文才也可以,理由是:武将只要能指挥打仗就行,学文是避长扬短。对此,正方采用了釜底抽薪法反驳:“在知识的海洋里,每一门学科、每一种知识和技能都不是孤立的。武才和文才也是这样,武才靠文才来总结、交流、提高,文才靠武才提供内容、鉴别真伪。一位高级指挥员曾列举了武将学文的种种益处:一是可以把练兵或打仗的实践经验上升为理论,便于学术交流和供后人学习借鉴;二是迫使自己不断进取,防止经验主义;三是培养深入、严谨、细致的作风,避免粗枝大叶;四是在学文过程中加强思想修养,养成勤于思考的习惯;五是丰富业余生活,使文武互为补充,工作有张有弛。这确是经验之谈。”通过这段反驳,武将学文是避长扬短这一论据就被驳倒了,从而“武将不需要文才”的论题也无法成立。

论点是建立在论据基础上的,论据虚假,则论点谬误。所以在论辩中,只要揭露对方论据虚假,就如同釜底抽薪、根蚀树倒,对方所持论点就会被驳倒。釜底抽薪首先要识薪,要善于从对方的种种论点中分析其要害论据之所在。

(六)捕捉漏洞法

论辩场上,双方你来我往,唇枪舌剑,时而侃侃而谈,如行云流水;时而一语中的,似霹雳惊雷。然而,在这种短兵相接的紧张场合,情绪激动,来不及斟酌,也难免会出现失误。“言多必失”,再优秀的辩手,即使在场上占尽优势,也会有漏洞。在论辩中,我们一方面要守住阵地,稳扎稳打,不能贪图一时之利口不择言;另一方面,对手出现失误是我们反击的最好时机,从对手细微的失误入手,穷追猛打,使其“千里之堤”溃于失误这一小小的“蚁穴”。

例如,在一次“东方文化作用大于西方文化”的论辩中,反方说:“东方文化是碗,西方文化是饭,请问是碗重要,还是饭重要?”正方立即捕捉住其漏洞,反击说:“难道我的碗里非要盛你的饭不可吗?就不能盛我们自己种的粮食吗?”反方又说:"东方文化好比书中的文字,而西方文化则是精神,文字和精神哪个重要?"正方抓住其失误又反击:"没有文字,精神哪里看得见呢?"反方的两个例子看似锐不可当,实则漏洞百出,正方沉着冷静、仔细聆听,抓住机会就迅速发动反击,令对方无法招架,使论辩高潮迭起。

(七)二难反驳法

即论辩的一方提出有两种可能的假言判断,又由这两种可能引申出使对方难以接受的两种可能的结论,而这两种结论非此即彼,在逻辑上不允许存在第三种结论,使对方处于进退维谷的困境。

例如,隋文帝杨坚在驳斥"风水之说"不可信时说:"我家墓地,若云不吉,我当不贵为天子(当时杨坚已当皇帝);若云吉,我弟不当死(其时杨坚弟弟已战死沙场)。"

(八)避实就虚法

论辩中,双方都会有各自的虚实之处。避开对方有利处,抓住对方薄弱处进行攻击,就能起到回避正面问题,摆脱对方进攻的作用,这便是避其锐气、攻其弱处的辩术。

例如,王光英赴香港创办光大实业公司,刚下飞机,就被记者追问:"你带了多少钱来?"王光英要是说吧,这可是事关经济秘密的大事;不说吧,又难以圆场。于是他采用了避实就虚法,笑着对女记者说:"对女士不能问岁数,对男士不能问钱数。小姐,你说对吗?"记者们一听就笑了,再也不好问这个问题了。但这种方法要在正面进攻处于劣势或正面回答难以奏效时才用,如果一味地避实就虚,就会给人以不敢正视问题的不佳印象。

(九)出其不意法

"出其不意,攻其不备",原指作战时在对方料想不到时进行袭击。应用于论辩,则指论辩者面对对方刁钻古怪的提问或发难时,不急于直接给予辩驳,有意"岔开"话题,扰乱对方的注意力或思绪,然后趁其不备,话锋突然逆转,使对方始料不及,无言以对。

例如,刘绍棠到南开大学讲文学创作要坚持党性原则时说:"每一个阶级的作家都是有所为有所不为的……即使是真实的东西,也是有所写有所不写的,无产阶级的文学更是如此。"这时台下有位女生递上一张纸条,上面写着:"刘老师,您说作家要有所为有所不为,我觉得不应该这样。既然是真实的,就是存在的;存在的,就应该给予表现,就可以写。"为了证明这女生的看法是不对的,刘绍棠没有直接反驳,他有意"岔开"话题,要求看这女生的学生证上是否贴着长疮的照片。这女生说:"我为什么要把长疮的照片贴在学生证上啊?长疮时谁拍照片啊,怪寒碜的!"听到这里,刘绍棠话锋突然逆转,回到正题,顺着女生的观点来进行说理:“你不在长疮时拍照片,更不会把长疮的照片贴在学生证上,这说明你对自己是看本质的。因为你是漂亮的,长疮时的不漂亮是暂时的,它不是你最真实的面目,所以你不想照相留念,更不想这样的照片贴在学生证上。共产党的某些缺点是需要批评的,但有些事情是有其特殊原因的,是涉及许多方面问题的,应由党内采取措施去改正。可你非要把它揭露出来,这岂不是要共产党把长疮的照片贴在共产党的工作证上吗?为什么你对自己是那样的公正,对共产党却这样的不公正呢?”女生信服地点点头,全场响起一阵热烈的掌声。刘绍棠出其不意地提出照片问题来讨论,然后顺势说理,有力地驳斥了对方观点,从而进一步证明了自己观点的正确性。

(十)断后聚歼法

在论辩中有时已洞察对方的谬误与破绽,但是论辩者不当即戳穿,而是故意设问,使其重申并进一步肯定谬误,以绝其退路,使其不致改口逃脱。待其退路已绝,再去戳穿,一鼓聚歼。

例如,伪证人福尔逊一口咬定被告用枪击毙死者,并发誓说在十月十八日晚亲眼所见。林肯在法庭上问他:“你在草堆后面,被告在大树下,相距二三十米,你能看清楚吗?”福尔逊答:“看得很清楚,因为月光很明亮,我看清了他的脸。”林肯又问:“具体时间也能肯定吗?”福尔逊说:“完全可以肯定,那是十一点一刻。”发问完毕,林肯转身向法官和听众说:“我不得不告诉大家,这个证人是个彻头彻尾的骗子!”接着他又说:“请大家想一想,十月十八日那天是上弦月,十一点钟时月亮已经下山了,哪里会有月光?退一步说,就是提前一些时间,月亮还没有下山,那也只能从西向东照。草堆在东、大树在西,而被告面向草堆,脸上是照不到月光的。证人怎么能从二三十米远的草堆后面看清楚被告的脸呢?”证人无言以答,只好承认作了伪证,于是冤案得以推翻。这里林肯两次发问,是为了让伪证人在大庭广众之下重申谎言,绝其退路;当其退路已绝,再来关门打狗,便显得十分有力。断后聚歼,实际上有两个步骤:一是“关门”,通过巧妙设问,引诱对手当众重申谬论谎言,以断逃路;二是“打狗”,即揭露对方答话与行为、答话与公理之间的矛盾,彻底否定其谬误。

(十一)戏谑调侃法

戏谑调侃法是指论辩者在论辩中,以轻松幽默的方式表情达意,寓庄于谐,以笑制怒,以柔克刚,借以脱离逆境,含蓄地戏弄、嘲笑对方,让本来非常棘手而又令人尴尬的事,在大家的笑声中轻松地解决。如:

在美国总统竞选中,造谣中伤早在1800年就开始出现,那一年,约翰·亚当斯竞选总统,他的妻子阿比盖尔·亚当斯为当时谣传的桃色丑闻而担忧。

当时有人指控约翰·亚当斯,说他曾派其竞选伙伴平克尼将军到英国去挑选四个美女做他们的情妇，两个给平克尼，两个留给亚当斯。

亚当斯听后哈哈大笑，他回答说："假如这是真的，那平克尼将军肯定是瞒过了我，全都独吞了！"在场的人都大笑起来。

这一年，约翰·亚当斯当选为美国第二任总统。

论辩语言的技巧还有"借题发挥法"、"以毒攻毒法"、"诱问反击法"、"暗度陈仓法"、"欲擒故纵法"等，在此不一一阐述。

四、秘书协调语言艺术

秘书的协调语言就是指秘书在工作中与领导、同事、其他部门之间进行协调工作时所使用的语言。秘书是联系上下、沟通左右、顾及内外的桥梁和纽带，要与各个部门、各个人物发生联系，并要在工作中积极、主动、自觉地处理好这些关系。因为处理好人际关系，于人于己在工作、生活、健康等方面均有十分重要的意义，能够使人心情愉悦，精神饱满，关系和谐，工作顺利，效率提高，积极性和创造性将得到极大的激发。正如《韦氏秘书手册》上所说："你必须与你的经理和其他上级、同级、下级以及来访者保持一种志趣相投关系。能准确无误地、及时愉快地完成自己的工作，同时又能和每个人和睦相处，这正是秘书最优秀的品质。"

总体来说，秘书的人际协调关系包括：与领导之间的协调关系，与下级之间的协调关系，与同事和友邻之间的协调关系等。不管处理哪种关系，对于秘书来说，具备良好的语言表达能力都是非常重要的。

(一)与领导相处的语言艺术

在秘书的人际关系中，最重要的是要处理好与领导的关系，因为秘书常常在领导身边，与领导频繁接触。要与领导保持默契、和谐的关系，秘书在与领导相处时应注意语言技巧的得体使用，主要做到以下几点：

1. 尊重、服从领导

即尊重领导，自觉地服从领导指挥，严格按照领导意图办事。"世事纷纭迷人眼，惟有服从是灵丹！"但是服从不是盲目跟随，不讲原则，绝对服从。如果领导的方针政策背离了实际情况或违犯了国家法律，秘书要及时提醒纠正。无论是与领导单独相处，还是在他人面前，甚至是在电话之中，秘书都要尊重领导。在与人谈及自己的领导时，应称呼领导姓氏并加职务；引见来宾时，要主动介绍自己的领导；领导与人谈话时，要察言观色，随时听候召唤，不要多嘴插话；在他人面前谈论领导时，要多加褒扬而非批评、贬责；不要公开议论领导，尤其不宜谈论领导的私生活；受到领导批评时，要虚心接受，切勿反驳，领导遭到下属反驳是最没有面子的事。秘书与领导观点不一致时，应正面阐述自己的观点，尽量不要当面反驳或对领导的意见进行指责,可以说"我认为我的看法是正确的,希望领导考虑"、"这件事我是这样看的……"等。在与领导相处中,上级需要这份上下有别的尊严。总之,秘书要力求维护领导的威信,哪怕他是一个蹩脚的领导。

2.把握时机,适时进言

秘书人员要善于发现最有价值的时机,并利用这个时机开展工作。比如,什么时候向领导提供有关的信息和建议,什么时候对承办单位或人员进行督办和查办,什么时候下去开展调查研究,是大有讲究的,既不宜过早,也不宜过晚,更不能选择某些不恰当的时间,只有抓住最有利的时机进言,才能取得最佳的工作效果。秘书向领导提出批评、建议或意见时,要注意适事进言、适度进言。也就是说,必须是紧急的事才进言,必须在时机成熟时才进言,必须看场合进言,必须有分寸地进言。例如:你发现领导批示处理某个文件时有不妥之处,可委婉提醒领导:"这个文件是不是可以转给某某一阅?"、"方案中第某某条是不是可以这样调整一下?"等。最后要注意,不要越级反映问题。如果秘书越过领导而找领导的上级反映自己的意见、谋取自己的利益,将会令领导的权威受到威胁。此外,秘书还应该了解上级的个性。上级固然是领导,但他首先是一个人。作为一个人,他有他的性格、爱好,也有他的语言习惯。如有些领导性格爽快干脆,有些领导则沉默寡言,事事多加思考,你必须了解清楚。不要认为这是"迎合",这正是运用心理学的一种学问。

总之,秘书与领导相处的语言艺术,主要靠秘书在实际工作中具体地体会、总结和把握。

(二)与下级相处的语言艺术

秘书工作起上情下达、左右疏通作用。上情下达也有艺术性,就是调换角度的艺术。在下达任务的时候,要站在上级角度,把上情讲得清清楚楚;在上报情况的时候,要站在下级角度,把下情说得明明白白。这是秘书应变能力的一种体现。

秘书与下级相处首先需要尊重和爱护,这是秘书必须具备的品格之一,也是调动下级工作积极性的一种领导艺术。秘书对下级要放下架子,以平易近人的方式对待下级。这样,下级才会向你敞开心扉。谈话是双方活动,只有感情上的贯通,才谈得上信息的交流。作为一名秘书,你可能在与下属沟通的时候忘记使用一些礼貌用语,如直接招呼"小王,过来一下","小李,把文件送到销售处去"。这样命令式的用语会让下级有一种被呼来唤去的感觉,缺少对他们起码的尊重。为了改善和下级的关系,使他们感觉自己更受尊重,你不妨使用一些礼貌的用语,例如:"小王,请你过来一下,好吗"、"小李,麻烦你把文件送到销售处去"。语言的基调应是谦虚磋商供参考的口气,有时不妨与下级先扯几句家常,以便使感情接近,消除拘束感。

1.耐心周到,掌握分寸

秘书在日常工作中,听取下级意见要耐心,考虑问题要周到。秘书在说话时,不宜作否定的表态:"你们这是怎么搞的?"、"有你们这样做工作的吗?"轻易的表态或过于绝对的评价都容易失误。

例如一位下级汇报某工作经验时,作为听取意见的秘书,只宜提一些问题,或作一些一般性的鼓励:"这种经验很好,可以让更多的人学习这种经验"、"你们应继续总结经验,到时希望你们能及时告诉我们"。这种评论不涉及具体问题,留有余地。如果秘书认为下级的汇报中有什么不妥,表达更要谨慎,尽可能采用劝告或建议性的措词:"这个问题能不能有别的看法,例如……"、"不过,这是我个人的意见,你们可以参考"、"建议你们问问销售部门的工作人员,看看他们有什么更好的方案?"这些话,既能体现出你的耐心、考虑问题周到,也起到了一种启发作用,使对方容易接受。应避免采取自鸣得意、命令、训斥、使役下级的口吻,把握好说话的分寸。

2.及时鼓励,善用批评

赞扬、鼓励下级是对下级的行为、举止及进行的工作给予正面的评价,使下级得到激励,在工作中更有自信。它应该是发自内心的肯定与欣赏。如:"小王,这次项目投标的工作对公司来说至关重要。领导选择让你来负责,是经过再三考虑才这样决定的,希望你能竭尽全力争取成功。"通过肯定地告诉下级领导对他的信任,可以激发下级的成就感。再如采纳下级好的意见时应及时称赞他:"关于这点,你的意见很好,就照你的意见去做。"

另外,不要轻率地批评和否定下级的工作。俗话说:尺有所短,寸有所长。一个人犯了错误,并不等于他一无是处。所以在批评下级时,应注意批评的方式方法。比如一名员工平时工作颇有成效,偶尔出了一次质量事故,如果批评他的时候只指责他导致的事故,而不肯定他以前的成绩,他就会感到以前"白干了",从而产生抗拒心理。批评的时候一定要客观具体,应该就事论事,要对事不对人,千万不要把对下级错误行为的批评扩大到对下级本人的批评上。比如说,你作为一名秘书去文印室校对清样,结果发现版面的标题上出现了错别字而文印室的职员却没有发现,这时你可以对他说:"请把这个字修改过来,以后注意。"你也可以说:"你对工作太不负责任了,这么大的错误都没有校正出来。"很显然,后者会伤害到下级的自尊,让他感到很难堪。

3.提供机会,共同探讨

一旦决定让下级负责某一项工作,就应该尽可能地给他发挥才干的机会,更好地提高个人的工作积极性。同时善于听取下级的意见,共同解决好工作中的具体问题。如:"小王,关于这个投标方案,你还有什么意见和建议吗?""这次展示会交由你负责，关于展示主题、地点、时间、预算等请你搞一个详细的策划，下个星期你选一天我们一起探讨一下这个问题。”当下级遇到问题和困难，希望我们协助解决时，我们不可以说：“这个工作不是已经交给你去办了吗？”我们应该和下级一起共同分析问题，探讨状况，尽快提出一个解决方案。例如：“我们都了解了目前的状况是这样的，我们来讨论一下该怎么做？”

（三）与同事相处的语言艺术

与同事的关系，是秘书最直接、最平等、最广泛、最复杂的一种人际关系。秘书与同事朝夕相处、频繁接触，彼此关系的好坏，将直接影响秘书工作的开展。因此，在实际工作中，秘书要注意以下几个方面：

首先，要尊重同事。同事之间的关系是以工作为纽带的，一旦失礼，创伤难以愈合。所以，处理好同事之间的关系，最重要的是尊重对方。秘书与同事之间应增强信任感和亲密感，营造一种相互尊重、支持、关心的工作氛围。在与同事交谈时，要注意倾听他的讲话，并给予适当的反馈。认真倾听代表着理解和接受。在表达自己的思想时，要避免分歧，讲究含蓄、幽默、简洁、生动。对同事提出意见、指出错误时，要注意场合，措词要得体，不要伤害他人的自尊心，以免产生逆反心理。在与人谈话时掌握该说的说，不该说的不说；要有自我感情的投入，以情动人。

其次，要多与同事沟通，克服狭隘意识。工作中要善于体察同事内心真实想法，因人而异，随机应变，调整好自己的心境，尽可能设身处地替同事着想，那就会减少许多不必要的麻烦。工作中要取人之长、容人之短，本着相互理解、相互尊重的原则，不能始终用一种固定不变的眼光去看待他人。

当然，同事之间有摩擦是难免的，我们应把握“对事不对人”的原则，及时有效地调解这种关系。要多与他人沟通，善于倾听他人的讲话内容，主动及时地作出反馈。在适当的时候，不妨插问一两句，表示在倾听他的说话。如：“您说得对”，“应该是这样”，“您讲得有趣极了”，“是吗”，“以后怎样了呢”或采用“嗯”等副语言与同事的讲话相呼应。这样可以体现你的主动与热情。同时，应准确、细心地辨别他人的各种言外之意，体察言者的真正用心，可以使自己避免言语行为的盲目性。

另外，要胸襟豁达，勇于认错。工作需要团队合作精神，一个人的视野和经验毕竟有限。况且，随着社会分工越来越细，这种沟通协调也是必需的。从另一角度来看，协调合作也是你展现自我的好机会。工作中不要斤斤计较，与同事发生矛盾时，要求大同存小异，做到“宰相肚里能撑船”，对于失误或同事间的误会，应主动道歉说明，征得对方的谅解，否则误会越来越深。当然有了成绩，也不应滋生骄傲的情绪，觉得“高人一等”，切忌处处表现自己，独断专行。

第三节 口语交际实训

一、社交公关

【实训目标】

1.了解谈话、介绍、应答等日常交际语言的技巧。在社交场合，能把握说话时机和内容，有效地进行交流。

2.通过指定主题演讲及自选话题的表述训练，提高学生口头语言表达能力。

3.训练独自审题立论的能力、论辩交锋的应对能力和协同立论能力。

【实训一】

社交场合口语交际实训可分为两种类型训练，即侧重于交际的主动方的谈问方式和侧重于交际的被动方的应答方式。

1.谈问方式训练

【材料一】

罗斯福在当美国总统以前，曾在海军担任要职。有一天他的一个朋友打听美国在加勒比海的一个小岛建造潜艇基地的计划。罗斯福向四周看了看，压低声音对他朋友说："你能保密吗？"朋友回答："当然能！"罗斯福说："你能，我也能。"

罗斯福没有直接回答朋友的问题，这样回答有什么好处？

你若遇到这种情况，又该如何回答？

【材料二】

你的一位同学来自山区，父亲常年卧病在床，家境贫寒，生活拮据。她在学习上刻苦认真，但自尊心很强，总害怕其他同学看不起自己，她把自己封闭起来，不愿与其他同学交往。一次全班组织联谊活动，她又没报名，班主任让你找她谈谈，鼓动她参加这次活动。你打算与她怎样交谈？

2.应答方式训练

作为班级的班干部，在班级组织的一次义务劳动中，一位同学没能认真完成任务，班会上你批评了这位同学，班会后这位同学怒气冲冲地来到你面前，你准备怎样进行这场谈话？

3.综合训练

在教师的指导下，将班级中的若干名学生分为甲、乙两组，分别扮演以下角色：甲组为××公司办公室人员，其中包括办公室主任一人，秘书一人，一般职员两人；乙组为来访代表团，经理一人，秘书一人，随同人员两人。

模拟训练内容:在乙组(某代表团)到甲组(××公司)访问期间发生的介绍与自我介绍;自己设计来访团的来访目的,相互间的交谈内容。训练时应注意握手致意、交换名片等基本礼仪礼节。

类似模拟训练可以让更多学生参加,也可以让甲、乙两组交换角色。

【实训二】

【材料】

介绍是社会交往中人们相互认识、建立联系必不可少的语言交际活动。通过介绍,人与人开始认识,由此形成了新的人际关系。介绍自己或介绍他人,选择什么内容,采用什么形式,不同的场合应采取不同的方式,选择不同的侧重点。

由于自我介绍涉及时间、地点、当事人、旁观者、现场气氛等多种因素,因此,细分的话,进行自我介绍的时机大致有以下几个:

(1)在社交场合,与不相识者相处时。

(2)求职面试,面对主考人员时。

(3)因业务需要,在公共场合进行业务推广时。

(4)初次利用大众传媒,如报纸、杂志、广播、电视、电影、标语、传单,向社会公众进行自我推介、自我宣传时。

(5)在公共聚会上,打算介入陌生人组成的交际圈时。

(6)有求于人,而对方对自己不甚了解,或一无所知时。

(7)交往对象因为健忘而记不清自己,或担心这种情况有可能出现时。

(8)在出差、旅行途中,与他人不期而遇,并且很有必要与之建立临时接触时。

(9)初次前往他人居所、办公室,进行登门拜访时。

(10)拜访熟人遇到不相识者挡驾,或是对方不在,而需要请不相识者代为转告时。

(11)大学新生报到,见到老师时。

(12)大学新生第一次班会,面对全班同学时。

遇到下述情况,通常有必要介绍他人:

(1)在家中,接待彼此不相识的客人。

(2)在办公地点,接待彼此不相识的来访者。

(3)与家人外出,路遇家人不相识的同事或朋友。

(4)陪同亲友,前去拜会亲友不相识者。

(5)本人的接待对象遇见了其不相识的人士,而对方又跟自己打了招呼。

(6)陪同上司、长者、来宾时,遇见了其不相识者,而对方又跟自己打了招呼。

(7)打算推荐某人加入某一交际圈。

(8)受到为他人作介绍的邀请。

【训练】

根据以上不同的场合，请考虑选择介绍的重点和方式，以小组为单位，进行情景模拟训练。

二、企业公关

【实训】

1. 要求每位学生设计场景和推销语言，分别向一位年轻的小姐、一位中年男士宣传推销一种产品。

2. 某企业准备开展一次纪念庆典活动。要求由每位学生自行设计纪念庆典活动的主题，正确运用公关语言技巧，轮流担任庆典活动的主持，精心安排庆典活动的程序，并代表本企业或组织的代表发言。

三、对待传媒

【材料】

20世纪90年代末期，饮料市场一度出现了有关可口可乐公司的可乐产品中添加了对人体有害的化学甜味剂的传闻，当时欧洲许多国家纷纷要求停止在本国销售可口可乐。面对这一严重情况，公司一方面对其产品进行分析研究，另一方面立即着手举办新闻发布会。在新闻发布会上，发言人郑重宣布了公司有关分析结果，并在媒体面前毫无顾忌地饮用起可口可乐。这件事的处理使得可口可乐公司在饮料市场挽回了一定的损失。这时，杭州的娃哈哈公司在报纸、广播、电视以及信息互联网上广泛宣传它的产品没有添加化学甜味剂的事实，并在电视台播出车间用白砂糖作为甜味剂进行生产的画面。同时，加大企业广告宣传力度，提出“中国人自己的可乐”的广告口号。由于娃哈哈公司把握了这一机遇，它的“非常可乐”销量最终得到了上升。

【训练】

上述材料中的两家公司在遇到一些媒体对其不利的宣传时，它们是如何利用传媒进行公关宣传的？

【训练】

当你的公司遇到了一些不利于公司的消息时，你将会如何尽可能地借助于传媒寻求最佳的社会效益进行公关宣传？

四、求职面试

【实训】

将班上同学分为几个小组，以小组为单位，由同学分别扮演主考人员、应聘人员。

训练时请回答主考人员以下问题：

1. 请谈谈你自己的情况好吗？
2. 你为什么要来我们公司求职？
3. 你对我们公司了解吗？
4. 你认为你在大学中学到了什么？
5. 你来我们公司能干什么？
6. 你最大的优点是什么？
7. 你最大的缺点是什么？你打算如何改正？
8. 你的业余爱好是什么？
9. 如果我们公司不录用你，你会怎么想？
10. 有什么问题要问的吗？
11. 如果某单位录用了你，你有些什么话要说？

五、演讲训练

【实训一】

1. 由指导老师确立主题，如：《我爱我的专业》、《倡导诚信》、《中国人如何提高国际竞争力？》、《搞市场经济更要提倡爱和奉献》主题演讲，再由学生根据主题另立具体的演讲题。

2. 以教师选定和学生自荐的双向原则组织演讲人。

3. 一次主题演讲的时间一般不超过两个小时，因为时间一长，听众的情绪容易涣散。

4. 每位演讲人的发言时间为7～10分钟，过短则难以使“主题”达到一定的深度，过长则必然影响演讲者的人数，从而影响主题表达的宽度。

5. 每位演讲者演讲完毕，由教师或学生给予适当点评。

【实训二】

1. 学生或按学习小组，或按点名册轮流登台，按限定的5～7分钟(不少于5分钟，不超过7分钟)完成话题演讲。

2. 这种演讲不作命题限定，完全由学生自己确立论点和表述角度，自由畅谈。

3. 每位演讲者演讲完毕，由教师或学生给予适当点评。

六、论辩训练

【实训一】

独练——自我立论训练

1. 按照论题分为正、反方后，先完成一方的周密论证（例如，设论题为“人性本善”，正方为“人性本善”，反方即为“人性本恶”，要求先完成一方的论证）。

2. 转向另一方的立场，用同样的方法完成周密论证（如原先论证“人性本善”，此即论证“人性本恶”）。

3. 以文字形式对应展开双方的论点、论据、论证，从两个方面再次审题，检查哪些属于“论而未辩”的情况。

4. 展开“交锋”。对有交锋的论点、论据，从正、反方分别进行“固守”式论证，对无交锋的论点、论据，则分别从正、反方向对方延伸，寻求“交点”后交锋。

【实训二】

互练——“1∶1”、“2∶2”式的训练

1. 这种训练以2人一组，以1∶1形式进行；或以4人一组，以2∶2形式进行。在形式上已开始注重于互相协调配合，时间安排上开始有了一定的要求，但由于参加者不多，一个学习小组内、一个寝室里就可以进行。

2. 如1∶1式则抓阄决定正、反方，2∶2式则在决定正反方的同时，确定二者之间的分工。分工按“主辅”制，一人主“立（本方）”，一人主“驳（对方）”。驳时，“主立者”为“主驳者”的“助手”，立时，“主驳者”即为“主立者”的助手，这样，既有分工又有合作，注重了协调和配合。

3. 各自一方按照立论规定，完成本方的周密论证（写好论证表述提纲）。

4. 展开交锋。交锋的程序可不作规定，取“自由”式，时间上也不作限定，但应当有“评委”（同组、同寝室者，指导老师均可），“评委”的任务不仅应评定胜负，更应注重于论点、论据、论证三者组合中的“得失”评点。

5. 换方交锋。辩论相对结束以后，双方可以作正、反方互换（即正方改持反方观点，反方改持正方观点），开始同一论题的下一轮交锋。

【实训三】

群练——“3∶3”、“4∶4”式交锋训练

1. 这种训练或以6人一组，以3∶3形式进行；或以8人一组，以4∶4形式进行。

2. 在抓阄决定正、反方以后，一方先由本方队员运用全方位审题等方法，从立论、驳论两个方面讨论主要的分论点与重要论据，在充分讨论的基础上，由一

人执笔写出本方论述要点，要点可按队员人数或分三个自然段，按“起承、转、合”，或分四个自然段，按“起、承、转、合”的篇章布局。

3. 队员分工。以“一主辩二助辩”或“一主辩三助辩”的形式各自领取自己的表述要点进行充实加工，分别完成后再结合讨论修改。

4. 训练时，各自按照限定的发言时间(每人次 3～4 分钟)，以较快的发言速度完成预定的内容后，时间上仍剩余 30 秒钟为宜(此 30 秒供轮流发言时对对方的论述作简短评析用)。

展开交锋。发言程序可参照国际汉语大专辩论会的形式，分为轮流发言和自由辩论两个部分，轮流发言时，双方一对一地轮流发言，严格限时(有计时员)，双方发言时间对等；自由辩论时，只作双方发言总时间的对等限定，不作次序轮流和个人发言时限的规定。

第七章　语言在交际中的综合运用(下)

第一节　书面交际语言概述

一、书面交际语言的特点

(一)永久性

书面交际语言弥补了口头交际语言短暂性的特点，能储存、补足、更正和重新收集信息，而且可以延缓回应。文字语言由于不像口头交际那样立即得到回应，承载着更多的语量，因此更具有优势。通过书面交际语言所获得的经验可以成为一种社会积累。此外，作为书面交际媒介的文字的永久性，很容易引导人们去推测它所表达的东西也是永久性的。

(二)跨越性

书面交际语言不受现场他人的干扰，可以停顿，可以参阅前面的话，可以从容地修改。由于读写双方的交流是间接的，没有口头交际面对面交流而产生的动作语言和形式语言的辅助作用，从而突破和扩张了人际之间口头语言交际的空间范围，成为人类社会大踏步前进的重要动力。

(三)明确性

交际角色明确：以特定的角色写给特定的读者，如入党申请书是申请人写给党组织的，请假条是请假人写给有关负责人的。

交际目的明确：都是直接为解决某一具体问题而写，承担提出具体的交际目的的任务。如班委写在黑板上的“班委通知”，目的就是要把校院系的有关精神传达给全班同学，或要求同学们办理某事、周知某事。

语义明确：简洁鲜明，不啰嗦、不夸张、不晦涩、不模糊，不需要细节描写、气氛烘托。

(四)程式性

口头交际语言有几方面的变体，如标准语言和方言等。而书面交际语言只有一种形式,不管这种书面语中是否有口语的方言特征,文字是一致的。除此之外,书面交际语言还要求格式规范。

(五)礼仪性

无论公务还是私务,都要求言语表达具有充分周到的礼仪性。可以通过格式的规范和完备以及用词用句的典雅、礼貌来体现。不少应用文体有固定的表示礼仪的词语和句子。如请柬一般在正文末尾写上"敬请届时光临"、"恭候光临"等。书信中的自称、对称(对收信人的称呼)、他称(对所提及的人的称呼)等都有一定的礼貌要求。

二、书面交际语言的用语原则

运用好书面交际语言,必须掌握最基本的"四项原则",即立诚原则、切境原则、得体原则、有效原则。它们是书面交际活动中运用语言进行信息交流所必须遵循的原则。

(一)立诚原则

"诚"就是"诚实",实事求是。在书面交际语言运用中"诚"有两个方面的含义:一是真诚,二是热忱。如果说真诚的着眼点在内容方面,那么热忱所要求的着眼点是语言表达的形式方面。真实可信的内容,加上热心诚恳的表达形式,书面交际语言才能达到理想的效果。"诚"在书面交际语言运用中,被认为是头等重要的原则。只有"诚实"的语言,才能打动人、感动人,赢得对方的信任和支持,才能建立良好的形象和信誉。立诚原则在促进交际目标的实现上,确实有明显的功效。例如某暖通设备厂,它的产品曾是省的"头名状元"。它在报上刊登广告推出产品"钢制散热器"时,在介绍该产品的优点之后,用同样的字体写道:

"别光看优点,还要记住缺点,下面是在省行业评比中得出的四个缺点(略——引者)。另外,水暖气输送管道的防腐问题没解决。本产品不宜作土暖气民用,请用户不要误选。"

这则广告语言平实朴素,无多余和不实的修饰语,既如实地介绍了产品的优点,又不掩盖、回避产品的缺点,实事求是,敢揭己之短,自动为产品定位,提醒消费者"不要误选"。它遵循了书面交际语言运用中"诚"的原则,维护了公众的利益,也必然会赢得公众的信任和好感。

(二)切境原则

切境,就是要求语言运用与所处的特定语言环境相切合。因为语言运用只有在与环境相适应时才能获得好的交际效果,否则将适得其反。书面交际语言的切境原则,实际上指的是语言表达和环境因素之间要灵活适应。这种适应表现在两个方面:首先,从消极方面说,要求书面交际语言在运用中避免和克服因为与语言环境不相切合而造成的语言表达上的种种讹误;其次,从积极方面说,要求书面交际语言能生动、自觉地运用语境所提供的种种有利条件,去努力调动语言具有的多种潜在的表达功能,以使书面交际语言信息传递达到最佳效果。

1982年10月,《北京晚报》曾刊登过一篇题为《一则广告费思量》的文章。文中讲到,北京北太平庄有个茶庄,门前写着这么一则广告:“欢迎工农兵同志们,请你选购新到的茉莉花茶。”该文作者原打算到这家茶庄买些茶叶的,但一看这则广告,被“镇”住了,因为他是机关干部。“工农兵”三字作为一般名词本无什么特殊意义,但由于“十年动乱”,使这些普通名词添上了一层特殊的感情色彩。时至1982年,人们在广告用语上看到过时的称呼,自然地产生了联想,引起情感上的隔膜感,改变了原先的初衷,打消了购买的念头。

(三)得体原则

“体”指的是语体,在传统语言学中是指为了达到特定交际目的而选用的各种语言手段的总称。“得体”是语言运用的基本原则之一,也是人们用以衡量语言运用好坏的一个标准。所谓语言运用得体,就是把对语言表达手段、语言材料的选择放在一种既保持话语内部各组成成分与风格色彩统一,又与题旨情境相切合的双重适应关系中去考虑,衡量得失利弊,寻求最佳表达方式。不同的语体有着不同的语言运用上的总体要求和风格基调。这些是人们语言运用的制约性因素,任何人的语言运用都脱离不了语体本身语言风格特点的规范。它既体现了语言内部关系的协调统一,同时又体现了与语境之间的适应性。“得体”与“切境”在某种意义上说有相同之处,但“得体”更强调语言内部与外部的双重统一,是立足点更高的一项原则。“得体”的原则涉及的问题是多层次、多方面的。它和“立诚”原则、“切境”原则互为渗透、相互交叉,在实际操作中要综合考虑。

(四)有效原则

有效原则指的是书面交际语言运用必须取得一定的效果。衡量书面交际语言的运用效果有四个层次,书面交际语言运用只要达到该层次所要求达到的目的,那么就是获得了需要取得的实际效果。一是信息层次。这是书面交际语言运用效果的最基本层次,只要通过语言交际把所要传递的信息传递给受众,或者受众所要知道的有关信息通过语言运用及时准确地获知了,就算达到了应有的效果。二是感情层次。这是比信息层次更进一步的语言运用效果。它主要是通过语言的运用,使作者与受众连接起感情的纽带。三是态度层次。它要求通过书面交际语言的运用来影响受众的态度,并使受众的态度发生变化。四是行为层次。它是要求通过书面交际语言的运用,使受众产生所期望的行为,这是书面交际语言运用效果的最高层次,但是,它又是以前三个层次的效果为基础的,正是因为有了前三层次的效果积累,才有最高层次效果的实现。

第二节　书面交际语言艺术

一、书面交际语言类别

(一)柬请类

1. 请柬

(1)概述

请柬的“请”,是邀请的意思;“柬”与“简”相通,是信件、名片、帖子的统称。请柬也称请帖、简帖,是机关、团体或个人邀请对方参加某种活动而发出的信柬。在日常交际活动中,如宴饮、游览、会议、观赏均可向对方送去请柬。请柬一般分为封面、封里两部分。

封面有竖式与横式两种,封面上都要用美术字或其他手写体写上“请柬”或“请帖”两字,多数用烫金,还用各种吉祥物装饰画面。

(2)结构

标题:在正文上方居中写“请柬”二字,也可由活动名称加“请柬”二字组成。如“羊城仲夏万家欢请柬”、“产品推介会请柬”。

称呼:第一行顶格书写被邀请人的姓名及称谓,后面加上冒号。

正文:另起一行空两格书写,要写明邀请的理由、出席活动的具体时间和详细地点等。

结尾:正文之后,紧接着写“敬请光临”等礼貌用语,也可另起一行,顶格书写“恭候光临”、“敬请光临”。

落款:在结尾语的下一行右下方(竖写的在左下方)写上邀请者单位名称或个人姓名,再下一行写上请柬发出的年、月、日。公务来往的请柬要签名或盖章。

(3)写作要求

请柬的写作要求如下:被邀请参加活动的时间、地点要写得准确、具体;措词要简洁、文雅、庄重,除用礼貌语外,其他语言也要体现出邀请者的诚心;请柬的正文如果是手写的,字体要写得工整、美观。

【例文】

××先生:

　　兹定于×年×月×日(星期×)晚上7时,在××酒店二楼贵宾厅举行学会成立周年座谈会。

　　恭候光临指教

××学会敬约

×年×月×日

另外，请柬是邀请客人的通知书，所以在什么时候，用什么方式发送，要视实际情况认真斟酌。一般说来，普通请柬在活动前三天递送为宜，早了容易遗忘，晚了受邀者又不便安排时间。婚礼请柬一般要提前半个月，因为客人要作各种出席的准备。

2.聘书

(1)概述

聘书也称聘请书，是一个单位在工作、学习、研究活动中，缺少一些必要的人员而聘请外单位的人员担任本单位的某个职务或承担某项工作时使用的文书。目前我国有不少单位实行了聘任制，因此聘请本单位的人员担任某个职务时也可使用聘书。

(2)结构

标题：写上“聘书”或“聘请书”，字体要较大。

称呼：写上被聘请者的姓名，姓名后可加上“先生”、“小姐”等称谓。

正文：先写聘请的缘由、目的，再写将要请他担任的职务、承担的任务。有的还要写任期、待遇等。有一种直陈式的聘书，开头就写“兹聘请××担任职务”，不写任务、任期，更不写待遇。

结尾：另起一行空两格写“此聘”两字，也可不写。

落款：在正文右下方写上聘请单位全称，加盖公章，在单位名称下写明年、月、日。

(3)写作要求

在聘书书写之前，聘请单位与被聘人双方要充分协商，不能一厢情愿。有关内容应交代清楚。如聘请谁、为什么聘请、聘了干什么均应写明，不能含糊其辞。另外，文字要简明。聘书与其他专用书信不同，不必详列工作内容和工作要求。

聘书是代表单位对应聘者进行邀请的信件，一定要讲究礼貌，态度要热忱，切不可盛气凌人。如是手写的聘书，字迹要工整美观，不可潦草。这样才体现出对应聘者的信任和尊重。

【例文】

××教授：

兹聘请您担任我校第十届“挑战杯”大学生辩论赛评委。

此聘

××大学团委(公章)

×年×月×日

(二)赠言类

贺卡祝词、离别赠言,都是社交性的简短书面表达,礼仪性强。虽是应景而作,却皆因情而发,以简短精彩的艺术形式,表达丰富的内容。精彩的,富有鲜明个性的赠言,具有很强的艺术感染力,既是言语瑰宝,更是精神财富,都具有极高的欣赏、收藏价值。

1.贺卡祝词

贺卡是祝贺亲友节日或生日、新婚等喜庆活动的卡片。

贺卡种类很多。从内容和用途看,有新年、生日、婚嫁、晋升、成就、尊师、敬老贺卡等。学生常用的是生日贺卡、新年贺卡、尊师贺卡等。在亲友遇到特别的事情时,如获得成功、特别的纪念日等,也可因人因事而寄送特别的贺卡,向其表达特别的情意。

写贺卡祝词,除了精心提炼内容,还要讲究言语形式的整体效果,讲究书写形式的艺术效果。此外,贺卡的画面构图讲究图文并茂,要求纸质好,装帧精致,追求书法美、装帧美、语言美的有机统一。

2.毕业赠言

赠言,是人们分别时说的或写的话,多表达勉励、祝愿。荀子说:“赠人以言,重于金石珠玉”(《荀子·非相》),“君子赠人以言,庶人赠人以财”(《荀子·大略》),可见赠言的珍贵。

毕业赠言讲究整体效果,构图别致,画面与语言和谐一致,意境隽永。毕业赠言的组成部分,一般包括:

(1)赠言者的小档案。如姓名、籍贯、年龄、性别、身高、爱好、属相、专业、年级、家庭地址、分配地址、联系电话等。有的认真填写,有的则有意模糊。如一位来自北方的音乐专业的学生借一句流行歌词写道:“我是一匹来自北方的狼。”一位叫叶丽的同学则在个人小档案中写道:“遥远的地方有个女郎,名字就叫叶丽(亚)……谁要是得到她的拥抱,他就永远不会老。”幽默、热烈。

(2)称呼。可写,也可不写。可以直呼其名,也可只用双方共知的特殊代号、绰号等。称呼可以体现双方的交际关系,体现赠言人的用语风格、礼貌程度。

(3)正文。如:准备好一壶酒,我明年这个时候去看你。记住,你许诺过的那盘小菜一定要端出来。

(4)签名。

(5)日期、地点。

(三)书信类

书信有一般私人书信和专用事务书信两大类。前者是写给家人、亲戚、朋友等的信;后者主要是写给组织用以处理事务的信,如申请书、决心书、建议书、求职信、贺信、证明信、介绍信、慰问信、感谢信、表扬信、请假条等。这里介绍常用的几种。

1. 感谢信

(1)概述

感谢信是机关单位、企业团体为感谢对方的关怀、支持或帮助而写的一种交际文书。写感谢信应满怀感激之情，把对方的好行为、好作风以及感人之处概括地写出来，然后表达谢意和向对方学习的决心。感谢信不仅有感谢之意还有表扬之意。感谢信可以直接寄给对方或对方所在单位领导，也可以张贴在对方所在地的公共场所，还可以交给报社刊登或电台广播，将对方的好人好事广为传颂。感谢信用第一人称叙述。

(2)写法

标题：在文头写“感谢信”或“致××的感谢信”等字样。

称谓：标题下空一行顶格写收信人称呼，可以是单位名称，也可以是个人姓名。

正文：感谢信正文内容大致有二：一是简略地叙述对方的好行为、好作风、好事迹，在叙述过程中要将有关要素交代清楚，取材详略要得当，选取最光彩照人之处来写。二是热情赞颂对方的可贵事迹以及客观影响，表达自己向对方学习的态度和决心。

结束语：一般写上致敬语，表示祝福的话，再次表达感谢的话。

署名与署时：在正文右下方写上单位或个人名称，下一行写年月日。

【例文】

感 谢 信

暨南大学中旅学院并许光伟等八位同学：

春节期间贵学院派了许、张、陈、郑、陈、徐、周、吴等八位同学来酒店进行实习，并给予酒店工作以大力支持。在近一个月的实习中，同学们在与酒店的员工共同工作和学习生活中表现出良好的精神面貌和素养，待客热情富有朝气，工作上勤奋好学、积极进取。在较短的时间内适应了新的工作环境，并熟练掌握了酒店餐饮服务等方面的知识与技能，圆满完成了实习任务，同时也给酒店员工们留下了良好的印象。更难能可贵的是，同学们在实习报告中给酒店餐饮工作提出了多项合理化建议，这些建议对酒店的餐饮管理工作具有很大的帮助和启发。酒店的领导非常重视同学们提出的合理化建议，并在酒店中倡导这种善于思考、积极进取、开拓创新的精神，不断增强对企业的责任心和荣誉感，为塑造“深圳湾大酒店”这一品牌而努力。在此，对中旅学院长期以来对深圳湾大酒店给予的支持与合作表示衷心的感谢!

祝同学们学习进步!

深圳湾大酒店

2000年3月8日

2.贺信

(1)概述

贺信是某集体或个人向取得重大成就或举办重要活动的集体或个人表示祝贺的专用书信。如某工程竣工、某科研项目成功、某人生日等,都可使用贺信表示祝贺。

(2)格式和写作要求

贺信与一般书信相同,有称呼、正文、结束语、署名、日期等。与一般书信不同的是,要加一个标题,在纸的开头的中间位置写上"贺信"、"祝贺信",字体稍大,使之醒目。

贺信的正文,从言语形式看,要求词句优美、明快、流畅,语气热烈,篇幅简短。从内容看,一般包括三个部分:①描述对方的成就、庆祝活动,所祝贺的具体事实等,表达祝贺之意。②充分肯定对方,评价对方的意义。措辞应实事求是。③鼓励、祝愿的话,或进一步表示向对方学习。

在高校,有时兄弟班级、院系学生团体等获得某种荣誉,或有其他可喜可贺之事,作为班干部、系学生会干部,需要代表本班、本系致信祝贺。

【例文】

贺　　信

××杂志编辑部:

欣逢贵刊百期出版之际,我们表示热烈的祝贺!

多年来,《××》杂志致力于研究秘书问题,宣传秘书知识,指导秘书工作,取得了显著成绩,成为秘书工作的良师益友。我们谨向贵刊的全体同志表示真诚的感谢!

祝杂志更上一层楼,越办越好!

中共××省委办公厅

一九九×年×月×日

3.求职信

(1)概述

求职信是求职者向有关单位或雇主推荐自己以求取职位的信。求职信的特性首先是自荐性。求职者与单位或雇主之间从未谋面,互不相识,现要作"纸上的会见",要善于自我推销。其次是针对性。求职者应对单位或雇主有所了解,对所求取的职位有所了解，对自己的条件有所了解，针对自己的实际能力和雇主所需职位的要求，投其所好。正所谓："知己知彼，百战不殆。"再次是竞争性。求职是一场见不到硝烟的"战争"，尤其是那些知名度高、实力雄厚的大企业、大公司，人才的竞争格外激烈，在求职信中应将你的长处淋漓尽致、实事求是地表现出来，以求在竞争中取胜。

求职信的内容大致包括求职的原因、目标、条件三项。

(2)写作格式

求职信的格式与其他书信格式是一样的，一般由六个部分组成。

称呼：这是对阅信人的称谓，一般用"公司经理先生"、"厂长"等，比较庄重。西方国家习惯于用"亲爱的先生"，如知道姓名，还可以用"亲爱的××先生"。

开头：一般私信开头是问候语，求职信中大可不必。开头写原因或目的。开头一定要能使阅信者有兴趣看下去。

正文：这是求职信写作的重点。一般包括三个方面的内容：①交代原因、目的；②介绍学历与相关经验；③阐述自己的长处和优势。尤其要注意表现自己的有关长处，突出对求取此职位有价值的成绩。

结尾：主要强调求职者的愿望与要求。比如：希望有一个面试的机会，静候回音等。然后写上"此致，敬礼"的字样即可。

附件：附件不宜过多，选最能证明自己才能的资料复印件，还可附上联系方式之类。

落款：署名时可写成"申请人"或"求职者""××大学××系学生××"，如果文中已经介绍了自己的背景，此处只要写上姓名即可。一般的求职人员直接写姓名。姓名后加上"谨上"、"敬上"等表示礼貌的字眼。日期写在姓名下一行。

(3)写作要求

求职信不仅可以反映一个人的语言水平，更是求职者性格、素质、智力等的综合体现，所以一份简洁明了、措辞得体、书写清晰的求职信对求职的成功与否至关重要。

第一，简洁明了。求职信的读者是求职单位的领导，因为公务繁忙，求职者众多，所写的信要达到最大程度的简明，使对方能充分了解求职者的意图和情况。但简洁绝不是草草了事。

第二，措辞得体。求职信是通过语言来表达的，所以措辞特别讲究，整个求职信的语言始终要坦率、真诚，同时也要充满自信。言语风格应该是礼貌、得体、大方、热情、文雅。

第三，书写清晰。文面是求职信的"外表"。一份书写清晰、格式正确的求职信给人的第一印象就好，所以不要涂涂改改，让人辨认不清。应该力求书写工整，布局美观。不能出现错字、病句、语义模糊、求职态度不明等情况。如果是打印,也要注意合理安排文面。

另外,有些细节也要注意:求职信不要用复印件,如果招聘者没有言明亲笔书写则可以用打印件,要用高质量的信封、信纸。可以随信寄去贴好邮票、写好地址和姓名的空信封,使对方便于答复。当今还可以用更便捷的通讯方式如手机。如果没有留下有效的通讯方式,招聘者无论怎么赏识你,也只能是望"信"兴叹。

(4)写作中常见的毛病

以下是一些经常在求职信上出现的毛病,这里提出来,希望大家能够有所察觉,以防出错。

①过分自信

很多人求职,尤其是刚从学校毕业的同学,都会犯一个毛病,就是以为只要考试成绩好,便会是一个称职的职员。其实,不少招聘单位曾再三指出,好职员必须既有良好的学业成绩,亦有多方面的经验和才干。所以,如果因为自己在考试中得到优良成绩便沾沾自喜,忽略经验和性格条件,只会使招聘单位觉得你自高自大、不成熟。

②不够自信

谦虚虽然是美德,可在现代社会里过谦已越来越不合时宜了。求职者应在信里强调自己的长处,如果不能避免地要提到缺点,则尽量轻轻带过。

③语气不庄重

招聘单位大都喜欢那些看事物比较客观的求职人,所以要尽量避免在求职信中用"我觉得"、"我看"、"我想"等字眼来说明自己的观点,也忌用"我非常希望"、"我真的喜欢"之类的强调语气。

④消极的工作态度

有些求职人在信中会写上这类陈腔滥调:"若贵公司要求受聘的行政人员有能力做决定,并且忠心执行职务,则我自当……"这样会使人觉得你非常被动,做事无主见。现代社会讲求创意与胆识,求职信这样写是不会给人留下好印象的。

⑤措辞不当

这方面的例子数不胜数。曾经有求职人这样写:"你知道有我这类人应聘,势必大喜过望。"或者:"我(她是女的)特别喜欢接触陌生人。"再如:"这职位对我来说,简直是难以抵挡的引诱。"如果小心撰写的话,这种种不妥当的措辞其实是完全可以避免的。

⑥过多简写词语

可能你与朋友交谈时喜欢简称自己的学校或所修的学科,但在求职信上是绝不应该这样写的,如简称"大"、"工"、"商院"等,这样只会使人觉得你做事还很学生气。

【例文】

求职信

尊敬的领导：

首先感谢您在百忙中挤出时间阅读我这份自荐信。

我是××师范大学中文系的一名硕士研究生，毕业在即，渴望加盟贵单位，以展平生所学。我出生于×市的一个知识分子家庭，父亲是一名高级机电工程师，母亲是中学语文教师，良好的家庭教育，熏陶塑就了我的乐观向上、坚忍执著、端庄大方。

×年×月，我从省重点中学考入××师范大学中文系，因几分之差，我与本科暂告无缘，但是，我没有气馁，而是努力进取，天道酬勤，我于×年荣获我校最高优秀学生奖学金——陈氏奖学金，并于×年9月以全班专业成绩第一的绝对优势顺利升入同年级本科班。至此，我仍然没有自满，而是继续不懈努力，保持着名列前茅的势头，×年再次荣获我校另一项优秀学生大奖——王氏奖学金。毕业前，我获得了免试推荐攻读本校硕士学位研究生的资格，完成了从专科到本科、由本科到研究生这两次质的飞跃，被学校树为“三级跳”的典型，并荣幸地被评选为“××师范大学十佳文明大学生”。成为硕士研究生后，我进一步调整自己的学习方法，着重提高自己的科研能力；在导师们的严格要求和指导下，培养自己严谨的治学态度和全面的科研素质。今年×月，我又一次入围“王氏奖学金”。

七年的大学生活，拥有的不仅仅是寒窗苦读，更有丰富多彩的课余生活，我深知世纪的中国，需要的是高素质、复合型、富有创造力和竞争力的高层次人才。因此，我积极投身于各种社会工作，将所学专业知识与社会实践结合起来。我充分利用了每一个寒暑假，先后到市委办公厅、《晚报》、电视台新闻部、《创作》杂志社等单位实习，做过《晚报》的兼职编辑，并担任大学语文的教学工作。在种种实践活动中，我丰富了自己的社会阅历和工作经验，提高了独立处理事务的能力，并强化了自己的专业意识和专业基础。

大学七年，我先后担任过班团支部书记、系学生会副主席、校研究生会文艺部部长、学院研究生党支部书记等职务。曾多次成功地策划并组织过院、系大型学生活动，如组织院合唱队参加全校合唱比赛，一举夺魁；策划并组织了“千古一村行”的文化寻访活动等。在工作中，我的组织能力和口语表达能力都得到了很大的提高。更重要的是，我体会到了团结协作的力量。

扎实的专业基础、强烈的集体荣誉感、高度的责任感、吃苦耐劳的坚强意志和健康的体魄,为我今后的工作奠定了坚实的基础,如果有幸得到您的赏识,我将以百倍的努力回报您的厚爱。

志当存高远。一旦有了选择,便只顾风雨兼程……

再次向您表示深深的谢意。

此致

敬礼!

××师范大学中文系××级研究生×××

×年×月×日

附:通讯地址、邮编、联系电话。个人小档案:①个人资料;②简历;③主要专业课程及分数;④科研能力:发表作品一览表;⑤相关能力:资格证书、考核证书;⑥历年主要获奖情况;⑦求职意向。

4.电子邮件

(1)概述

电子邮件是一种既经济又快捷的通讯快餐。在信息时代,电子邮件已经逐渐成为了人们一种远程通讯的重要方式,正在或者说已经取代了传统书信的主流地位,成为信息沟通不可或缺的工具。

电子邮件可以作为信件,又可以用附件的方式,传递重要文件和信息。它几乎不受传统书信邮寄的时空限制,可以消除通讯两端的时空阻隔,加快社会改造和人际关系发展的步伐和节奏。

(2)写作要求

写作电子邮件须遵守网络礼仪。它既是现实社会礼仪的一种延伸,同时又具有与传统社会礼仪完全不同的性质。这里仅介绍写作电子邮件方面的礼仪,具体包括:

①一定要填写电子邮件的主题词。主题需明确表达你要说的话,让收件人一见到它便对整个邮件了然于胸。

②大小要适中。不要传递超大容量图片、带有艺术字体或彩色底纹背景的文件,以免使对方有限容量的信箱超载;也不要直接传送非文本格式的文件,它会因传送失败而浪费网络资源。

③避免使用生僻字、异体字。电子邮件要便于阅读,语言必须流畅。在引用数据、资料时,最好标明出处,以便收件人核对。

④不用错误语法及错误拼写,不要用不敬的字词,不要在邮件中乱开玩笑、散布谣言伤害别人。

⑤在利用对方电子邮件回复作者的时候，不要把对方的信件内容又传递过去，这样会加剧网络传输的阻塞和拥挤。正确的做法是删去对方信件的内容，只发送你自己的信息。

⑥对收到要求回复的电子邮件，要及时给予答复，不要有来无回、石沉大海。

5.手机短信

(1)种类

短信被称为“第五媒体”，其内容主要包括四个方面：新闻、图像、音乐和言语。与其他几类短信相比，言语短信短小精悍，具有更大的吸引力，越来越受到人们的欢迎。言语短信可分为：深情告白类、幽默搞笑类、温馨祝福类(如节日问候、健康问候、生日问候等)等几种。

(2)特点

①简短明了，平白如话

言简意赅是短信最显著的特点。它以30～50字为多见，这是和短信的载体——手机的特点分不开的。从语体上看，它是口头语言的书面化，因此常常兼有口头言语交际的格调。出于表达的需要，短信可以即兴自拟，也可以从网站等通讯工具中挑选现成的。自拟的短信常适用日常生活的需要，三言两语，内容单一，表意直接。例如招呼对方时用手机匆匆留言：“请你快来”或“请快来”或“快来”或“来”，按交际对象的亲疏远近选用4个字到1个字便足以表达，甚至连姓名都可省略不署。对方也只要发一两个字的应答语，如“是”、“好的”之类，双方交际便可完成。这种电报式的留言多为口语式的独语句，既快又经济，是网络通讯带给人们的便利和享受。

②生动形象，饶有新意

短信另一显著的特点是用语生动形象、饶有新意、不拘一格、丰富多样。修辞方式的大量运用，使短信面貌新颖，讨人喜欢。排比、比喻、夸张、反复、对偶、双关、对比、回环等修辞格从形式上包装了短信留言的内容，使之句式多样、结构别致、表述新奇、形象生动。如：

请你打开窗，让新春的风吹进你的屋子，让新春的雪飞进你的屋子，让我新春的祝愿，飘进你的心坎。

新的1年开始，祝好事接2连3，心情4季如春，生活5颜6色，7彩缤纷，偶尔8点小财，烦恼抛到9霄云外！请接受我10心10意的祝福。

敲响的是钟声，走过的是岁月，留下的是希望，盼望的是美好，送来的是祝福，愿朋友新年快乐！

③交流情感，沟通心灵

短信有它特殊的功用，是一种不用身体出场，也不用声音出场的特殊的交流方式。它更有文学性，和直接通话相比有不可替代的心灵沟通的效用，已经成了人们联络感情的一个重要媒介，在某种程度上增强了人们之间的情感沟通。尽管只是一条小小的短信(有时候甚至不需要发信人自己编辑、书写)，却可以把已经失去联系多年的同学、朋友之间的距离再一次拉近，让对方知道，我还记着你、想着你。因此，从抒发情感这个角度看，短信更适宜尽情地表达交际双方面对面口语交际时不便直说的内容。情感性使短信更有魅力，更有深度。

④自由随意，快捷方便

短信既可通过开通短信息的网站发送，也可利用手机即时互递，受时间、地点影响小，硬件依赖性小，隐秘性好。从传递信息的角度看，它最具实用性，可顺利地将信息传递给异时异地的收信人，既省钱又方便。

(四)广告类

1. 概念

广告即“广而告之”、“告之于众”的意思。《简明大不列颠百科全书》对广告的解释是：“广告是传播信息的一种方式，其目的在于推销商品、劳务，影响舆论，博得政治支持，推进一种事业或引起刊登广告者所希望的其他反应。”广告信息通过各种宣传工具，其中包括报纸、杂志、电视、网络、无线电、广播、张贴广告及直接邮送等，传递给它所想要吸引的观众和听众。现在，广告不仅用于企业和个人的营利目的，而且已兼及机关团体等的公益目的，成为向社会各界广泛传递信息的一种有效手段。

2. 种类

广告的形式多样，种类很多。因分类标准不同，名称各异。根据内容特点可分为下面几种：

(1)商品广告：公开而广泛地报道商品信息、介绍商品知识的广告。

(2)劳务广告：企事业单位公开传播劳动服务信息、宣传服务宗旨、服务内容和服务项目等的广告。

(3)企业广告：企业单位为了提高自己的声誉、创造良好的企业形象而进行自我宣传、介绍的广告。

(4)公益广告：国家党政机关、社会团体和企事业单位为维护社会公众的共同利益而进行公开宣传的一种形式。

(5)文艺广告：传播文艺演出、书刊出版发行和体育比赛等信息的一种广告。

(6)招聘广告：传播党政机关、社会团体有关招生、招工、招干事项信息的一种广告。

上述六种广告中，以商品广告最为常见。

随着科学技术的进步和商品经济的发展，广告媒体也以各种形式出现。现代广告活动中，大致有以下几类广告媒体：

（1）印刷媒体，包括报刊、挂历、工商名录、电话簿、列车时刻表、小册子等。

（2）电讯媒体，包括电视、广播、网络、灯箱、霓虹灯、电子显示广告牌、电影、幻灯、录像等。

（3）户外媒体，包括路牌、旗帜、墙壁、车身、招牌、招贴、海报、传单等。

（4）室内媒体，包括陈列柜、橱窗、吊牌等。

（5）商品媒体，包括火柴盒、手提包、购物袋等。

（6）邮寄媒体，包括信件、明信片、说明书、商品目录和直邮广告等。

在广告媒体系统中，报刊、广播和电视是三大传统媒体，网络媒体被称为“第四媒体”，是一种具有鲜明特性的新媒体，正以强劲的势头发展。

3. 构成和写法

广告文的构成和写法因广告媒体和宣传内容的需要而不同，既没有统一的结构形式，也没有固定的写作方法。一般来说，广告文包括标题、正文、标语和随文四项。这四项都齐全的广告文，多见于报刊上的印刷广告；单纯用广告标语，或标题、标语与正文合一的多见于灯箱、标牌、交通等广告；用标语、标题与画面配合的多见于电视广告。这里主要谈谈文字广告的构成和写法。

（1）文字广告的构成

文字广告的构成，一般包括标题、正文、标语和随文四部分。

①标题

广告标题是广告的前锋，一则好的广告标题，必须能即刻引起读者注意，诱导读者去阅读广告正文，唤起读者购买欲。有时独立的一条标题也可以构成一则广告，称为标题广告。广告的标题分直接标题和间接标题两种。除此之外，还有以下要求：

A. 直接标题

即直接推出商品，体现广告主题的标题。如果是有影响的名牌商品，更适宜直接以它的名称作标题，因为名气大，本身就富有吸引力。如“青岛啤酒”、“松下电器”等。有的直接标题中写出该商品与众不同的特点或优点，如：

“天然保健商品，蜂王牌蜂蜜。”（中国土畜产进出口公司上海分公司）

“丽花丝宝高级洗发系列隆重上市。”（丽花丝宝集团）

B. 间接标题

即不直接介绍商品的品名，而是用迂回间接的方法介绍广告对象的特点和功能，以引起读者的兴趣，激起读者阅读广告正文欲望的标题。例如一种含多种维生素的营养米的广告标题：“不是药，但比药更有效！”又如意大利电饭锅的广告标题：“给太太一份安全感！”

②正文

广告的正文主要说明广告的宣传目的，介绍广告的具体内容，包括商品的特点、性能、质量、规格、作用等等。正文内容要以有力的证据，说明商品或服务的个性和主要优点，以及能给消费者带来什么利益。广告正文一定要实事求是，切忌浮夸不实之词，撰写时要注意。除此之外，还有以下要求：

A. 重点突出

一则广告要有明确的主题，这个主题就是广告的诉求重点。正文应突出这个重点，切忌头绪纷纭，杂乱无章，显示不出商品的主要优点。

B. 简明易懂

正文要写得简明扼要、浅显通俗、具体明白，切忌深奥晦涩。可运用叙事、说明、议论、抒情等多种笔法，使语言生动、形象、简洁、有力，使各种文化程度的消费者都易读爱听。

C. 有趣引人

广告正文不但要有概括性，言简意赅，还要有文艺性，富有人情味，使消费者感到亲切，乐于接受。在表现方式上，可运用独白式、对话式以及诗歌、相声、故事等文艺形式。

③标语

标语又称广告口号，它是广告在一段较长时间内反复使用的特定企业用语，一旦确定，往往长期不变。广告标语是企业产品的精神商标，是识别产品的标记，也是企业形象的标记。标语不同于标题，标题在正文之前，标语在正文之后；标题可以随时更换，标语则长期使用；标题旨在吸引和引导读者看下文，标语则旨在强调、突出商品的特点，并使广告回味无穷。例如：

"如此感觉，无与伦比！"(美国可口可乐公司广告标语)

"你知道我吗？"(美国运通公司广告标语)

"味道好极了！"(雀巢咖啡公司广告标语)

"滴滴香浓，意犹未尽！"(中美合资麦氏饮料公司广告标语)

④随文

广告的随文主要是明确购买或联系的方法。有的就在广告正文下方直接写上广告单位的名称、地址、电话、电传号码，电报挂号、地址等，对消费者起购买指南的作用。

(2)文字广告的写作

文字广告的写作因为媒体的不同而各有不同的特点，因而不能一概而论。不论是广告标题、标语，还是广告正文，都要求把握广告主题，简洁明了。一则有创意的文字广告，至少具备如下几点：

①要敢于立异求新

在文学创作上，第一个将姑娘比作鲜花的是天才，第二个将姑娘比作鲜花的是庸才，第三个将姑娘比作鲜花的是蠢才。在广告创作上也是如此，最忌拾人牙慧、千人一面。广告要求创新，然而没有异，就没有新。这里讲的新，从表现方法来说，可以有几层含义：

新发明、新创造：过去从未有过的。

新发现：从前有，生活中有，但未被人发现、利用。

新发展：继承前人的、他人的技巧，并加以发展补充，使之更完善。

新认识：同样一个事物，长期不被人认识，是你发现了它的意义。

新理念：根据某一种新的艺术主张或理论，进行实践。

新成果：经过自己或他人研究试验成功的一种智力果实。

新事实：客观世界，包括自然的和社会发展的产物。

文字广告的“新”主要指创作思想要新，语言运用要新，处理技巧要新。要敢于创造，不因循守旧。例如：上海“梁新记”生产的牙刷，在和一百多家牙刷小厂竞争中没有起色。为此，老板曾不惜工本印刷了大量广告说明书：本产品选用精良猪鬃穿制，坚固耐用，上等佳品，使君满意等等。人们看过这种连篇累牍的广告毫无反应。后来有人巧借成语、大胆创新，改为符合牙刷特点的四个字“一毛不拔”后，使人见之耳目一新，从此“梁新记”牙刷独霸“刷坛”。

②要有丰富的想像和联想

想像的过程，就是创造的过程。想像能打破时间与空间的限制，使作品通过虚构显得完满和具有创造精神，可以说没有想像就没有艺术。

广告创作中可以根据现实情况或生活发展逻辑，进行推测想像；可以将情感渗透于各种具体事物，使之具有人的情感想像；可以进行对比想像；也可以作反常、异化等变态想像；等等。

联想是广告文案创作过程中的另一种艺术性思维。它常常利用由此及彼的思维特点，诱导人们充分发挥自己的想像能力。例如美国一则童鞋的广告：“像妈妈的手一样柔软。”就是运用情化联想，把孩子穿上童鞋的感受同妈妈温暖柔软的手联系起来，饱含感情色彩，可谓别具匠心。

③应注意语言修辞技巧

修辞技巧在广告中被大量普遍地使用，用得恰当，能增加广告语的魅力。

(五)契约类

1. 一般契约

(1)概念

契约，实际上也就是合同，是双方(或数方)当事人依照法律订立的有权利义务关系的协议。其内容必须符合我国法律、政策的规定，不得有任何违反法律的事项。同时，契约应是当事人各方在平等互利、完全自愿的原则下订立，不允许任何一方将自己的意愿强加于他方。

(2)主要内容

①契约的名称。

②立契约当事人各方的姓名。

③立约的原因、目的。

④各方当事人的权利义务、违约责任等(一般要用条款式逐条列出)。

⑤生效时间、有效期限，一式几份，各由谁执有。

⑥附件名称和份数，各方当事人或中人、证人签名盖章及订约时间。

(3)订立时的注意事项

①订立契约，必须在我国法律许可的范围内进行，其内容也必须符合国家法律，不得违反，否则得不到法律保护。

②契约的内容要明确，条款要具体，用词要准确，不能有丝毫含糊不清、模棱两可之处。否则就难免产生纠纷，导致讼争。

③在书写时，要用钢笔或是毛笔，字迹要清楚、工整。要正确使用标点符号，要避免写错别字。

④在契约涉及货款和物品的数目字时，一定要大写。要写清财产的数量、尺寸、位置、价值等。

⑤不得随意涂改。如发现契约中有错误、遗漏之处，必须在订立者双方或各方协商同意的基础上修改、补充，并在修改补充处加盖双方或多方的印章；如果没有印章，按上双方或多方的指纹也行。

⑥如果有附件，如物品单，补充说明等，应作为契约的一部分附在后面。

⑦要写清双方或多方在契约产生歧义或对财产发生纠纷时应负的责任，以便查核、监督，保证契约的执行。

【例文】

租赁契约

立房屋租赁契约人蒋××(以下简称甲方)，林××(以下简称乙方)。甲方将自有的本市××路××号底层朝南的房屋壹间，租与乙方使用，特订立租赁契约如下：

一、此房屋共20平方米，甲方租给乙方居住，租期×年(自19××年×月×日至19××年×月×日)，双方协商议定每月租金人民币××元，每月由乙方于上旬以内付清，甲方收到租金时出具收据为凭。乙方不得以任何理由拖欠租金，如乙方超过约定日期一个月内不付清租金，甲方有权立即收回所租房屋。乙方如按规定付清了租金，甲方不得在约定租期内以任何理由提出收回租房的要求。

二、甲方将放在此屋中的双人床一张、五斗橱一只、方桌一张、木方凳四只，挂灯壹只和房门上的司必灵锁壹套，借给乙方使用，并于租期届满时与房屋同时归还给甲方。乙方应负责保护上列各物以及门窗、墙壁，如有损坏，应视其损坏程度，由乙方赔偿。

三、底屋后屋为厨房，为甲方所有和使用。但为方便乙方的日常生活，甲方同意乙方在此屋内放置煤炉一只和小菜橱一只，乙方可使用此屋中的自来水龙头、水槽、方桌，可在此屋烧饭、做菜和洗涤衣物。双方都要保持此屋清洁卫生。

四、乙方在租赁期间，与甲方共用电表和水表。电费照双方所装灯头及使用灯泡的实际数量按比例计算，收音机、电视机、收录机以及其他家用电器按各件规定的瓦数按比例折算，各自承担应付的电费。南屋和北屋之间的过道公用灯壹只、厨房公用灯壹只，由甲乙双方对半负担。水费按双方实有人数计算分摊，儿童和成人都照壹人计算。

五、底层南屋之间的过道，由甲乙双方共同使用，但不得堆放东西，并须保持过道的清洁。

六、南屋前面的庭院，乙方可以用来晾晒衣服，夏天也可在此乘凉或吃饭，但应保持庭院整洁，并不得损坏花坛和水泥地面。乙方不得在庭院中增加任何建筑设备。

七、乙方在租赁期满时，必须如期按原状将房屋归还甲方。如需延长租赁期，乙方必须在期满前三个月通知甲方，经甲方同意后双方另订租约继续租赁；如甲方不同意，乙方仍须如期交还房屋，不得借故拖延迁出日期。

八、本契约一式两份，甲乙双方各执一份。

立租约人：蒋××（签名盖章）
立租约人：林××（签名盖章）
证明人：邹××（签名盖章）
19××年×月×日

2.合同

(1)概述

合同是一种契约，也称合约。它是双方或几方的当事人，为了共同达到一定目的，协商一致、共同订立的用来确定各自权利、义务和具体事项的具有民事法律关系的文书。

合同和协议不同。后者只是双方在一些原则问题上的协商、议定,合同则是在协议的基础上作出的具体规定。

(2)种类

①按性质分,有购销合同、承包合同、补偿贸易合同、借贷合同、租赁合同、加工承揽合同、委托代办合同等。②按形式分,有条款式合同和表格式合同。③按时间分,有长期合同、中期合同和短期合同。

(3)写作格式

①标题

一般写明合同的性质。如"供应合同"、"建筑、安装合同"等。有的只写"合同"二字。

②立合同双方称谓

另起一行并缩两格写"立合同单位:",接着写双方单位全称和代表人姓名。可以确定一方为"甲方",一方为"乙方";或者称"供方"和"卖方"、"需方"和"买方"。

③正文

原因和目的:一般用"为了"开头。内容:一般是条款式。

A. 各项协议:包括标的(指货物、劳务、工程项目等);数量和质量;价款或者酬金;履行的期限、地点和方式;违约责任。根据法律规定的或按经济合同性质必须具备的条款,以及当事人一方要求必须规定的条款,也都是经济合同的主要条款。这些条款要根据合同的性质、目的的不同而有所区别。

B. 经济责任或法律责任。

C. 生效时间和有效期限:生效时间一般是"本合同自双方代表人签章日起生效"。

D. 份数和保存。一般写为"本合同一式两份,甲乙双方各执一份为据"。

如果有表格、图纸等附件,应在正文后另起一行写上"附件"两字,并注明件数。

④落款

写明双方单位全称和代表人姓名并签名盖章。如需要上级单位和有关单位作鉴证的,也应写明他们的名称并盖章。最后写签订日期。

(4)写作要求

①必须符合国家的方针政策,任何单位和个人不得利用合同进行违法活动,扰乱经济秩序,牟取非法收入。

②内容要具体、明确。《中华人民共和国经济合同法》第一章第六条规定:经济合同成立,即具有法律约束力,当事人必须全面履行合同规定的义务,任何一

方不得擅自变更或解除合同。因此，写合同不能有半点马虎，稍有差错，便要承担经济责任乃至刑事责任。内容(包括标的物、双方的权利和义务以及经济上的和法律上的责任等)要写得明确、具体，概念准确，条款清楚，不能措词不当、辞不达意、模棱两可、含混不清。字迹要工整，须用毛笔、钢笔书写，标点符号要使用正确。表示货款和物品的数目字要大写。

③项目要完整。合同中所列各项，都要按要求填写清楚；如果需要，可以另加附件。合同的附件是合同的一部分。合同的结尾必须写明附件的名称、件数，并附上附件，以保持合同的完整性。

④要保持整洁。签订好的合同，任何一方不得随意涂改。如果发现合同内容、文字有错、漏，或者因为发生了特殊情况必须改正、补充时，一定要双方同意，在原合同上修改，并在修改处盖上双方印章、签字才可。

合同写法与契约大致相同，故此处不再举例。

3. 公约

(1)概述

这里的公约，不是指国际间的公约，而是指人民群众为了维护劳动纪律或公共秩序，或为了公共利益，保证学习、生产、工作任务的完成，经集体讨论，把约定要做到的事情或不应当做的事情，应该宣传的事情或必须反对的事情，明确地写成条文，以便共同遵守，如拥军公约、学习公约、爱国卫生公约、服务公约、计划生育公约、乡规民约等。

(2)格式

标题标明公约的名称，说明公约的性质，也可以加上地区或单位名称，如《北京市各界人民拥军优属公约》等。正文分条写出公约的具体内容，也就是参与订立公约者要遵守的事项。有的在条文前先简明扼要地说明订立本公约的目的。结尾在右下方写上订立公约的单位名称与日期。如标题上已写明单位名称的，只需写清日期。

(3)订立时应注意的事项

①事前应充分酝酿、广泛讨论，使群众对订立公约的目的、意义有正确认识，并要充分考虑本单位的实际情况。

②要充分发扬民主，让所有订立公约的人都提意见、出主意，然后把意见集中起来，写成条文通过，才能成为正式的公约。要避免由个别人或少数人包办代替。

③条文要力求简明、具体，便于记忆、执行和检查。

④公约定好后，要抄写清楚，贴在大家容易看到的地方，以便相互监督、共同遵守、真正落实。

【例文】

爱国卫生公约

一、积极扑灭苍蝇、蚊子、老鼠、臭虫,消灭蚊蝇孳生地。

二、加强粪便管理,坚持吃用消毒井水,经常整修灭螺带,巩固"血防"成果。

三、注意饮食卫生,不喝生水,不吃腐烂变质的东西。

四、屋里屋外经常打扫,衣服、被褥勤洗勤晒。

五、配合医生、卫生员,认真做好疾病防、报工作,积极预防各种疾病,有病及时治疗,发现流行性传染病,立即向村卫生室报告,以便及时采取措施,避免传染。

新义村村民委员会

××年×月×日

二、书面交际语言艺术的运用

(一)广告用语修辞方式的运用

广告语言是一门艺术,因为它的创作要与艺术的灵感融合在一起,它的美感要通过艺术的语言来表现。广告语言的艺术技巧,指运用各种修辞手段,使广告语言富于文采,达到一定艺术高度的方式、方法。修辞格是语言中积极修辞的格式,独具魅力的广告语言,离不开修辞格的运用。汉语中的修辞格多达几十种,下面我们仅对广告语言中常用的修辞格进行解释和分析。

1. 对偶

对偶形式整齐、平仄相协、节奏明快、易记易诵;表达意义或上下相承,或相互补充、相互映衬、相互比照,紧凑而丰满。利用对偶做广告宣传,可根据对偶具有强烈艺术感染力的特点,运用富有感情色彩的褒性词语,创造既有诗意又有感召力的语句,进行感性诉求的宣传,以唤起广告受众对宣传对象的美好向往,从而实现广告的预期目标。例如某公司的招聘广告:

聚中华英豪同心创大业

招四方贤人集智办信息

2. 顶真

顶真又写作"顶针",指相邻的句子上句句尾与下句句首相承接的修辞手法。用顶真做广告,可使广告语言表达结构严密、语气绵延、声律流畅,而且能突出表现事物之间环环相扣的有机联系,句式齐整而新颖。例如:

存款达利　利达万千(新加坡达利银行广告)

"达利"是银行的名字,下句顺势相承,既加深了广告受众对银行名字的印象，也对客户做了承诺。又如：

货真价实实心待客客至如归，经营有门门路广开开门见喜。（三门峡鞋帽商场广告）

3. 回环

回环是利用语句穿梭般循环往复的形式增强表达效果的修辞格。用回环做广告，自然地颠倒语序，造成一种回环往复的语言美感，读来琅琅上口，易于记忆。像“万家乐，乐万家”已妇孺皆知，它使用的就是回环修辞格。又如：

好形象吸引好人才，好人才创造好形象。（1994企业形象展示暨人才新技术交流洽谈会广告）

4. 对照

把两个相对立的事物现象或同一事物现象的两个对立面放在一起，形成鲜明的对比，可以给人留下更深的印象，这种语言艺术叫做对照，也叫对比。广告语言运用对照手段，受到一定限制。我国广告管理条例规定，凡广告有“贬低同类产品的”，不得刊播、设置和张贴。因此，用对照做广告一定要谨慎。为避贬抑之嫌，利用对照做广告，一般不宜跟具体牌子的商品做比较，以免引起企业之间的矛盾。但可以跟不与具体牌子相联系的一类产品进行比较，或虚拟一个比较对象，也可以通过商品或服务自身对立面的比较，揭示商品或服务的独到之处。用对照做广告成功的例子是奥尔巴林公司的广告：

百万资金，毫厘利润

该广告拿企业的资金和利润做比照，树立了公司经济实力雄厚、技术过硬而盈利微薄的企业形象，让广告受众增强了对公司提供的质优价廉产品的信任感，从而获得长期而持久的社会效益。

5. 层递

根据事物的逻辑关系，连用结构相似的语句，在内容上表达层层递进的事理，叫层递。利用层递做广告，可根据广告宣传的主题要求，根据所要表达内容的层次步步推进。这样不仅可以使广告宣传内容重点突出，而且可以使情感因素逐步强化，引起广告受众共鸣，从而提高广告宣传的说服力和感染力。例如：

当您来到布莱克威尔书店时，谁也不问您打算做什么，您爱到哪里去便到哪里去，您爱抽哪本书便抽哪本书，简而言之，您可以随心所欲地翻阅。您来买书也好，或者仅仅到此翻看也好，都一样受到欢迎。（英国布莱克威尔书店广告）

该广告利用层递手法，将顾客在布莱克威尔书店的自由度，一步一步地放开，直到广告受众感到置身书店时的那种随意、悠然、快乐和诱惑，布莱克威尔书店“竭诚服务”的良好形象自然也就跃然纸上了。

6. 映衬

要使表达的对象更鲜明、更突出,给人以更深刻的感受,可以选用与表达对象相关、相似或相对立的对象作陪衬,这种“烘云托月”的艺术手段,修辞学上叫做映衬。广告语言如能针对企业的特点,巧妙而恰当地选用映衬手段,可以使广告宣传的主题得到烘托和渲染,达到新的艺术境界。例如:

热烈祝贺湛江佳能墨粉返销日本(湛江“佳能”复印材料有限公司广告)

日本是复印机和复印材料的王国,这方面的产品代表了世界最先进的水平,而湛江佳能墨粉竟然能返销日本,这不仅衬出了产品质量已经达到世界先进水平,而且衬出了企业光辉的形象,表现了企业的业绩和实力,调动起了潜在服务对象的感情反应。

7. 比喻

比喻俗称打比方。它具有以下修辞作用:一是对事物的特征进行描绘或渲染,使事物生动、具体、形象,给人以鲜明深刻的印象;二是用浅显常见的事物对深奥的道理加以说明,帮助人们深入理解。广告语言之所以常用比喻,道理就在于此。比喻分为明喻、暗喻和借喻三种主要类型。用明喻做的广告如某儿童鞋的广告:

像母亲的手一样柔软的儿童鞋

用暗喻做的广告如某眼镜店的广告:

眼睛是心灵的窗户,为了保护你的眼睛,请将窗子装上玻璃吧。

用借喻做的广告如某保险公司的广告:

鸡蛋碎了,它仍然在你的篮子里。同样如果您遇到什么不幸或灾难,保险公司将为您补偿一切。

这则广告选用了一个人们非常明白熟悉的例子,来比喻参加保险的好处,告诫人们要居安思危。借喻含蓄、隐晦,因而在广告中运用得比较少一些。

8. 拟人

广告语言常用拟人手法,一般不用拟物手法。拟人给予所宣传的广告内容以人的思想感情,使之具有人的性格特点和音容笑貌,把企业形象描写得富有生命力和人情味,从而缩短了企业与公众之间的距离。例如某广告公司广告:“永恒的戏剧大师”。广告公司是广告的策划者与表演者,所以,把广告公司比拟成“戏剧大师”,这是再恰如其分不过的了。“戏剧大师”再加“永恒”修饰,说明本广告公司是杰出的、卓越的,它的魅力是永恒的,它的广告语也是永恒的。

9. 借代

借代有用特征代本体、用专名代泛称、用具体代抽象等各种类型。用借代做广告,可以引人联想,使表达的广告内容收到形象突出、特点鲜明、具体生动的效果。例如:“猴年是国际友好观光年,《红岩》之乡笑迎四方来客。”这是重庆市沙坪坝百货公司为扩大本公司影响而主办的第二届“红岩杯”名优新特春夏商品大擂台评展活动的广告。重庆沙坪坝百货公司借猴年以引起人们的好感,引蝶来沙坪坝采花。重庆,是《红岩》的故乡,沙坪坝百货公司借《红岩》之名,引得四方来客垂青。广告的双借用,各得其所,极能为人接受。

10. 暗示

暗示是委婉表达意义的修辞手段,它往往“言有尽而意无穷”。用暗示做广告,可以使广告内容表达得含蓄委婉,减少商业气氛,更易让广告受众接受。美国大都会保险公司有一则运用暗示修辞格的优秀广告。画面上一位手捧谷筐的农人,面带微笑,沐浴在灿烂的晚霞里。与之相配的广告词是:“当晚霞消失的时候……”这简单的8个字,给人丰富的联想:人近年迈,如日之黄昏,岁月不饶人。当你日渐衰老时,你该想个什么保身之策呢?这8个字给人以深刻的暗示:只有参加保险,才能在垂暮之年继续拥有幸福和快乐。

11. 反语

反语就是正话反说,或反话正说。广告语言使用带有幽默感的诙谐反语,能造成一种引人注目、轻松愉悦的情调。例如:历史上最糟的游乐园。才坐了一下就结束的云霄飞车!大不见得就是好,虚有其表的海盗船。爸爸抱着头说:“不该来的。”妈妈捏着鼻子叫:“真没趣!”孩子们哭道:“早一点回家嘛!”这是东京大型游乐园丰鸟园设计的报纸广告,该广告利用反语,把丰鸟园说得一团糟,毫无游玩价值。广告主择定良日,把它刊登在4月1日愚人节这一天的报纸上,曾引起了极大的反响,收到了非凡的广告效果。

12. 夸张

广告语言如能针对宣传的目标不失真实地夸张,能使企业的形象更鲜明,特点更突出,给人的感染力更强烈。例如台湾太平洋建设股份有限公司的广告:“太平洋的一小步,建筑业的一大步。”广告词在对比的基础上形成夸张,用“太平洋一小步”跟“建筑业的一大步”对比,说明“太平洋”勇于突破,它的每一个小小的进步都会带动建筑业飞跃的主题,从而表明了“太平洋”雄厚的实力。

13. 双关

双关有语意双关和谐音双关两种。语意双关其语意一明一暗,有主有次,暗里含义为主,表面含义为次。用语意双关做广告,发人深思、趣味盎然。例如某饺子铺广告:“无所不包”。其双重含义是:一指饺子馅多种多样,二指服务周到、全面。语言幽默、生动有趣。谐音双关是利用词语的音同音近关系构成的双关。字面上是甲词,实则表达与甲词音同或音近的乙词的含义。例如,台湾国泰信托公司广告:“年关,国泰信托助您一币之力。”这则广告改成语“一臂之力”为“一币之力”。字面之“币”，切合了信托服务的特点，同时又突出了信托助你“一臂之力”的企业形象。“臂”与“币”谐音，一语双关。

(二)贺卡和赠言用语技巧

1. 贺卡用语技巧

(1)真诚为本

“真”和“诚”是首要的基础，符合事实，发自肺腑。如一位学生在给老师的新年贺卡中这样写道：“跟您交谈，总是让人受到启迪和鼓舞；跟我交谈，总要浪费你那么多的宝贵时间。谢谢您给予学生的无微不至的关心和指导。”虽然没有直接写“新年快乐”之类的贺词，但比一般的贺词更加真实，更有诚意，因而更具感染力。贺卡赠言，珍贵之处，就在于它句句真心诚意，没有客套，没有应酬敷衍虚假的成分。

(2)以贺为主

既是贺卡，内容当然以祝贺为主，在祝贺中表达谢意、希望等。如“祝你万事如意，事业发达”、“身体健康，学业进步”、“祝笑口常开”、“祝您福如东海，寿比南山”。从礼貌性的角度看，贺卡尤其能体现“利他主义”。在贺卡中，也可表达友情、亲情、思念等：“没有我的岁月里你要保重你自己，没有你的日子里我会更加珍惜我自己。”“妈妈，您辛苦了。以前女儿不懂事，总是要您给女儿过生日，现在女儿长大了，今天为您过一次生日。妈妈，请接受远方女儿真诚的祝福：生日快乐、永远美丽、永远年轻。”接到这样的生日贺卡，虽然是平平淡淡的几句话，可是母亲还是感动得流泪了。贺卡还可以表达理解、抚慰、同情、支持等，特别是在对方处于逆境、失败时。

(3)图文并茂

无论是市场上出售的贺卡，还是自己亲手设计的贺卡，一般都配有精美的画面图案。这些图画与文字相辅相成，共同表达赠卡人的情意。写贺词时，可以通过比喻、双关、拟人、象征等手法，充分利用画面图案的表意作用。如印有校园风景的贺卡，可以让远方的亲友了解赠卡人的学习和生活环境。“爸爸妈妈，瞧，我们的校园多美！我在这里很开心，请你们放心。”如画面有菊花，象征美好品格；竹报平安，而且还有高洁、谦虚等寓意。

(4)新颖别致

特别的话写给特别的“你”，才有特别的交际价值。这种特别至少表现在两个方面：话语本身无论内容还是形式都有鲜明的个性、独创性；这种表达符合交际双方的特定关系，符合交际对象的特点。

虽然贺卡上常常已经印刷了一些现成话，如和谐、温馨、幸福、健康、长寿、吉祥如意、年年有余、岁岁平安、新年大吉、大展鸿图……但这些套语，句句似曾相识,又似乎句句与己无关,不能准确地把自己特别的心意情感传给对方。所以应该在此基础上,根据收卡人的具体情况和交际双方的关系准确把握双方感情的契合点,写出知心的话语,表达新鲜的、与众不同的内容。一位学生在给老师的新年贺卡上写:“老师可敬,大姐知心。”对像知心姐姐一样关心自己的老师,表达了真诚的心意。过年时,在一片“恭喜发财”的贺年声中,不妨说说最重要的却容易被人忽略的一些话:“恭喜健康”、“祝你健康”、“祝你心情好”。如贺卡画面上有一枝傲雪的象征高洁的梅花,写上“俏也不争春”,“你是一枝梅,你胜似一枝梅”等点题之句,寄给一位叫“梅”的同学,赞美、羡慕、鼓励,含义丰富。

(5)巧用修辞手法

充分利用形式的艺术性,去体现内容的哲理性,使艺术性与哲理性达到有机统一。比喻、拟人、双关、拈连、移就等可以使表达形象生动;对偶、排比、反复、叠音等可以使形式整齐。如:一支粉笔,点拨知识王国的迷津;一块黑板,记下老师的无限深情;一个讲台,映着老师的艰辛岁月;三尺教鞭,指点通向理想的道路。在这不寻常的日子里,敬祝老师健康快乐。

这是教师节某学生写给自己中学老师的敬师卡。排比句,可壮文势。言语形式富有整齐美,感情表达酣畅淋漓。

(6)形式活泼多样

可以是一个词、一个句子、一段话、一首诗等,也可以是一个公式、一幅自画像、一幅漫画等。字体可以有多种变化。可以是字形夸张、笔画变形的美术体,可以是笨拙天真的童稚体等等。不过,无论怎么变化,必须书写工整、字迹清晰,便于阅读,给人审美愉悦,同时也可以体现寄卡人的认真态度。

2.毕业赠言用语技巧

(1)因人而异

根据对象的姓名、性别、年龄、籍贯、性格、兴趣、特长,与交际对象之间的关系、感情、共同的经历等,选择恰当生动的切入点,写出具有个性特点的赠言。赠言内容主要是:关怀、祝福、希望、寄语、告诫、规劝、勉励、怀想、思念、赞美、憧憬等。可写往日共同经历的一件事、一个细节、对对方的第一印象,可写多年相处的感受,对对方的才华、性格的充分肯定,可写分别后的思念等。

(2)简洁形象

可以是自己的临时创作,灵感记录;可以是一句平平常常的大白话,回忆往日,祝福未来;也可以引用或仿用现成语句,如录名人名言、古人诗词名句,显得典雅博学,也可录流行歌词、广告语句表达流行情绪,富有时代特色。可以逐字逐句认真推敲,可以平平常常轻松随意。可以直接,可以含蓄,可以朴实平易,可以华丽幽默。可以利用毕业留言册上现成的各种图案和文字,选择自己喜欢的容易引申发挥的页码和图案,设计自己的赠言,能获得强烈的整体的艺术效果。如上面已经印有"坎坎人生道",有人题"坦坦宽容心",对句工整巧妙,是赞美,也是寄语,内容丰富,思想深刻,耐人寻味。

(3)形式不拘一格

诗歌、小散文,一则简短的寓言、童话、格言、对联、谜语、成语、书法、图画、歌词……都可以作为赠言的形式。总之,是用最精彩的形式表达最精彩的内容,让受赠人回味不尽、常读常新。即使岁月流逝,若干年后,依然精彩耐读。

(三)书信礼貌用语

在文明社会,人与人之间谦敬有礼、相互尊重是很重要的。与人通信时常是因为有求于人,有情感需要诉之于人,或者是为了达到一定的公关目的,至少也是觉得有和对方保持联系的价值。既然如此,谦敬有礼就应该是书信的显著特征。在一封交际书信中,谦敬有礼主要体现在信的内容、信的格式和书信术语上。在中文里,书信中的问候、祝愿等礼貌用语都有一套几乎固定的专门词语,恰当地运用,是会使书信增光添彩的。

1. 简介

问安语:"专以祝好"、"即问近祺"、"冬安"、"春安""夏安"、"秋安"、"日祺"等。

祝愿语:"专此布达,即请旅安"、"节日快乐"、"敬祝健康"、"诸事顺遂"、"贵体康泰"、"即问近好"等。

问候语:"久未笺候,想近状佳吉"、"近况如何,至以为念"、"病体谅已康复"、"敬致深切慰问"等。

思慕语:"多日未语,系念殊殷"、"久仰大名,时深景慕"等。

抱歉语:"抱歉之至"、"甚感愧怍"、"至感不安"、"十分惭愧"等。

请教语:"乞复候教"、"还望不吝赐教"、"伫候明教"、"盼即复赐"、"尚希裁答"等。

请求语:"倘蒙照拂,铭感无已"、"如承俯允,无尚感激"、"请予指教"、"务请费心关照"等。

邀约语:"兹有要事面谈,务请拨冗来舍一叙为荷!"、"日有闲,尚祈至敝处一谈"、"敬请光临"等。

接信语:"刻接手教,敬悉一切"、"来信收阅,勿念"、"顷接赐札,不胜欣喜"等。

馈赠语:"附上薄礼,聊表寸心"、"些须薄礼,还望笑纳"、"微薄之礼,不成敬意"等。

交涉语:"请即答复,勿再延宕"、"希速归还,幸勿再误"、"不知可否,万望答复”、“尊意如何，恳望答复”等。

匆促望谅语：“恕不多写”、“余言后叙”、“纸短意长，匆此驻笔”、“仓促之笔，尚请见谅”等。

2. 运用

在书信中，不真实的内容，不得入信。令人难堪的或是容易引起收信人不愉快的事情，信中用词要慎重，最好是不提。即便是质问、批评、催讨、拒绝之类的信，有关内容也应婉转写明。不给人留点面子，得了理便不饶人的处世行为是不值得提倡的。

书信中的语言要注意感情色彩的约定。1989 年 3 月 26 日的《光明日报》刊登过一封夏衍先生写给作家吴有恒的信，全文如下：

有恒大兄：

读《故人小记》，凄然泪下，阁下之故人，也都是我的故人也。写朱光之倔，彰风之诚，林平之老实，均跃然纸上，寓真情于平淡之中，甚佩笔力！善人不得善终，而奸佞之徒如康生、柯庆施等，瓜得之后竟无人敢于笔伐，太不公道了！岁末遥祝健康如意，多写雄文！

夏　衍

十二月十八日

百余字的短笺，信首有“大兄”、“阁下”，信末有“遥祝”、“雄文”，信中又有“跃然纸上，寓真情于平淡之中，甚佩笔力”等，非这样的语词不能体现书信谦敬礼貌的特征。名称后面着以“大兄”，意在表达亲近尊重。

此外，书信语言一定要贴切得体。例如，邀请某人参加公司的晚会，信尾写上“恭候光临”或者是“恭请惠临指教”，就显得谦恭有礼。如果写成“请务必出席，不得有误”，口气则过于生硬。用语不当，好意邀请，也会让人生厌。再如下面一段文字：

新的一年是更加光辉灿烂的一年。全国各条战线一定会出现更加喜人的形势。希望你们努力“拼搏”，为公司的发展、建设，继续发出你们的光和热。

这是某经理在春节前夕给本公司退休职工慰问信的末尾一段。春节慰问退休职工本是一件好事。但是，全信情味不浓，结尾还要求那些为本公司辛勤奉献了大半生的退休老人努力拼搏，似乎官话大于常情，这样的语言不容易为他人所接受。

第三节 书面语言交际实训

一、实训目的

1. 了解几种社交书信的写作要求。
2. 学习几种常用社交书信的写作。
3. 了解广告和广告文的特点与作用。
4. 学习校园公益广告文的写作。
5. 了解请柬、赠言的特点和写作要求。
6. 学习请柬和毕业赠言的写作。

二、实训案例

校园公益广告创作

寝室是几个人的小家,要美化;校园是广大师生的大家,同样需要营造特殊的文化气氛。这是校园文化建设的一个重要方面。某高校团委曾于2003年上半年开展了一场"校园公益广告"征集活动,吸引了许多大学生的热情支持和参与。历时一个月的征集活动,就收到将近500条广告。通过应征,同学们也自己教育了自己。关于修养、事业、理想等方面的警策之辞使同学们在潜移默化中受到启迪和教育。校园道路两旁、风景点等,常有此类警句。如:

三人行,必有我师焉(引用);

野蛮其体魄,文明其精神(引用);

文质彬彬,然后君子(引用);

提高人"口"素质,保证出"口"质量;

请勿出口成"脏"(双关,希望用语文明);

吞云吐雾,你的柔情我永远不懂;

觥筹交错,我是不是该安静地走开——寄嗜烟好酒者(用成语,仿流行歌词);

你轻轻地来,带来宁静;你悄悄地走,带走知识(图书馆);

请不要给我脸上抹黑(墙壁、过道);

我是一个平凡者,不想与日争辉(路灯旁);

草坪不要脚印装饰,走道何需纸屑点缀。

痰、纸一挥间,风度尽逝矣!(谐音仿"弹指一挥间",委婉地提醒那些不拘小节者，不要随地吐痰，乱扔纸屑，要注意大学生的形象！）

这些校园公益广告从内容看，多为提醒、提倡、号召式，起到教育作用。从言语形式看，用词讲究，语句短小，结构工整，语音优美和谐，琅琅上口，容易传诵。从言语形式的来源看，有的是同学们自己创作的；有的直接引用名人名言；也有的是仿拟现成语句。从修辞手法看，多用双关、对比、对偶、拟人、反复、比喻、引用等来传递丰富的含义；语音方面注意押韵、叠音和语音调配，语音和谐悦耳；句子结构方面，注意对称，获得言语形式的整齐美。如：卫生间的“来匆匆，去轻松，用后水冲冲”，用叠音、押韵。

诸如此类的广告往往有较好的创意，幽默风趣，颇具哲理，入情入理，有比较强的针对性，符合大学生的审美心理和言语接受心理，读起来有亲切感，显然更容易让人接受。

赠言例说：寝室格言

大学生活主要在教室、寝室度过，寝室的空间布置和人际氛围，对大学生学习、生活、情趣、气质等都有很大影响。

某大学曾在学生中举办过寝室格言征集活动。下文引例主要选自此次应征稿。从内容看，主要是反映寝室生活的，其次是关于青春、人生、修养等的名言格言，表达了赞美友情、珍惜青春、渴求知识、热爱生活等思想内容。从来源看，一部分是同学们自己的切身体会，一部分是名人名言格言警句，乃至流行歌词、流行的广告语等。从言语形式看，讲究修辞手法，如比喻、对比、对偶、排比、反复等手法用得比较多，有形象、生动、精练等特点。

（一）反映寝室生活，包括对集体生活的感受，相处的艺术，珍惜学友情、室友谊等

1. 寝室是我家

通过寝室格言营造一个温馨和美的家的氛围，亲如兄弟姐妹，情同手足。如：

寝室是我家。（比喻）

温馨的港湾，我们的家。（比喻）

共建优雅境，文明在我家。

携手并进，共建快乐老家。（借用流行歌词“快乐老家”）

我们共建一个快乐家园，共享一份家的温馨，共留一段美好回忆。（排比句）

2. 集体生活的相处艺术

多一份宽容，少一些埋怨。（对称、对比）

一份理智＋一些情意＋一些修养＋一些宽容＋一个自我＝一个温馨的家。（一个特别的格式，生动、简洁、凝练）

一个人是一个世界，但一个孤立的人，绝不是一个世界。（对比，警策之辞）

零件离开组合,永远只是零件。(一个精彩的比喻,说明个体只有在集体中才有价值,才能发挥作用)

爱是我们的原则,秩序是我们的基础,进步是我们的目标。(排比)

一窗一室一心并进,同悲同喜同舟共济。(对偶句,凝练地概括了同窗情、同室谊)

从寝室走向社会,建设寝室是我们踏入社会的第一课堂。(很精练,运用了比喻手法,内容富有哲理)

(二)对大学生活、青春岁月的咏叹、感悟

珍惜青春时光,白头后的痛苦叹息,都是在年轻时无聊的时辰里写成。用激情和才智共谱青春之歌。六人共奏青春之声。(寝室住着六位同学)

世界是我们的。(借用毛泽东同志的话,表达青年人的自豪)

一行文字,一介书生,一片丹心。(排比的结构,简约表义)

当初,哲学选择了我们;现在,我们选择了哲学。(哲学专业的学生对专业的亲近,反映了对人生道路从不自觉到自觉的选择过程)

业精于勤荒于嬉,行成于思毁于随。(借用韩愈《进学解》中的名言)

我们一直在努力。(一句流行的广告口号)

寝室格言,是寝室全体成员的共同心声,共同追求的人生理想,也是大家共同遵守的准则,用于大家共勉,具有集体凝聚力和行为约束力的作用;也可以向外人展示集体形象、精神面貌。写成书法作品,挂在墙上,在布置装饰寝室时还可起到营造气氛、美化环境的作用。

三、实训

1.为学校公共活动场所,如图书馆、食堂、开水房、草地、花圃等写几条公益广告,对大学生的言行提出具体的要求。

2.从广告语言艺术技巧运用的角度,分析下列广告词:

(1)今天,请时间停住脚步。

从来,只记得母亲纤细的手臂,似乎,很少注意父亲严肃的脸庞。
父亲以他深厚宽广的爱,
终年为家园默默耕耘奉献。
雨来他遮,风来他挡,
如今,苗已成材,
正恣意地伸展它粗壮的枝干。
但曾否留意那日益垂老的园丁?
疲惫的眼神,两鬓的霜,

若能呼唤时光倒流，
唤回他灿烂的青春，
我愿，我愿啊……
向伟大的父亲致敬！
（台湾父亲节经销精工表广告）

（2）赛格实用，创有限为无限。
用我们的智能，开发有限的地球资源。
满足人类无限增长的物质与文化需求。
（海南赛格实业公司广告）

3．某大学将举行庆祝建校50周年大会，会后有宴会招待，请为该校撰写一份请柬，并要求对方答复是否接受邀请。注明凭请柬入宴会厅。

4．修改下面这两份请柬。

××先生：

您好！工作一定很忙吧！

我校定于×月3日召开校友座谈会，请您做好准备，务必准时出席。

此致

敬礼！

××大学校长办公室

×年×月×日

5．请根据下列招聘启事的要求写一封求职信。

精美服装公司招聘启事

本公司因业务发展的需要，特招聘以下人员：
服装设计师：2名。
广告设计师：2名。
服装推销员：2名（具有两年以上推销经验），精通一门外语。
服装模特：男，2名，身高180cm以上，相貌端正。
女，2名，身高170cm以上，相貌端正。

应聘人员请将本人简历，从事这一工作的经验、成绩、本人特长等情况写明，在×月×日前寄往我公司，并请注明联系地址。

联系人：李先生

精美服装公司

×年×月×日

6.假定贫困山区不少儿童因家境贫困,失学在家,××大学团委组织大学生捐款、捐物,使失学儿童重返校园。请你以重返校园的小学生的名义,写一封感谢信给大学团委。

7.假定你即将毕业,请为你的同学们写几条毕业赠言。赠言正文的内容可以有:(1)“我”所了解的“你”,“我”心目中的“你”。(2)追忆共同的过去(包括化解前嫌)。(3)叮嘱、鼓励、共勉。(4)祝福未来。这几个方面,可只写一项,也可写多项。

参考书目

[1] 邢欣.都市语言研究新视角.北京:北京广播学院出版社,2003
[2] 于根元,等.实用语法修辞.北京:北京广播学院出版社,2003
[3] 于根元,等.语言能力及其分化.北京:北京广播学院出版社,2002
[4] 于根元,等.网络语言概说.北京:中国经济出版社,2001
[5] 于根元,等.中国网络语言词典.北京:中国经济出版社,2001
[6] 于根元,等.应用语言学概论.北京:商务印书馆,2003
[7] 周彬琳.实用口才艺术.大连:东北财经大学出版社,2002
[8] 刘伯奎.教师口语——表述与训练.上海:华东师范大学出版社,1996
[9] 金鸣.成功公关语言训练.北京:海潮出版社,2003
[10] 可非.成功秘书说话办事绝招.北京:海潮出版社,2003
[11] 高伟杰.独步天下金口才.北京:九州出版社,2001
[12] 周绪全,董小玉.现代实用口才.重庆:西南师范大学出版社,2002
[13] 刘晓明,等.口语交际的理论与技巧.北京:高等教育出版社,2002
[14] 方百寿,荣负.社交口才.沈阳:辽宁大学出版社,1996
[15] 方百寿,明子.公关口才.沈阳:辽宁大学出版社,1996
[16] 胡裕树.现代汉语.上海:上海教育出版社,1995
[17] 林祥楣.现代汉语.北京:语文出版社,1998
[18] 雷池.怎样提高语言表达能力.北京:中国致公出版社,2003
[19] 张先亮.语言交际艺术.北京:科学出版社,2000
[20] 李季中,张盛如.公关语言学.北京:北京工业大学出版社,1998
[21] 彭彩云.实用社交口才.长沙:中南大学出版社,2003
[22] 司徒元昌.秘书学教程.上海:上海人民出版社,2000
[23] 何欣,姜健.口语表达学.长春:吉林人民出版社,1999
[24] 陆学进.说话的艺术.上海:上海人民出版社,1999
[25] 刘裔远,王国章.社交服务必读.上海:立信会计出版社,2001
[26] 潘肖玉,卞权.公关语言艺术(第三版).上海:同济大学出版社,2002

图书在版编目（CIP）数据

秘书语言与交际教程 / 徐可主编．—杭州：浙江大学出版社，2004.7(2014.7 重印)

ISBN 978-7-308-03760-0

Ⅰ．秘…　Ⅱ．徐…　Ⅲ．秘书－语言艺术－高等学校：技术学校－教材　Ⅳ．H019

中国版本图书馆 CIP 数据核字（2007）第 008085 号

秘书语言与交际教程

徐　可　主编

责任编辑　葛　娟
出版发行　浙江大学出版社
（杭州市天目山路 148 号　邮政编码 310007）
（网址：http://www.zjupress.com）
排　　版　杭州中大图文设计有限公司
印　　刷　浙江省良渚印刷厂
开　　本　787mm×960mm　1/16
印　　张　13.25
字　　数　252 千
版　　次　2004 年 7 月第 1 版　2014 年 7 月第 7 次印刷
书　　号　ISBN 978-7-308-03760-0
定　　价　20.00 元

浙江大学出版社发行部联系方式：0571－88925591；http://zjdxcbs.tmall.com